Zbyněk Sekal
100

AF214357

MUSE
UM · ·
· KAM
PA · ·

MUSEUM LIAUNIG
Neuhaus | Suha

SPRENGEL
MUSEUM HANNOVER

VFMK
Verlag für moderne Kunst

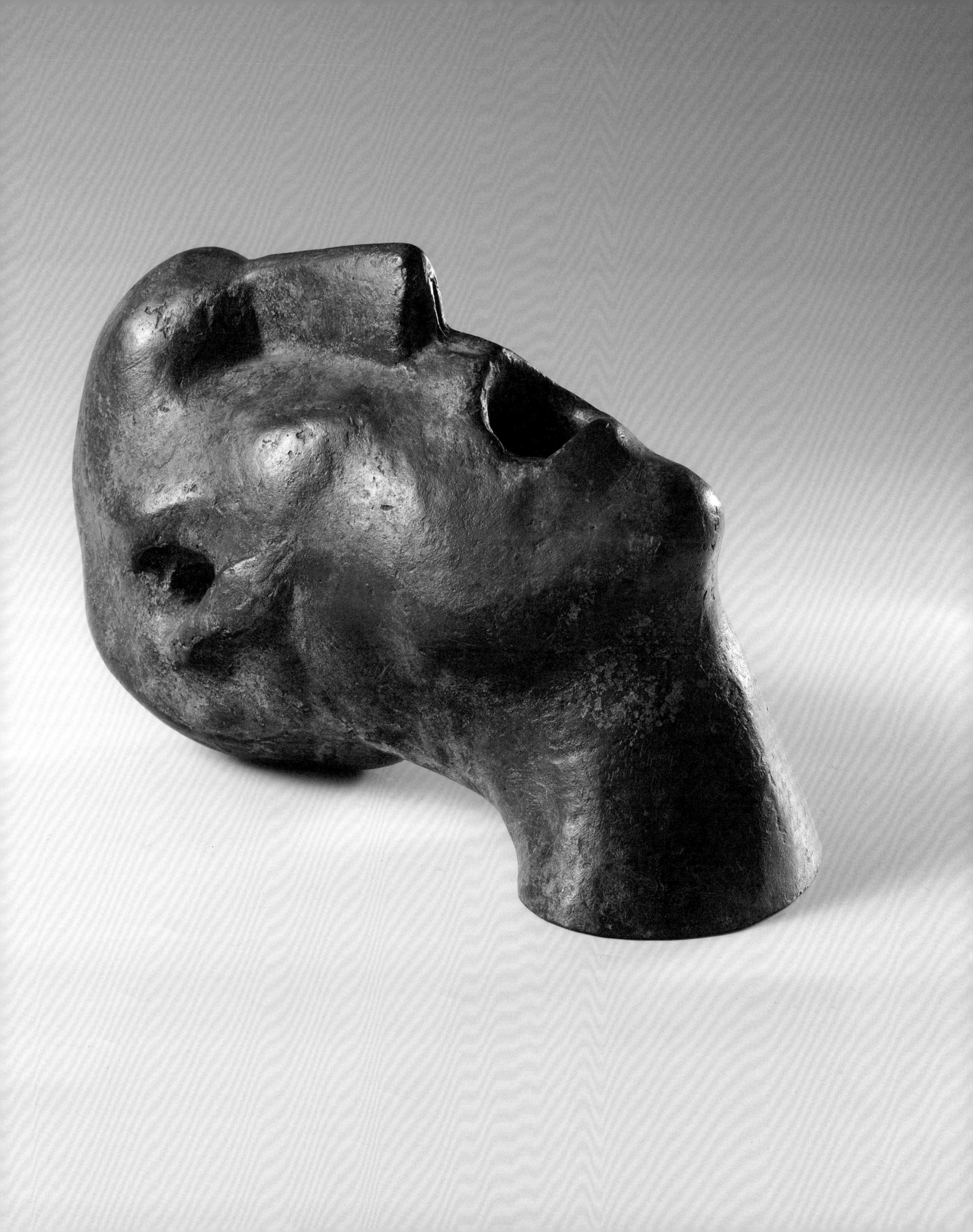

Vorwort | Úvod | Preface

Jan Smetana
Museum Kampa

Peter Liaunig
Museum Liaunig

Reinhard Spieler
Sprengel Museum Hannover

Am 12. Juli 2023 wäre Zbyněk Sekal 100 Jahre alt geworden. Sein Leben endete 1998 just in einer Phase der Weltgeschichte, als die Überwindung der Grenzen mit dem Durchbruch der Globalisierung Gestalt annahm. Seine eigene Lebensspanne war geprägt von den tiefsten Verwerfungen und Traumatisierungen, von Unfreiheit und Gewalt, die das gesamte 20. Jahrhundert schmerzvoll durchziehen.

Schon als Schüler war Sekal politisch aktiv und unterstützte die Freiheitskämpferinnen und Freiheitskämpfer im Spanischen Bürgerkrieg – eine Aktivität, die er noch vor seinem Schulabschluss mit der Internierung im Prager Gefängnis Pankrác teuer bezahlen musste. Den gesamten Zweiten Weltkrieg er- und glücklicherweise *über-* lebte er als Häftling in Konzentrationslagern: zunächst in Theresienstadt, später in Mauthausen.

Nach dem Krieg nutzte er die kurze Phase der Freiheit für sein Kunststudium in Prag, das er aber schon 1948 nach dem kommunistischen Putsch wieder abbrach, um zunächst als Werbegrafiker und Verlagsredakteur für politische Literatur in Bratislava zu arbeiten. Die Kunst ließ ihn dennoch nie los; Ende der 1950er Jahre zog er zurück nach Prag und widmete sich nun wieder ganz der Kunst, er beteiligte sich an verschiedenen Keramik- und Bildhauersymposien und entwickelte kontinuierlich ein vornehmlich bildhauerisches Werk. Durch die sowjetische Invasion 1968 sah er sich zur Emigration gezwungen, die ihn zunächst nach Berlin führte, wo ihm ein DAAD-Stipendium für zwei Jahre das Überleben sicherte. 1970 übersiedelte er dann nach Wien, wo er bis zu seinem Tod 1998 lebte und arbeitete.

Die Erfahrung von Gewalt und Unfreiheit zieht sich auch wie ein roter Faden durch sein künstlerisches Werk. Exemplarisch stehen dafür seine *Schránky – Schreine*, wie er sie nennt: käfigartige Raumkonstruktionen aus Holz, in denen sich meist kleine Objekte befinden. Sie operieren mit einer Bildsprache von Minimal Art, etwa eines Sol LeWitt oder der Arte Povera, und wecken dabei gleichzeitig Assoziationen an existenzielle Isolation und Eingeschlossensein, wie wir sie aus Darstellungen von Francis Bacon oder von Alberto Giacometti kennen. Gleichzeitig öffnet der Begriff des *Schreins* ein Feld von Spiritualität, von Würde und Verehrung dieses innersten Raums, der eben nicht nur Gefängnis ist, sondern auch der Raum der unantastbaren menschlichen Würde.

In allen Werken Sekals spricht vor aller Ikonographie das Material: Holz, Stein, Metall, das ausnahmslos Spuren der Zeit, Spuren des menschlichen Gebrauchs, Spuren menschlicher Schicksale in sich trägt. Allein mit dieser stets deutlich spürbaren Geschichte der verwendeten Materialien verströmen die Werke Sekals Trost, der sich aus der Wärme menschlicher Existenz ergibt. Im Betrachten werden wir unmittelbar Mitleidende und Gefährten, Geschwister der Existenzerfahrung in Höhen und Tiefen, die sich in diesem Material eingeschrieben haben und denen Sekal nur schlichte und einfache Formen geben muss, einer Liturgie ähnlich, die den Raum für das eigene Empfinden öffnet.

Sekals Werk wirkt auf den ersten Blick maximal reduziert und minimalistisch, annähernd abstrakt – und enthält doch so viel menschliche Wärme und direkte Lebenserfahrung, die sich aus dem Zusammenspiel von Material und Form verdichtete. Es ist ein großes Werk, das wie wenige andere von den traumatischen Verwerfungen eines Jahrhunderts der entfesselten Gewalt, von Unterdrückung und Unfreiheit erzählt – und dabei immer die unantastbare Würde der menschlichen Existenz als Kern vor Augen führt.

Wir freuen uns ganz besonders, dass diese Ausstellung mit ihren drei Stationen drei Länder verbindet, die entscheidend für Sekals Leben waren. Mit dem Kampa-Museum in Prag, wo Sekal geboren wurde und lange Zeit lebte, dem Sprengel Museum Hannover in Deutschland, wo der Künstler bei seiner Flucht aus Prag 1969 Asyl in Berlin suchte und fand und schließlich dem Museum Liaunig in Österreich, wo er seit 1970 bis zu seinem Tod 1998 lebte, greifen die drei Stationen den Lebensfaden Zbyněk Sekals auf.

Dne 12. července 2023 by bylo Zbyňku Sekalovi 100 let. Jeho život skončil v roce 1998 právě v oné fázi světových dějin, kdy se formovalo překonávání hranic s průlomem globalizace. Jeho vlastní život byl poznamenán nejhlubšími otřesy a traumatizacemi, nesvobodou a násilím, kterými bylo celé 20. století bolestně prostoupeno.

Sekal byl již jako školák politicky aktivní a podporoval bojovníky za svobodu ve španělské občanské válce – za tuto činnost před absolvováním školy draze zaplatil svou internací v pražské pankrácké věznici. Celou druhou světovou válku prožil, a naštěstí i přežil, jako vězeň v koncentračních táborech, nejprve v Terezíně a později v Mauthausenu.

Po válce využil krátkého období svobody ke studiu umění v Praze, kterého se po komunistickém puči v roce 1948 opět vzdal, aby tak mohl pracovat jako komerční výtvarník a nakladatelský redaktor politické literatury v Bratislavě. Přesto ho umění nikdy nepustilo; Koncem 50. let se přestěhoval zpět do Prahy a plně se tehdy věnoval umění, účastnil se různých keramických a sochařských sympozií a neustále rozvíjel převážně sochařskou tvorbu. Sovětská invaze v roce 1968 ho přiměla k emigraci, která ho nejprve zavedla do Berlína, kde mu stipendium DAAD umožnilo přežít dva roky. Roku 1970 se přestěhoval do Vídně, kde až do své smrti v roce 1998 žil a pracoval.

Zkušenost násilí a nesvobody se jako červená nit táhne i jeho uměleckou tvorbou. Příkladem jsou, jak je i sám označoval, jeho *Schránky – Schreine*: klecovité prostorové konstrukce ze dřeva, ve kterých se většinou nachází drobné předměty. Operují s vizuálním jazykem Minimal Art, jako je Sol LeWitt nebo Arte Povera, a zároveň vyvolávají asociace s existenciální izolací a uzavřeností, jak je známe z vyobrazení Francise Bacona nebo Alberta Giacomettiho. Pojem *Schránka* zároveň otevírá pole spirituality, důstojnosti a uctívání tohoto nejniternějšího prostoru, který není jen vězením, ale také prostorem nedotknutelné lidské důstojnosti.

Ve všech Sekalových dílech promlouvá s veškerou ikonografií materiál: dřevo, kámen, kov, který bez výjimky nese stopy času, stopy lidského užívání, stopy lidského osudu. Právě skrze tuto vždy hmatatelnou historii použitých materiálů prostupuje Sekalova díla útěcha, která pramení z vřelosti lidské existence. Pohledem se tak člověk okamžitě stává spolutrpitelem a společníkem, sourozencem existenciální zkušenosti ve vzestupech a pádech, které se vepsaly do tohoto materiálu a kterým je Sekal nucen dávat pouze strohé a jednoduché tvary, podobné jakési liturgii, která otevírá prostor pro vlastní cítění.

Na první pohled působí Sekalova tvorba extrémně redukovaným a minimalistickým, snad až abstraktním dojmem – přesto však obsahuje mnoho lidské vřelosti a přímé životní zkušenosti, zahuštěné do souhry materiálu a formy. Jedná se o veliké dílo, které jako málokteré jiné vypráví o traumatizujících zvratech, útlaku a nesvobodě ve století rozpoutaného násilí – jádrem je však vždy demonstrace nedotknutelné důstojnosti lidské existence.

Obzvláště nás těší, že tato výstava prostřednictvím svých tří stanovišť propojuje tři země, které byly pro Sekalův život zásadní. Museum Kampa v Praze, kde se Sekal narodil a dlouho žil, Sprengel Museum v Hannoveru v Německu, kde po svém útěku z Prahy v roce 1969 hledal a našel azyl v Berlíně, a nakonec Liaunig Museum v Rakousku, kde žil od roku 1970 až do své smrti v roce 1998, jsou třemi stanovišti, které propojilo vlákno života Zbyňka Sekala.

Zbyněk Sekal would have celebrated his one hundredth birthday on 12 July of this year. When he died in 1998, the world was at a stage in its history when the overcoming of borders as the result of globalization was beginning to take shape. His own life had been marked by the most profound experiences of displacement and trauma, and by the violence and lack of freedom that painfully pervaded the entire twentieth century.

Already in his youth, Sekal was politically active and supported the freedom fighters in the Spanish Civil War – an activity for which he paid dearly by being imprisoned in Prague's Pankrác prison even before he could finish school. He experienced the entire Second World War as a concentration camp inmate, first in Theresienstadt/Terezín and later in Mauthausen. Fortunately, he survived.

After the war, he used the brief period of freedom to study art in Prague, but he abandoned his studies after the communist coup in 1948 in order to work as an advertising illustrator and editor for a publisher of political literature in Bratislava. But art never let him go, and in the late 1950s he moved back to Prague to devote himself entirely to its creation, participating in various ceramics and sculpture symposia and continuously developing his primarily sculptural oeuvre. The Soviet invasion in 1968 forced him to emigrate, first to Berlin, where he spent two years living on a DAAD scholarship. In 1970 he moved to Vienna, where he lived and worked until his death in 1998.

The experience of violence and lack of freedom runs like a thread through Sekal's art as well, an excellent example being the works he called *Schránky – Shrines*. These cage-like three-dimensional wooden structures, usually with small objects inside, work with the visual language of minimal art (such as the works of Sol LeWitt or Arte Povera) while at the same time evoking associations with existential isolation and a sense of confinement as found in the art of Francis Bacon or Alberto Giacometti. At the same time, the concept of the *Shrine* opens up a field of spirituality, of dignity and veneration for this innermost space, which more than a prison is also a space of inviolable human dignity.

In all of Sekal's works, the material speaks before any iconography: without exception, the wood, stone, and metal bear the traces of time, traces of human use, traces of human fate. Exclusively as a result of this always clearly perceptible history of the applied materials, Sekal's works emanate a sense of consolation flowing from the warmth of human existence. As we regard them, we immediately become fellow-sufferers and comrades, co-experiencing the highs and lows of existence inscribed in the material, which Sekal merely had to give plain and simple forms, like a liturgy that offers a space for our own feelings.

At first glance, Sekal's work feels maximally reduced and minimalist, almost abstract – and yet it contains so much human warmth and direct life experience, distilled from the interplay of material and form. It is an outstanding body of work, one that, like few others, tells of the traumatic upheavals of a century of unleashed violence, of oppression and lack of freedom, while always expressing at its core the inviolable dignity of human existence.

We are especially pleased that, with its three locations, this exhibition connects the three countries that played a decisive role in Sekal's life. These three locations – Museum Kampa in Prague, where Sekal was born and lived for much of his life, the Sprengel Museum Hannover in Germany, where he first found asylum after fleeing Prague in 1969, and finally the Museum Liaunig in Austria, where he lived from 1970 until his death in 1998 – symbolically reflect the stations of Zbyněk Sekal's life.

Trotz seiner zeitweisen Lebensstationen in Berlin, Düsseldorf und Stuttgart ist das Werk Sekals in Deutschland bislang nur wenig bekannt. Im Sprengel Museum Hannover geht die Beteiligung an diesem Ausstellungsprojekt auf die großzügige Schenkung des Ehepaars Roswitha und Konstantin Kleffel zurück. Über viele Jahre mit dem Künstler befreundet, haben sie über die Jahre eine wunderbare Sammlung von mehr als 30 Werken Sekals aufgebaut. Der Initiative von Thomas Mark und Johannes Haller von der artmark galerie in Wien verdankt das Sprengel Museum den Kontakt zum Ehepaar Kleffel wie auch zu Christine Sekal, der Witwe des Künstlers, woraus, unter Mithilfe auch des Hamburger Galeristen Holger Prieß, die großartige Schenkung hervorging. Allen Beteiligten, vor allem aber Roswitha Kleffel, die nach dem Tod ihres Mannes 2021 die Schenkung umsetzte, gilt hier unser tiefster Dank!

Für das Zustandekommen des Ausstellungsprojektes danken wir herzlich Johannes Haller, der unermüdlich und konstruktiv alle Parteien zusammenbrachte sowie mit Tatkraft und Informationen unterstützte, ohne die dieses Projekt nicht vorangekommen wäre. Im Sprengel Museum gilt unser besonderer Dank den Sprengel-Freunden, insbesondere Stefan Becker, welche die Finanzierung des Katalogs übernommen haben. Großer Dank gebührt auch Alexander Leinemann, der die Ausstellung kuratorisch betreut und auch einen schönen Text für den Katalog verfasst hat.

Herbert und Eva Liaunig lernten Zbyněk Sekals Werk 1965 in seiner ersten Wiener Ausstellung in der Galerie im Griechenbeisl kennen. Über die Vermittlung von Thomas Mark von der artmark galerie kamen später erste Arbeiten in die zwischenzeitlich über 4.000 Objekte umfassende private Sammlung österreichischer Gegenwartskunst. In wenigen Jahren wuchs die Anzahl auf zwölf an – Bronzen, Schreine und Materialbilder –, die in ihrer Gesamtheit im Jahr 2016 im Museum Liaunig in Kärnten gezeigt wurden. 2020/2021 widmete das Belvedere 21 Sekal eine große Retrospektive in Wien, die von Harald Krejči und Miroslav Haľák kuratiert wurden, der erfreulicherweise für einen besonders gelungenen Textbeitrag über Sekals Schreine gewonnen werden konnte.

Die sehr bewegte Lebensgeschichte Zbyněk Sekals spiegelt sich in seinem facettenreichen Œuvre wider. Kleinigkeiten, Nichtigkeiten, Übersehenes erfährt Bedeutung und wird wertgeschätzt und verarbeitet, gesuchte Fundstücke werden in seinen Werken gefasst und überhöht. Die geometrischen Körper der Schreine bilden in ihrer Verschachtelung Schutzhüllen um die Objekte, leiten den Blick und zelebrieren den Inhalt. Es ist somit nicht verwunderlich, dass Zbyněk Sekal und seinem Werk gerade in Japan große Verehrung zuteil wird.

Das Kampa-Museum, das in diesem Jahr sein 20-jähriges Jubiläum feiert, wurde von der tschechisch-amerikanischen Mäzenin Meda Mládek gegründet, die zwischen den späten 1960er und späten 1980er Jahren unabhängige Künstlerinnen und Künstler in der totalitären Tschechoslowakei systematisch unterstützte. Ihre Sammeltätigkeit bezog sich aber nicht auf im Exil arbeitende Künstler, da sie ihre Aktivitäten nicht nur auf künstlerischer, sondern auch auf politischer Ebene verstand, als Unterstützung für diejenigen, die das kommunistische Regime zum Schweigen gebracht hatte. Viele prominente Künstler dieser Zeit, darunter auch Zbyněk Sekal, blieben daher außerhalb der ursprünglichen Sammlung des Museums. Erst in den letzten zehn oder fünfzehn Jahren versucht das Kampa-Museum, diese Lücke zu schließen, und dank der Großzügigkeit von Christine Sekal konnte es eine repräsentative Auswahl von Sekals Werken erwerben. Die von Ilona Víchová kuratierte Ausstellung im Kampa-Museum konzentriert sich vor allem auf die ersten zwei Dekaden von Sekals Schaffen und ist daher eine Art Einleitung für die anderen zwei Ausstellungen.

Unser aller Dank gilt Thomas Mark und Johannes Haller von der artmark galerie in Wien, die Sekals Werk seit vielen Jahren vertritt und in vielen Ausstellungen präsentiert hat. Auf ihre Initiative hin kamen die Beteiligten erst zusammen;

Přes jeho dočasné působení v Berlíně, Düsseldorfu a Stuttgartu není v Německu Sekalovo dílo příliš známé. Možnost účasti Sprengelova muzea v Hannoveru na tomto výstavním projektu vzešla z velkorysého daru manželského páru Roswithy a Konstantina Kleffelových. S umělcem se přátelili po mnoho let, v jejichž průběhu vytvořili nádhernou sbírku z více než 30 Sekalových děl. Sprengelovo muzeum se díky iniciativě Thomase Marka a Johannese Hallera z Galerie artmark spojilo s manžely Kleffelovými a Christine Sekal, vdovou po umělci, od kterých s pomocí hamburského galeristy Holgera Prieße získalo velkolepý dar. Náš vřelý dík náleží všem zúčastněným, především však Roswithe Kleffel, která dar realizovala po smrti svého manžela v roce 2021.

Za realizaci projektu výstavy srdečně děkujeme Johannesi Hallerovi, který neúnavně a konstruktivně spojil všechny strany a podpořil je tvůrčí silou a informacemi, bez kterých by tento projekt nevznikl. Ve Sprengelově muzeu patří zvláštní poděkování přátelům Sprengelu – Sprengel-Freunde, a to zejména Stefanu Beckerovi, který se ujal financování katalogu. Velký dík patří také Alexandru Leinemannovi, který byl kurátorem výstavy a napsal také krásný text do katalogu.

S dílem Zbyňka Sekala se Herbert a Eva Liaunigovi seznámili v roce 1965 na jeho první vídeňské výstavě v Galerii im Griechenbeisl. Prostřednictvím Thomase Marka z Galerie artmark se první díla později dostala do soukromé sbírky rakouského současného umění, která nyní čítá více než 4.000 objektů. Během několika let se počet Sekalových děl rozrostl na dvanáct – bronzy, schránky a materiálové obrazy – které byly v roce 2016 vystaveny jako celek v Muzeu Liaunig v Korutanech. Belvedere 21 věnoval v roce 2020/2021 velkou retrospektivu Sekalovu působení ve Vídni, jejímiž kurátory se stali Harald Krejči a Miroslav Haľák, který se ujal obzvláště zdařilého textového příspěvku o Sekalových schránkách.

Velmi pohnutý životní příběh Zbyňka Sekala se zrcadlí v jeho mnohostranné tvorbě. Maličkosti, nicotnosti, a i to přehlížené, získávají smysl a jsou ceněny a zpracovávány, jeho dílo je schopné nalezené objekty uchopit a povznést. Geometrická tělesa schránek vytvářejí svou členitostí ochranný prostor kolem objektů, přitahují pohled a oslavují obsah. Není tedy divu, že je Zbyněk Sekal a jeho dílo velmi ceněno v Japonsku.

Museum Kampa, které letos slaví dvacet let své existence, bylo založeno česko-americkou mecenáškou Medou Mládkovou, která od konce 60. do konce 80. let systematicky podporovala nezávislé umělce v totalitním Československu. Ze svých sběratelských aktivit programově vynechala autory působící v exilu, neboť svou činnost vnímala nejen v rovině umělecké, ale i politické, jako podporu těch, kdo byli komunistickým režimem umlčování. Řada výrazných umělců této éry, včetně Zbyňka Sekala, tak zůstala mimo původní sbírku musea.
Toto prázdné místo se Museum Kampa snaží zaplňovat až v posledních deseti, patnácti letech a díky velkorysosti Christine Sekal se podařilo získat i reprezentativní kolekci Sekalových děl. Výstava v Museu Kampa, pod kterou je jako kurátorka podepsaná Ilona Víchová, se soustředí primárně na první dvě dekády Sekalovy tvorby a funguje tak i jako určitý úvod k druhým dvěma výstavám.

Naše poděkování patří Thomasi Markovi a Johannesi Hallerovi z vídeňské Galerie artmark, která Sekalovo dílo zastupuje řadu let a prezentovala jej na mnoha výstavách. Zúčastnění se nejprve sešli právě na základě iniciativy galerie;

Despite briefly living in Berlin, Dusseldorf and Stuttgart, Sekal's work remains little known in Germany. The Sprengel Museum's involvement in this exhibition project grew out of a generous donation from Roswitha and Konstantin Kleffel, long-time friends of Sekal's who over the years built up a wonderful collection of more than thirty of his works. Thanks to Thomas Mark and Johannes Haller of artmark galerie, the Sprengel Museum was able to make contact with the Kleffels and with the artist's widow Christine Sekal, which eventually, with additional support from the Hamburg gallerist Holger Prieß, resulted in this magnificent donation. Our deepest thanks go to all those involved, but above all to Roswitha Kleffel, who realized the donation after the passing of her husband in 2021.

For organizing the exhibition project we cordially thank Johannes Haller, who tirelessly and constructively brought all the parties together and supported them with energy and information, without which this project could not have moved forward. At the Sprengel Museum, our special thanks go to the "Sprengel Friends" for the funding of the catalogue, as well as to Alexander Leinemann, who curated the exhibition and also wrote a beautiful text for the catalogue.

Herbert and Eva Liaunig first encountered the work of Zbyněk Sekal in 1965 at his first Viennese exhibition at Galerie im Griechenbeisl. Thomas Mark of artmark galerie later mediated the first acquisition of works by the Liaunigs' private collection of contemporary Austrian art, which today counts more than 4,000 items. In just a few years, the number of works grew to twelve – bronzes, shrines, and material pictures – which were shown in their entirety in 2016 at the Museum Liaunig in Carinthia. In 2020/2021, the Belvedere 21 in Vienna honored Sekal with a large retrospective curated by Harald Krejči and Miroslav Haľák, and we are delighted that the latter of the two could be enlisted to write an excellent text on Sekal's shrines.

Zbyněk Sekal's turbulent life story is reflected in his multifaceted oeuvre. Trifles, trivialities, and things overlooked acquire meaning and are valued and made use of; sought and found objects are incorporated and exalted in his works. In their nesting, the shrines' geometric bodies form protective shells around the objects, guide the viewer's gaze, and celebrate their contents. It is thus no surprise that Zbyněk Sekal and his work are so highly esteemed in Japan.

Museum Kampa, which this year celebrates its twentieth anniversary, was founded by the Czech-American patron of the arts Meda Mládek, who from the late 1960s to the late 1980s systematically supported independent artists in totalitarian Czechoslovakia. Nevertheless, her collecting activities consciously ignored exile artists, for she saw her activities on not just an artistic but also a political level – as a way of supporting those who had been silenced by the communist regime. As a result, many important artists of that era, Zbyněk Sekal included, remained outside the museum's original collection. Only over the past ten or fifteen years has Museum Kampa sought to rectify this shortcoming, and thanks to the generosity of Christine Sekal, it has managed to acquire a representative set of works by Sekal. The exhibition at Museum Kampa, organized by curator Ilona Víchová, focuses primarily on the first two decades of Sekal's career and thus acts as a kind of introduction to the other two exhibitions.

Our great thanks go to Thomas Mark and Johannes Haller of artmark galerie in Vienna, which has represented Sekal's work for many years and presented it at many exhibitions. It was thanks to their initiative that the participants first came together.

Johannes Haller hat das Projekt in allen Phasen angetrieben und unterstützt – ohne ihn wäre es nicht zustande gekommen. Patrizia Feichter gebührt für ihren außerordentlichen Einsatz ebenfalls Anerkennung. Ebenso den unermüdlichen Museumsteams, ohne die es solche wunderbare Ausstellungen nicht gäbe.

Der größte Dank gilt schließlich Christine Sekal, die unser Projekt mit Leidenschaft und großzügigster Leihbereitschaft initiiert und unterstützt hat. Wir hoffen, dass diese Ausstellungen dazu beitragen, Sekals Werk lebendig zu halten und neues Interesse zu wecken.

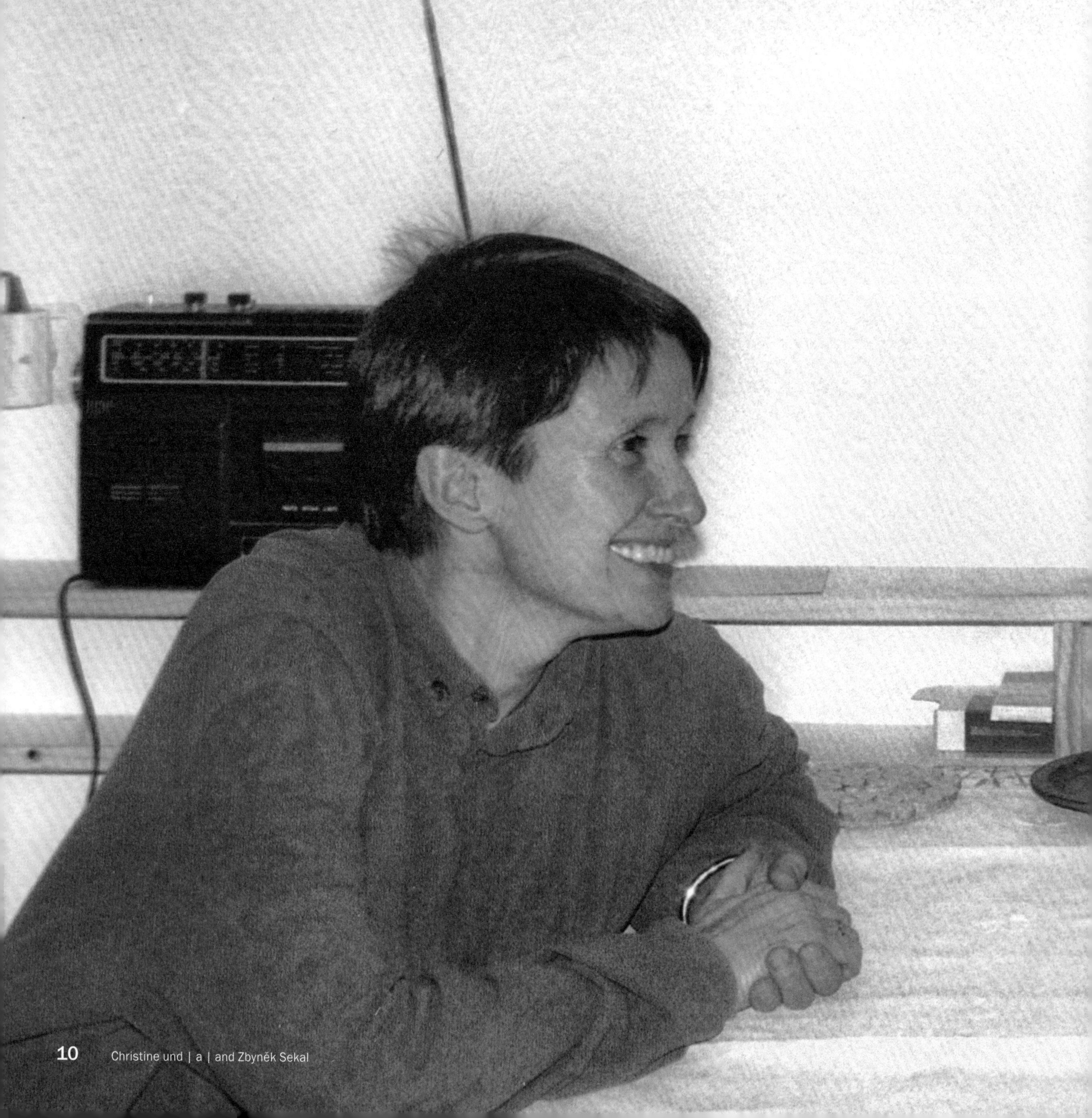

Johannes Haller řídil a podporoval projekt ve všech fázích – bez něj by se neuskutečnil. Za své mimořádné nasazení si rovněž zaslouží uznání Patrizia Feichter a také neúnavné muzejní týmy, bez kterých by tak nádherné výstavy nevznikly.

Nakonec největší poděkování patří Christine Sekal, která náš projekt iniciovala a podporovala s nadšením a nejštědřejší ochotou k zapůjčení děl. Doufáme, že tyto výstavy přispějí k tomu, aby Sekalovo dílo zůstalo živoucím a vzbudilo nový zájem.

Johannes Haller was a driving force and source of support for the project in all its stages and without him it would not have come to fruition. Patrizia Feichter also deserves recognition for her extraordinary commitment. Likewise the tireless museum teams, without whom such wonderful exhibitions would not exist.

Finally, our greatest thanks go to Christine Sekal, who has supported our project with passion and with the most generous willingness to lend her late husband's works. We hope that these exhibitions can help keep Zbyněk Sekal's work alive and spark new interest.

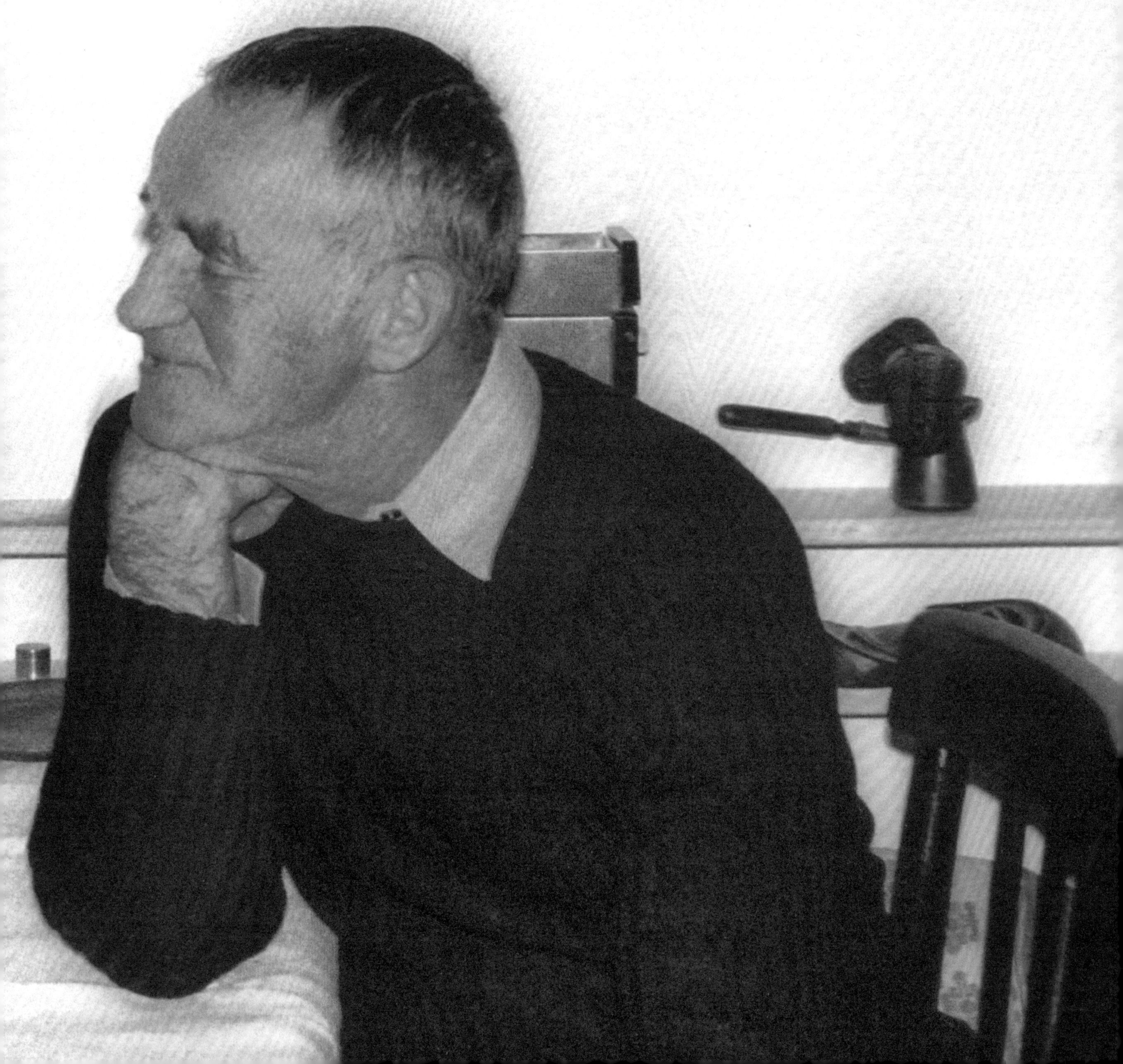

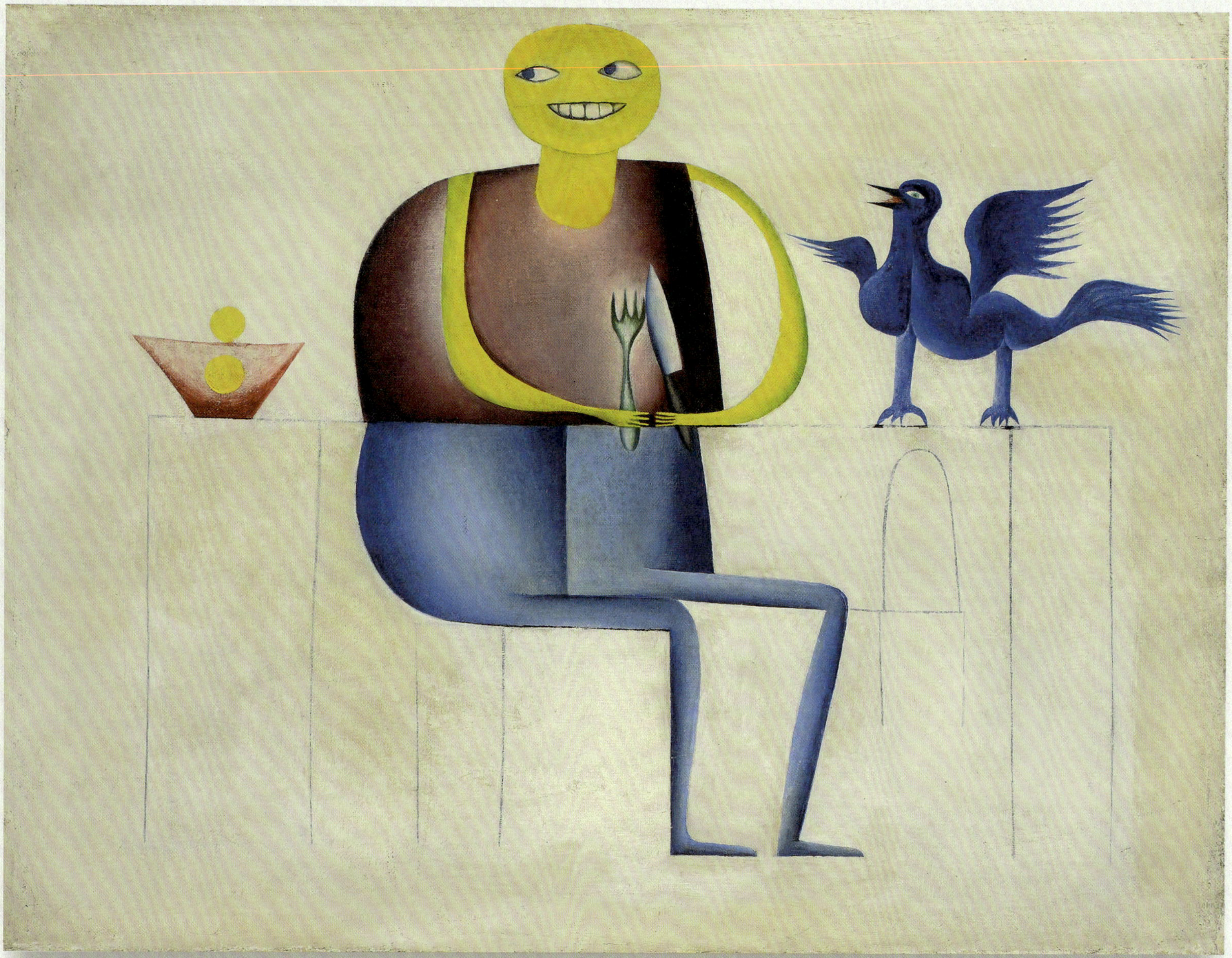

Abendessen, frei nach Dubuffet | Večeře volně podle Dubuffeta | Dinner Loosely after Dubuffet – 1949

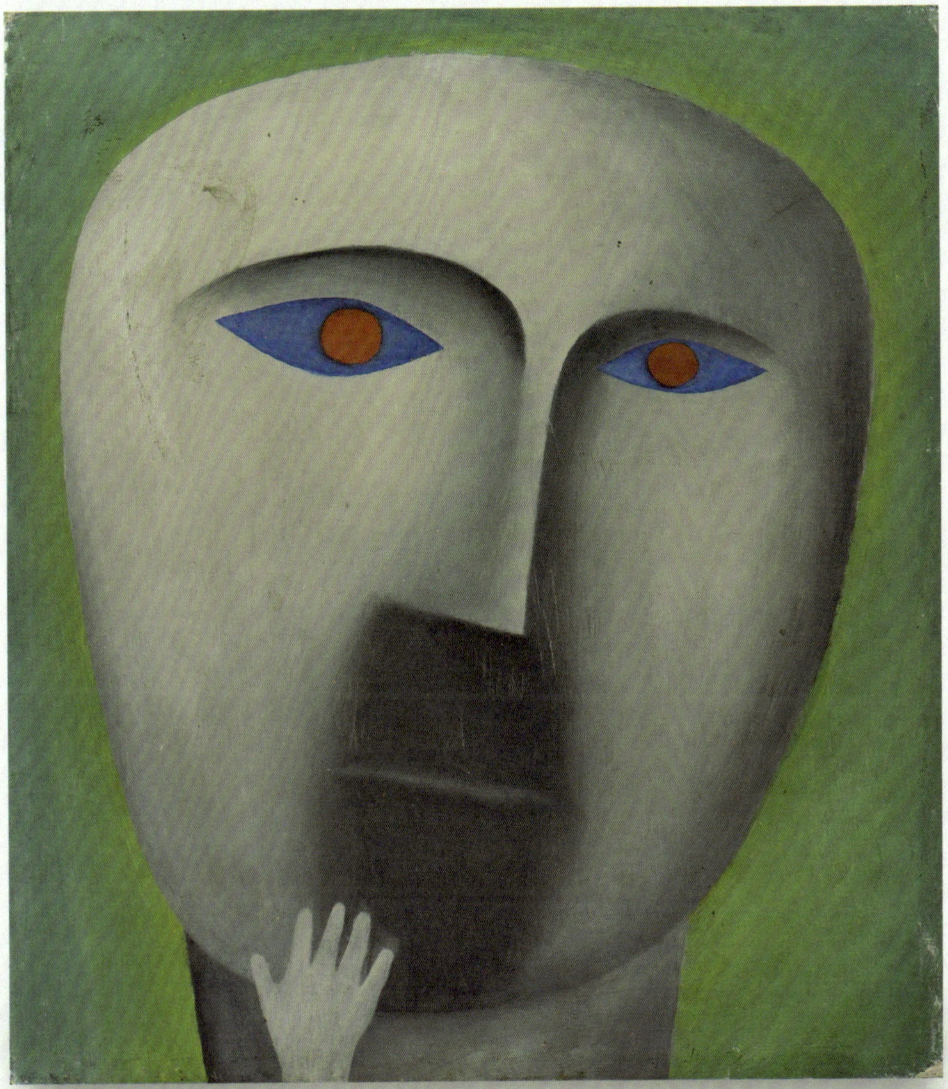

Ohne Titel (Grüner Kopf) | Bez názvu (Zelená hlava) | Untitled (Green Head) – 1949

Ohne Titel | Bez názvu | Untitled – undatiert | nedatováno | undated

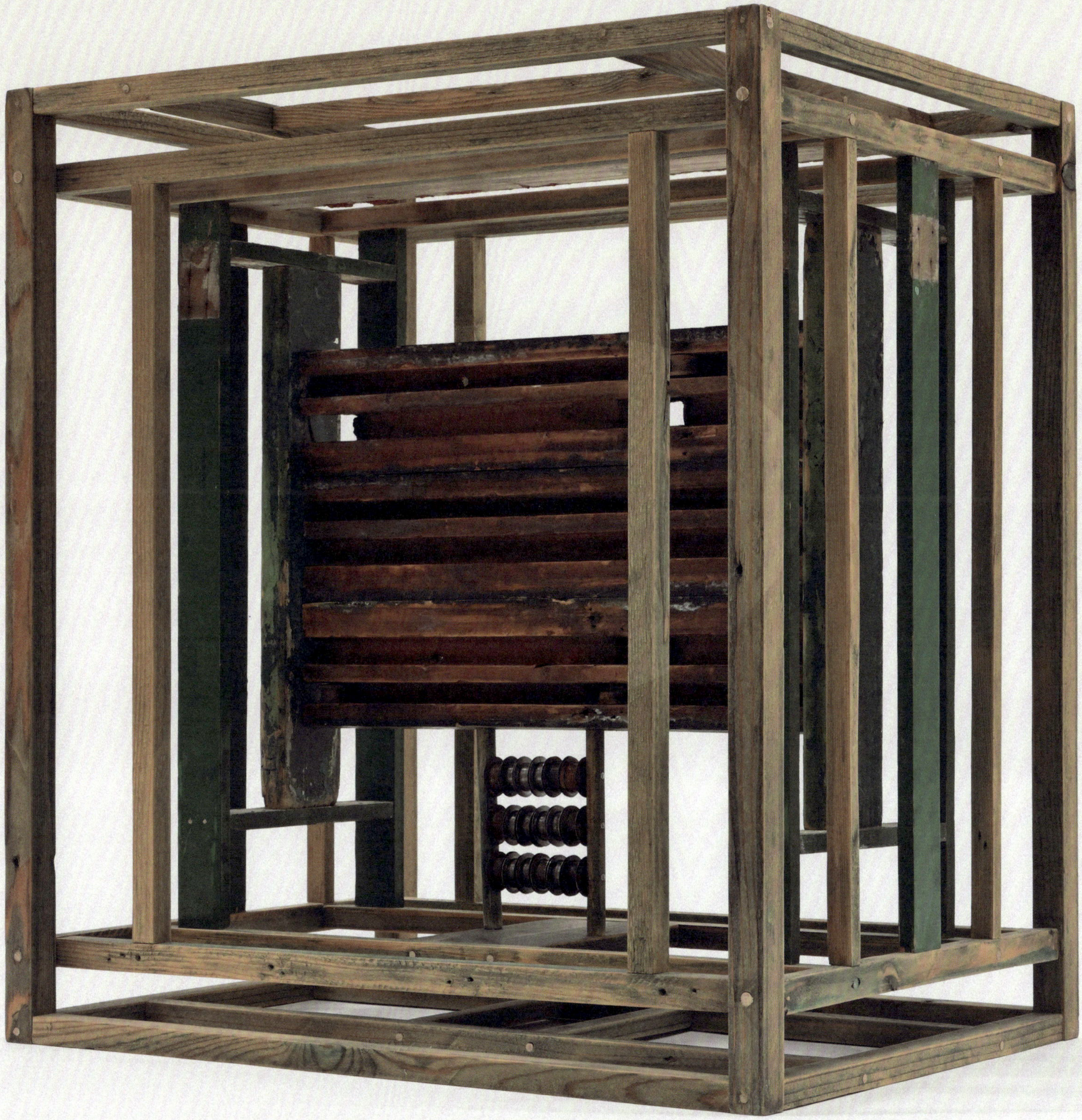

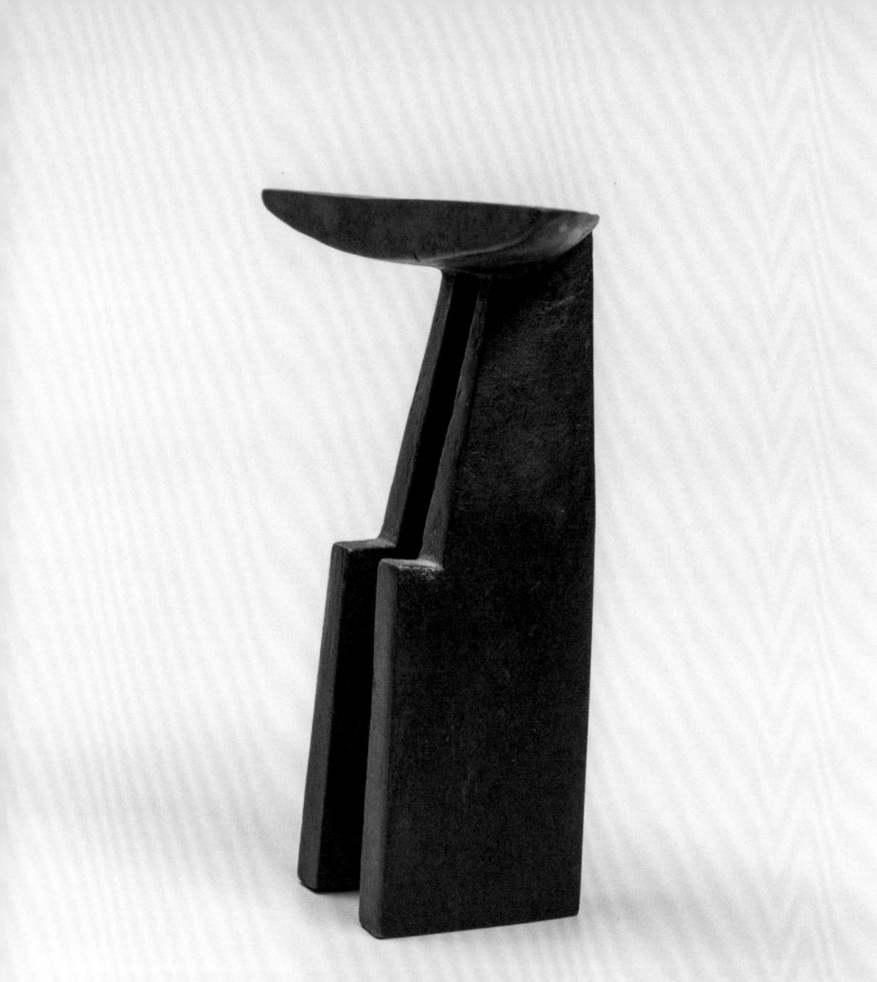

Ohne Titel | Bez názvu | Untitled – 1972/1973

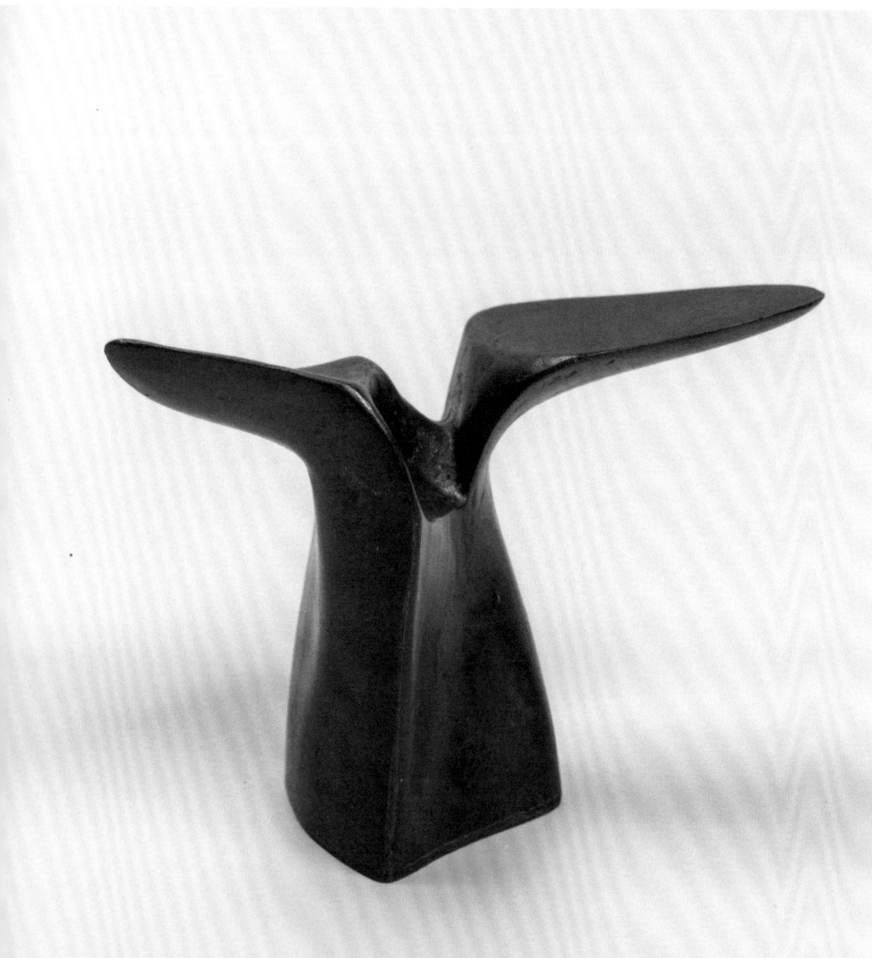

Ohne Titel | Bez názvu | Untitled – undatiert | nedatováno | undated

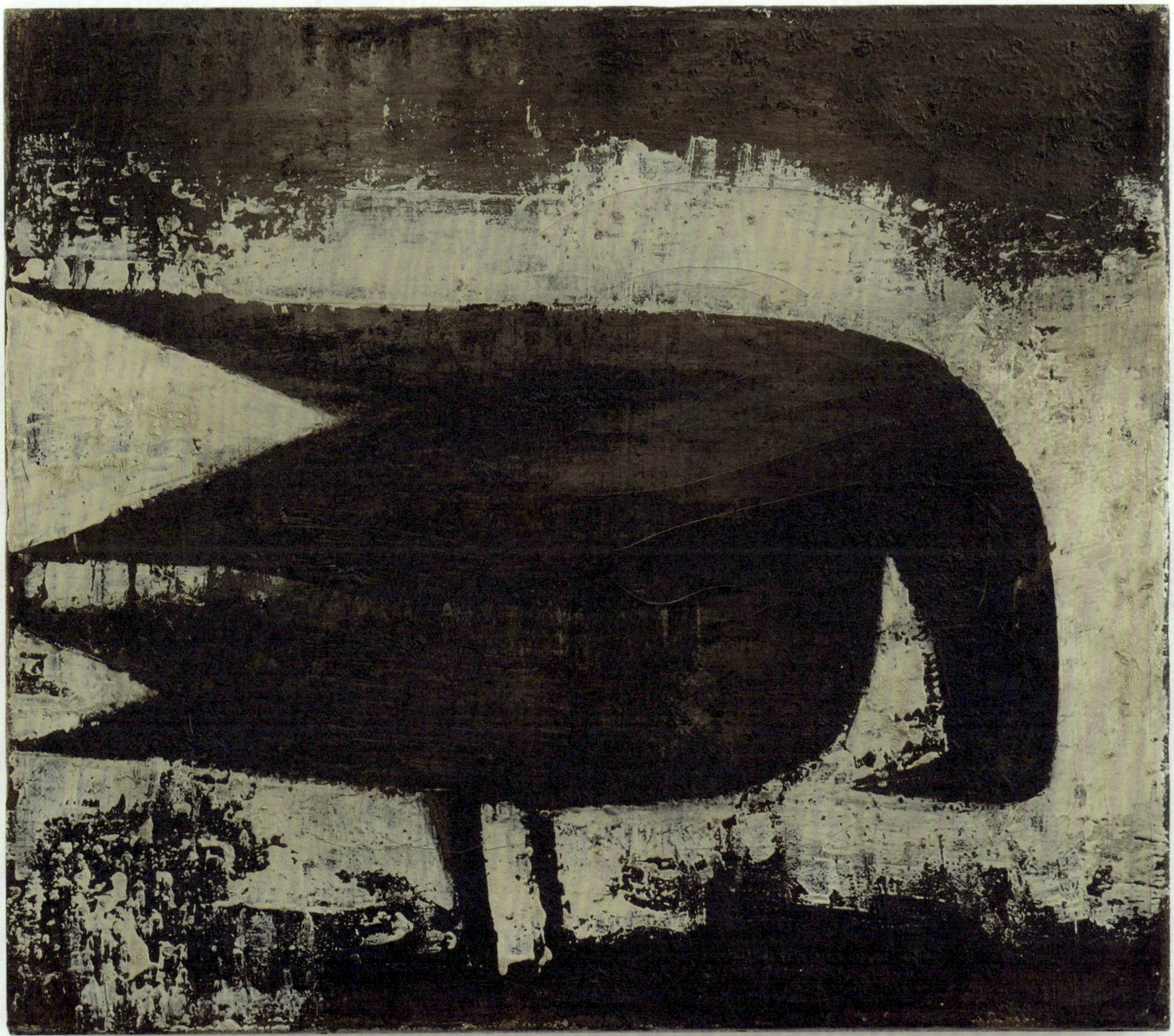

Ein oder zwei Vögel | Jeden nebo dva ptáci | One or Two Birds – 1960

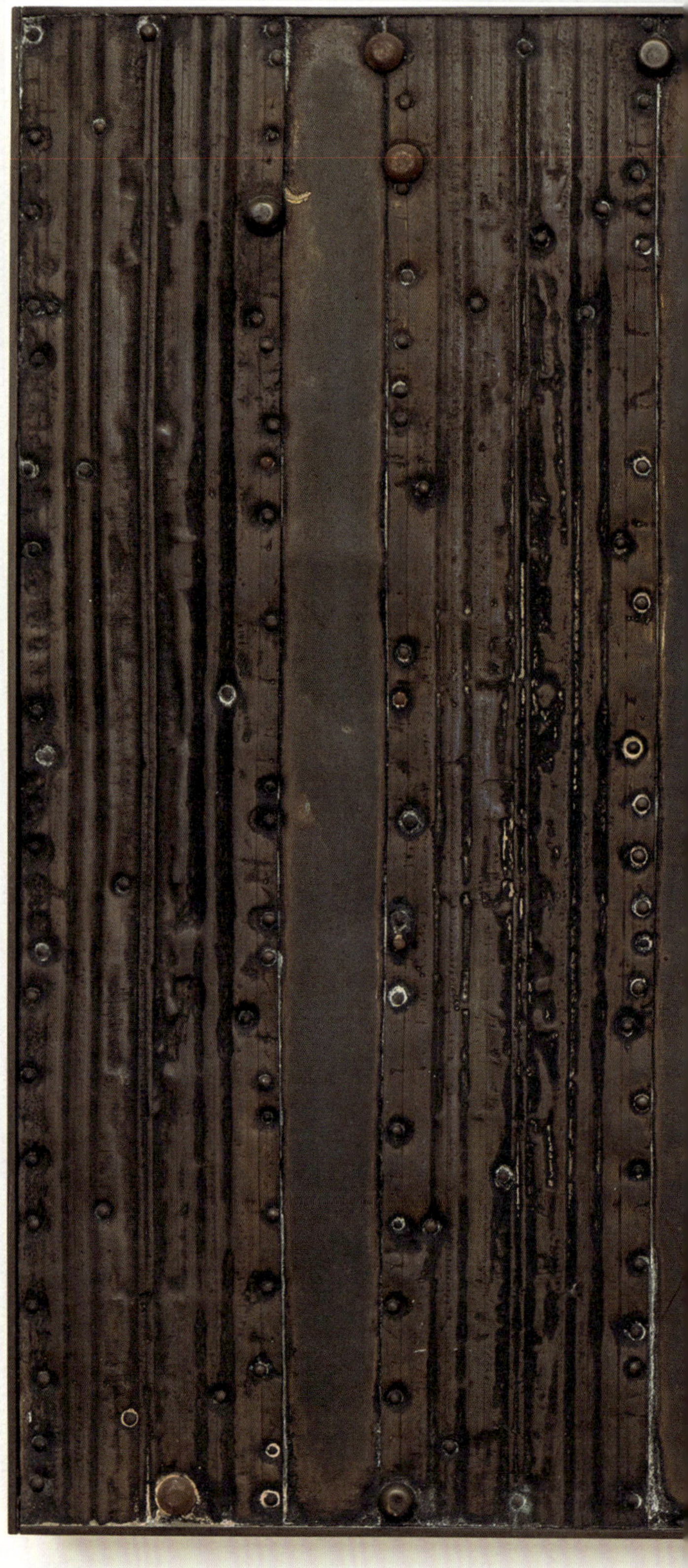

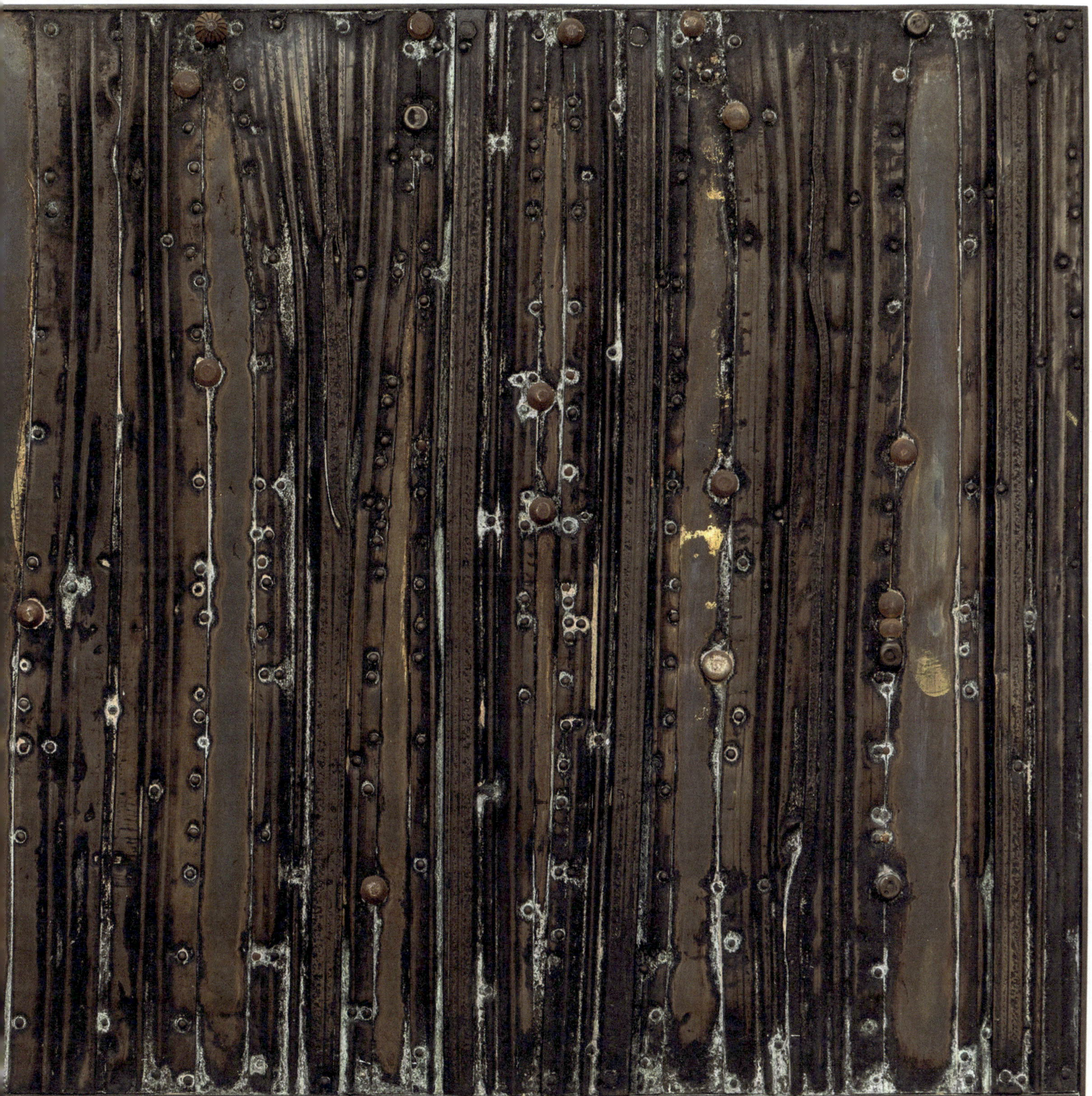

Pflanzen aus Messing | Mosazné rostliny | Plants made of brass – 1976/1977

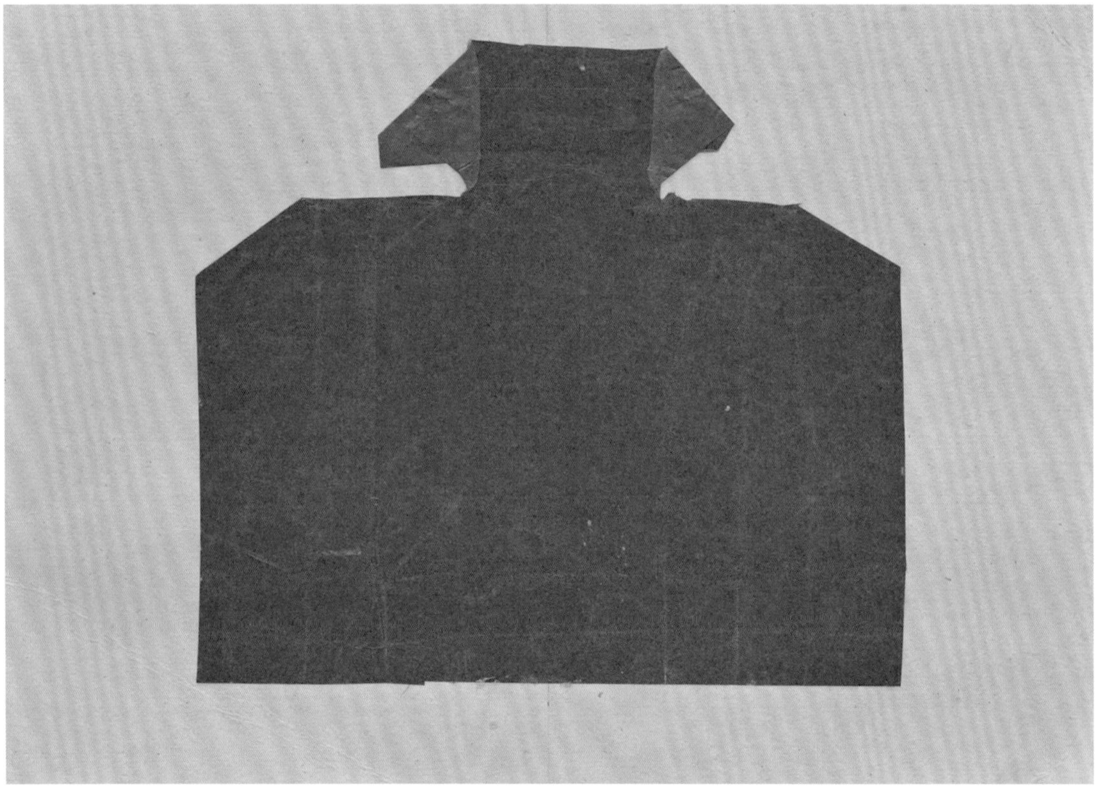

 Collage | Koláž | Collage – undatiert | nedatováno | undated

Wer auch immer | Kdokoli | Anyone – 1964

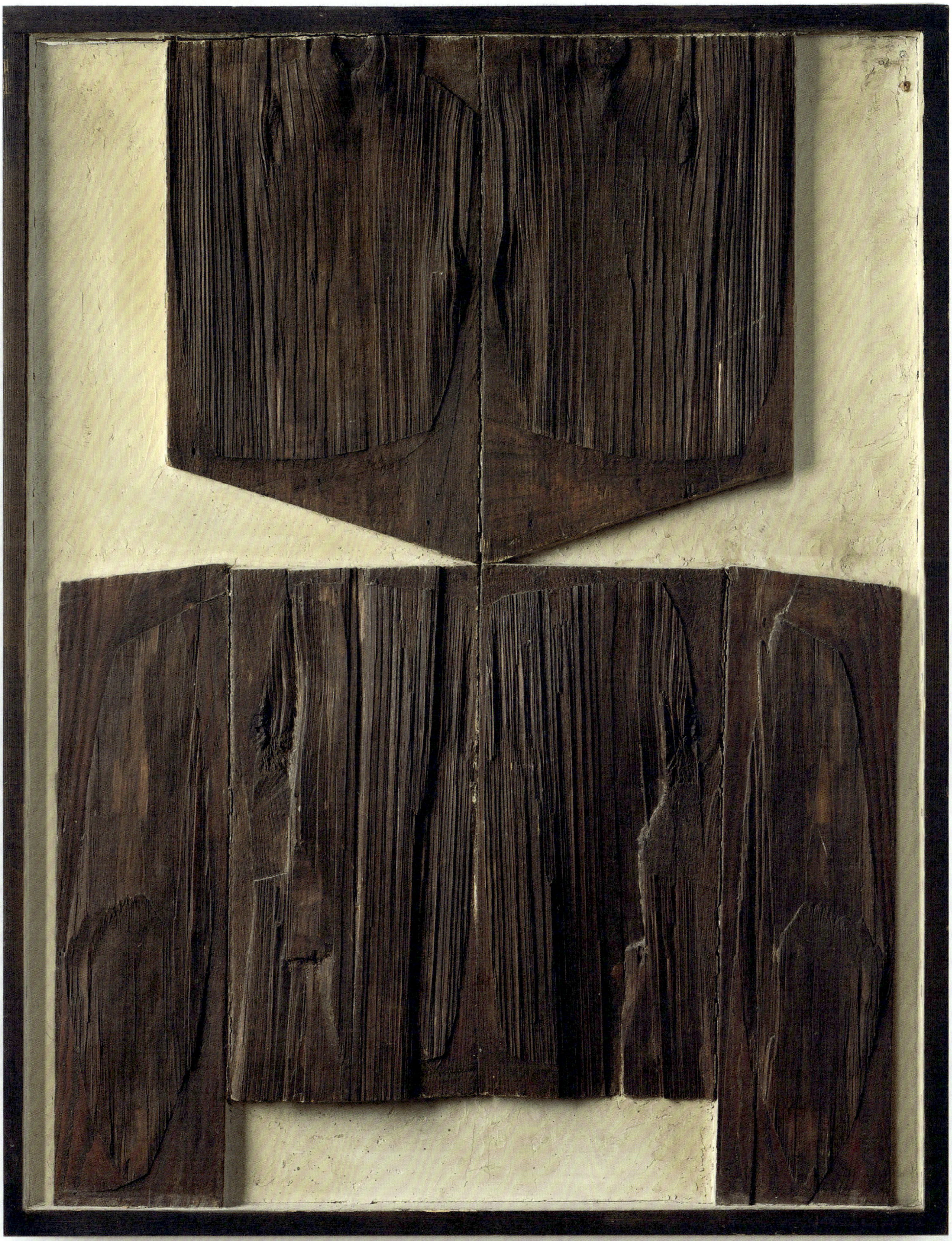

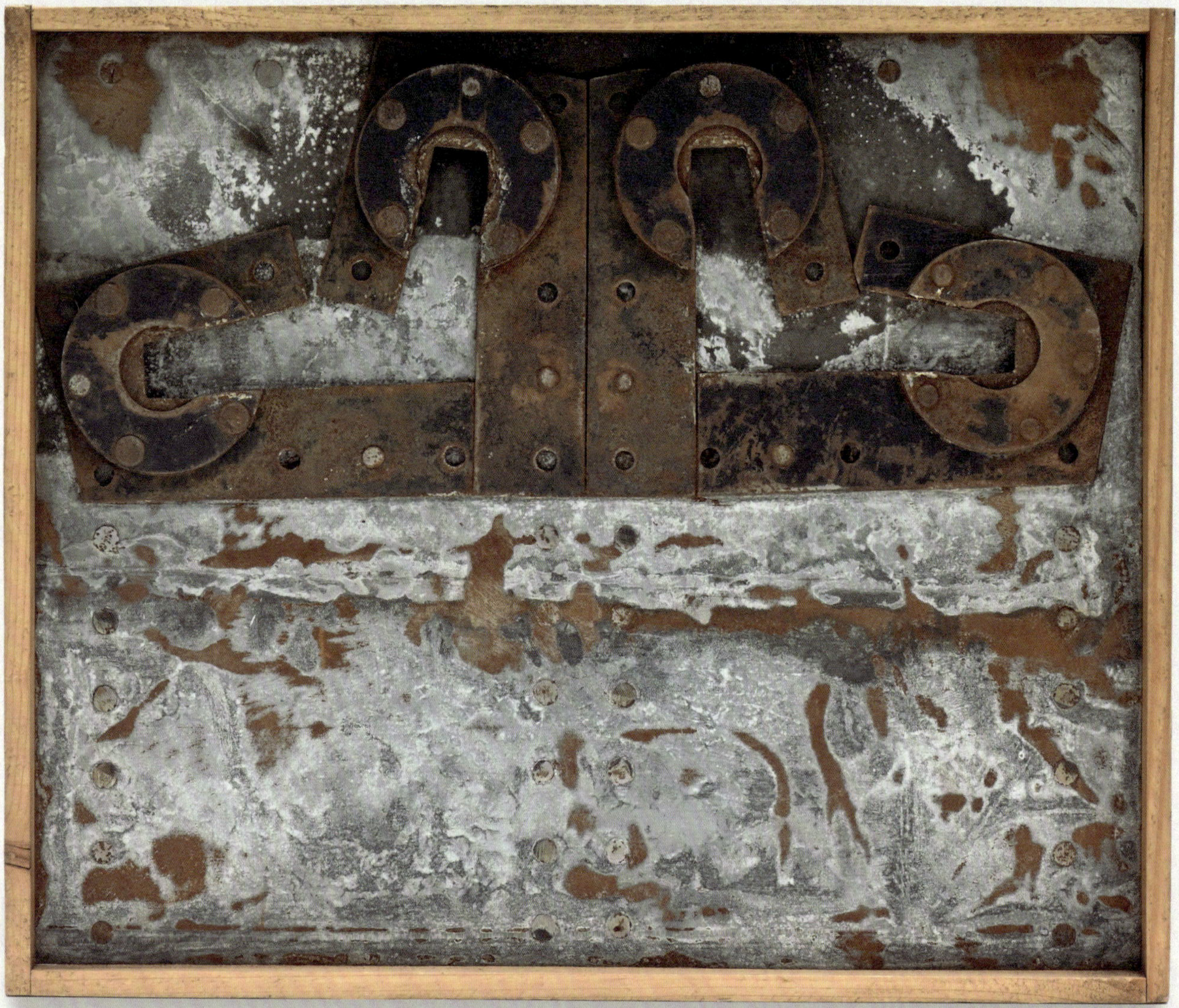

 Ohne Titel | Bez názvu | Untitled – 1993 **Collage | Koláž | Collage** – undatiert | nedatováno | undated

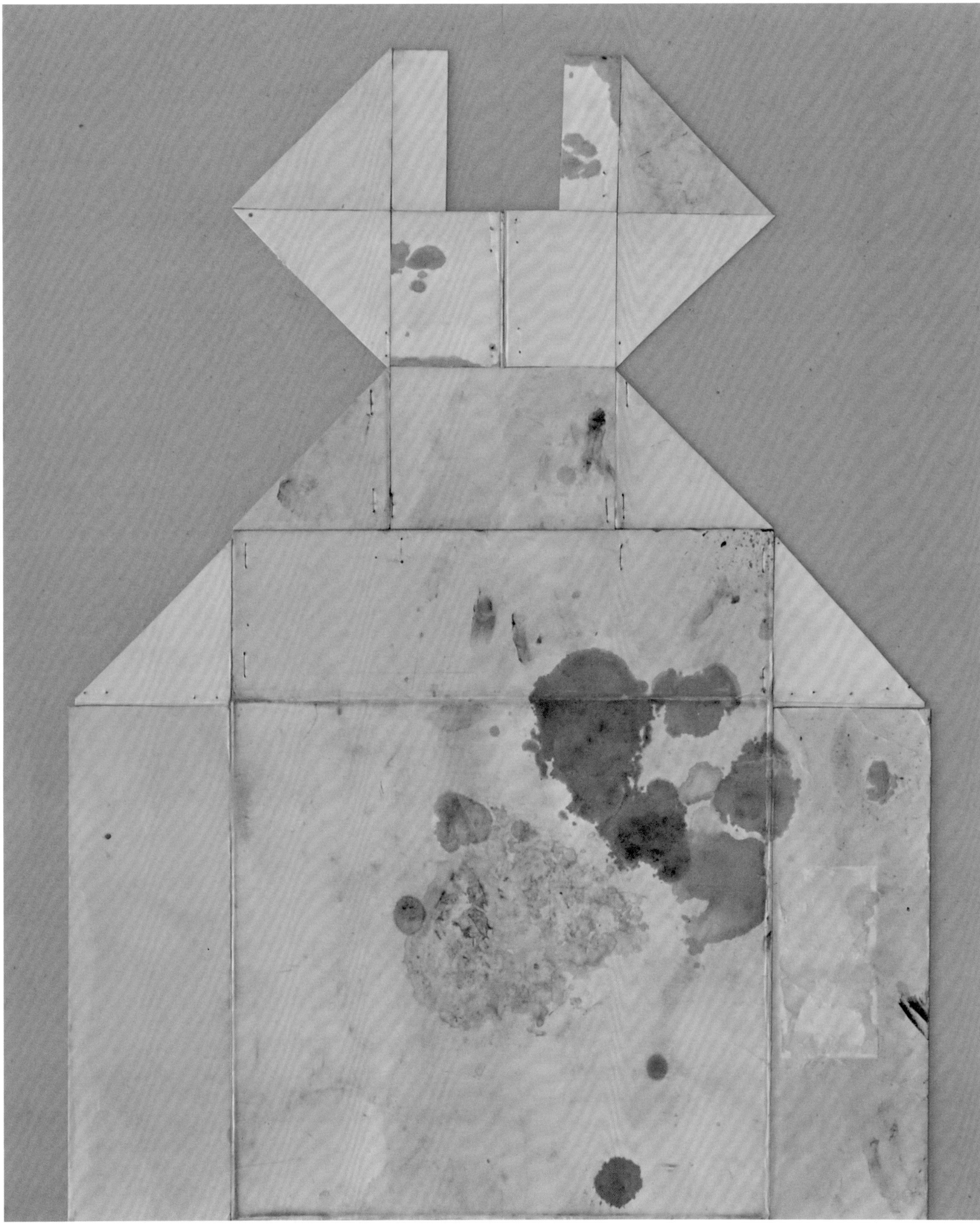

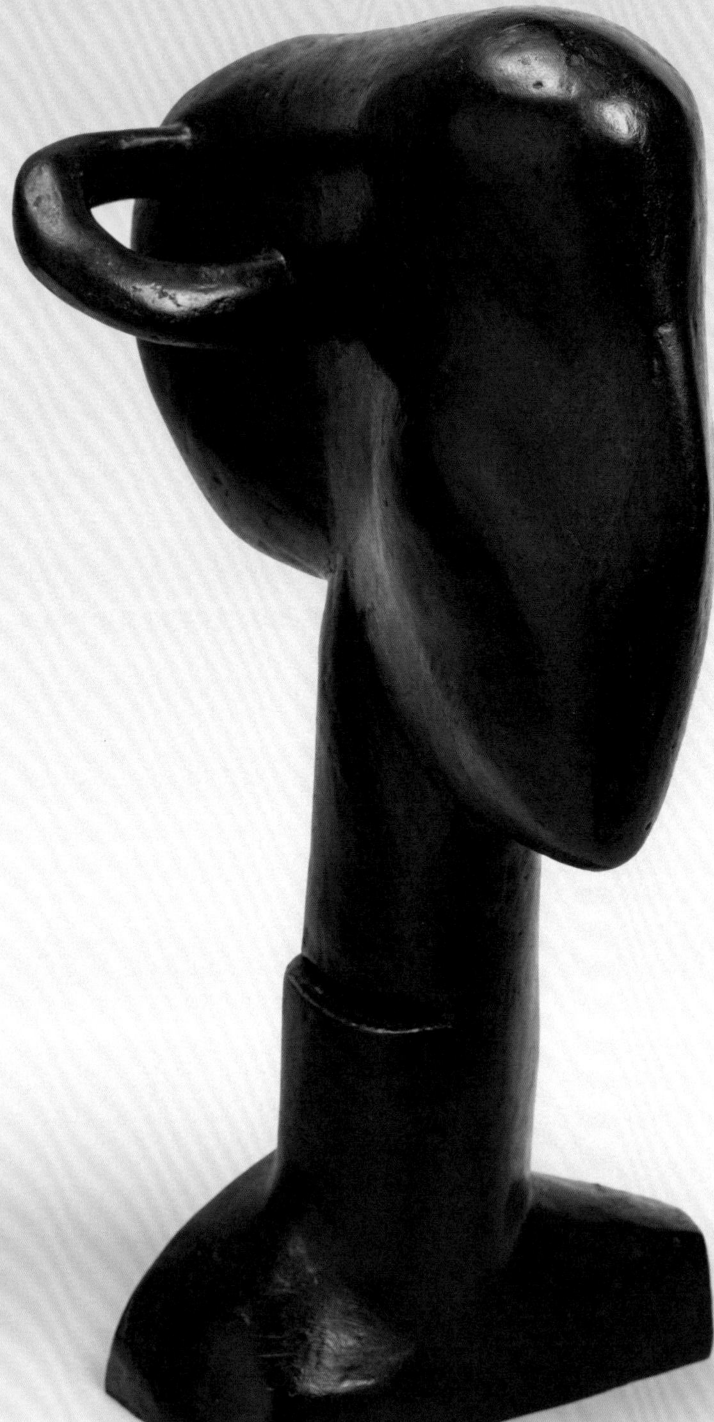

 Kopf | Hlava | Head – 1961

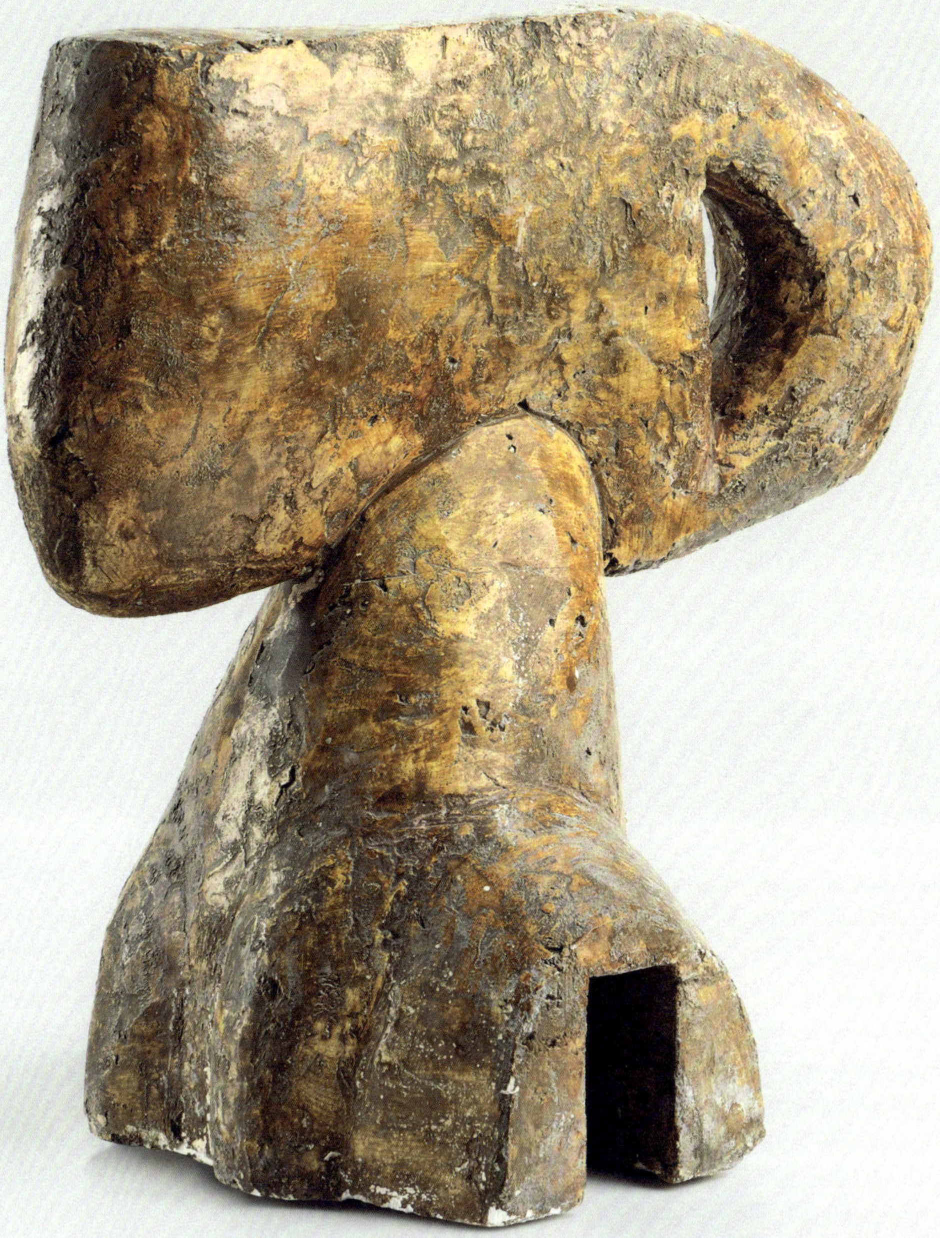

Kopf | Hlava | Head – 1962

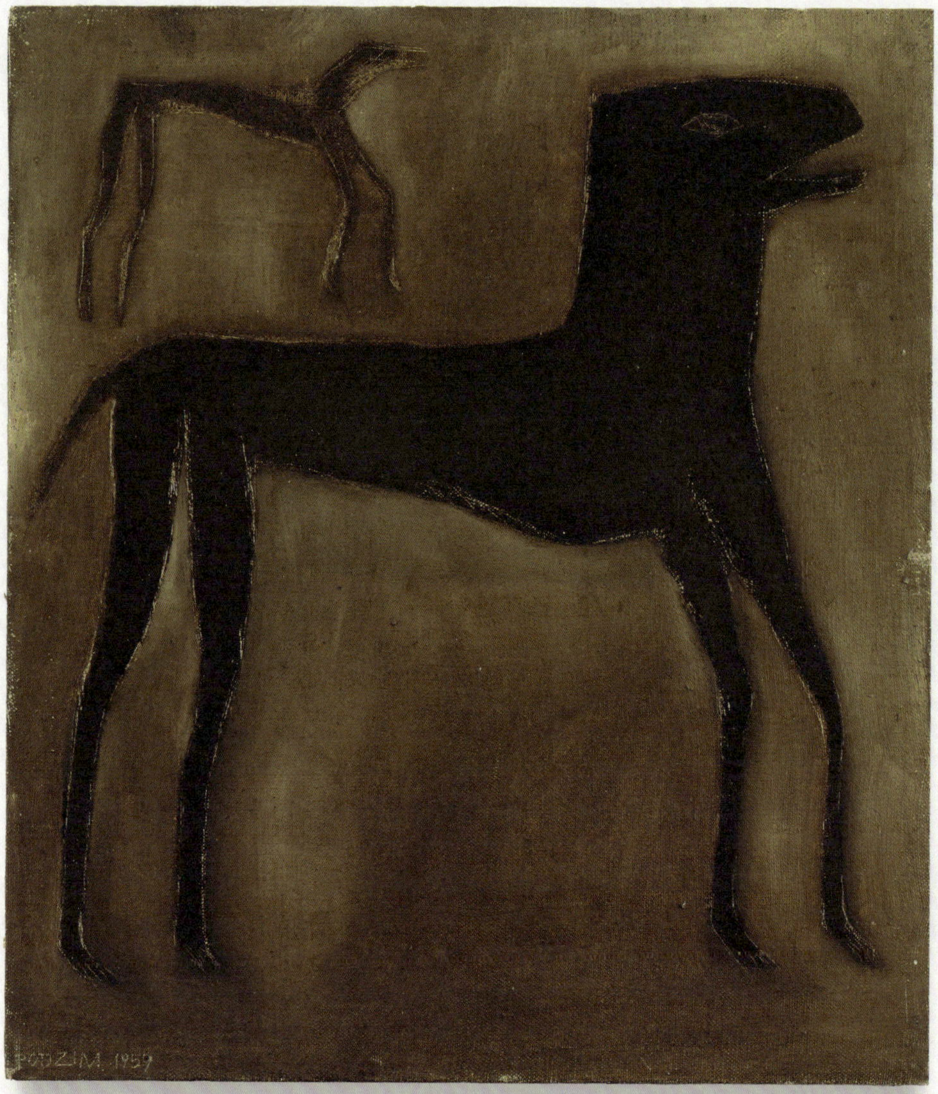

 Zwei Tiere | Dvě zvířata | Two Animals – 1959

Zielscheibe | Terč | Target – 1960

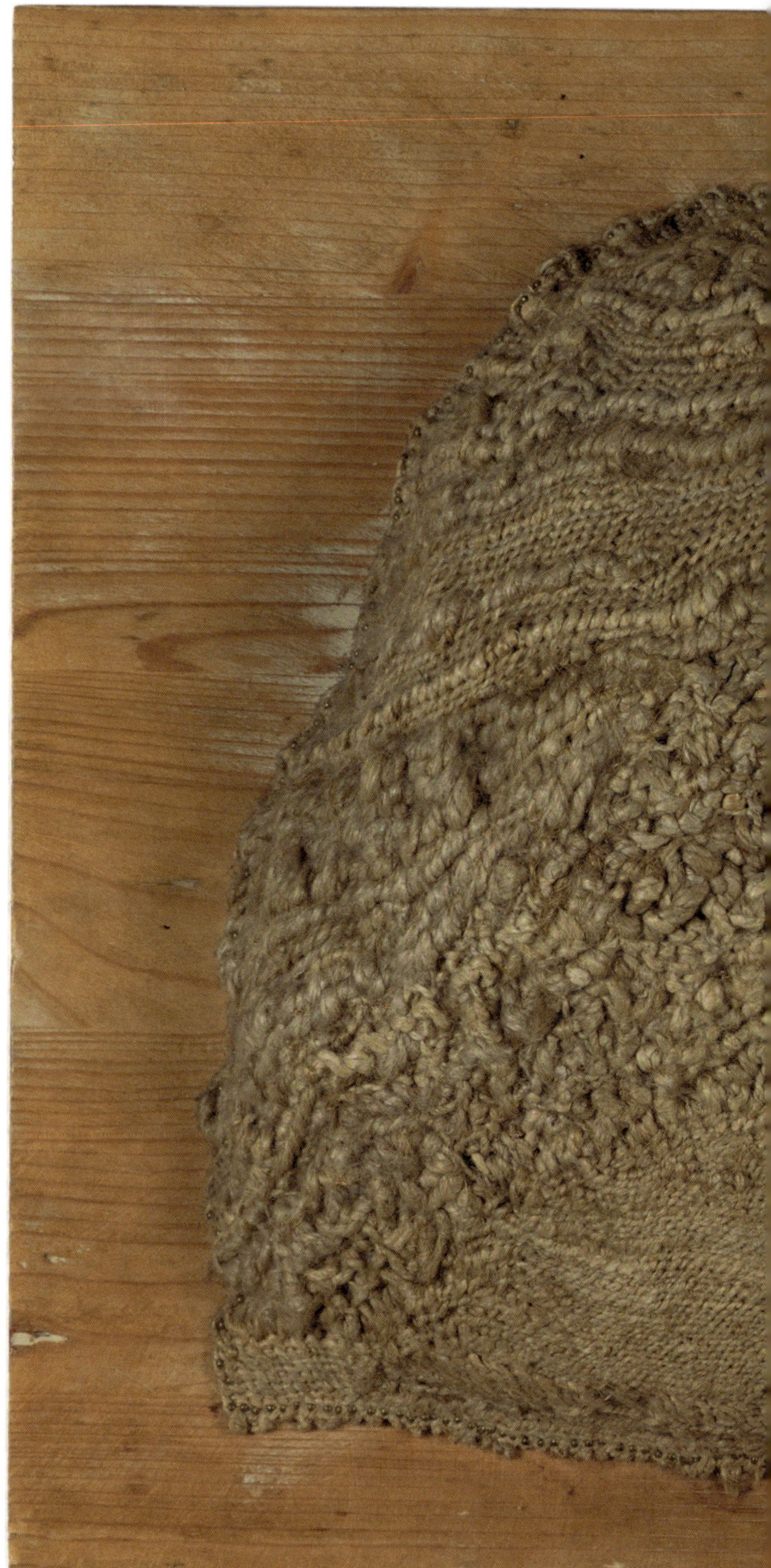

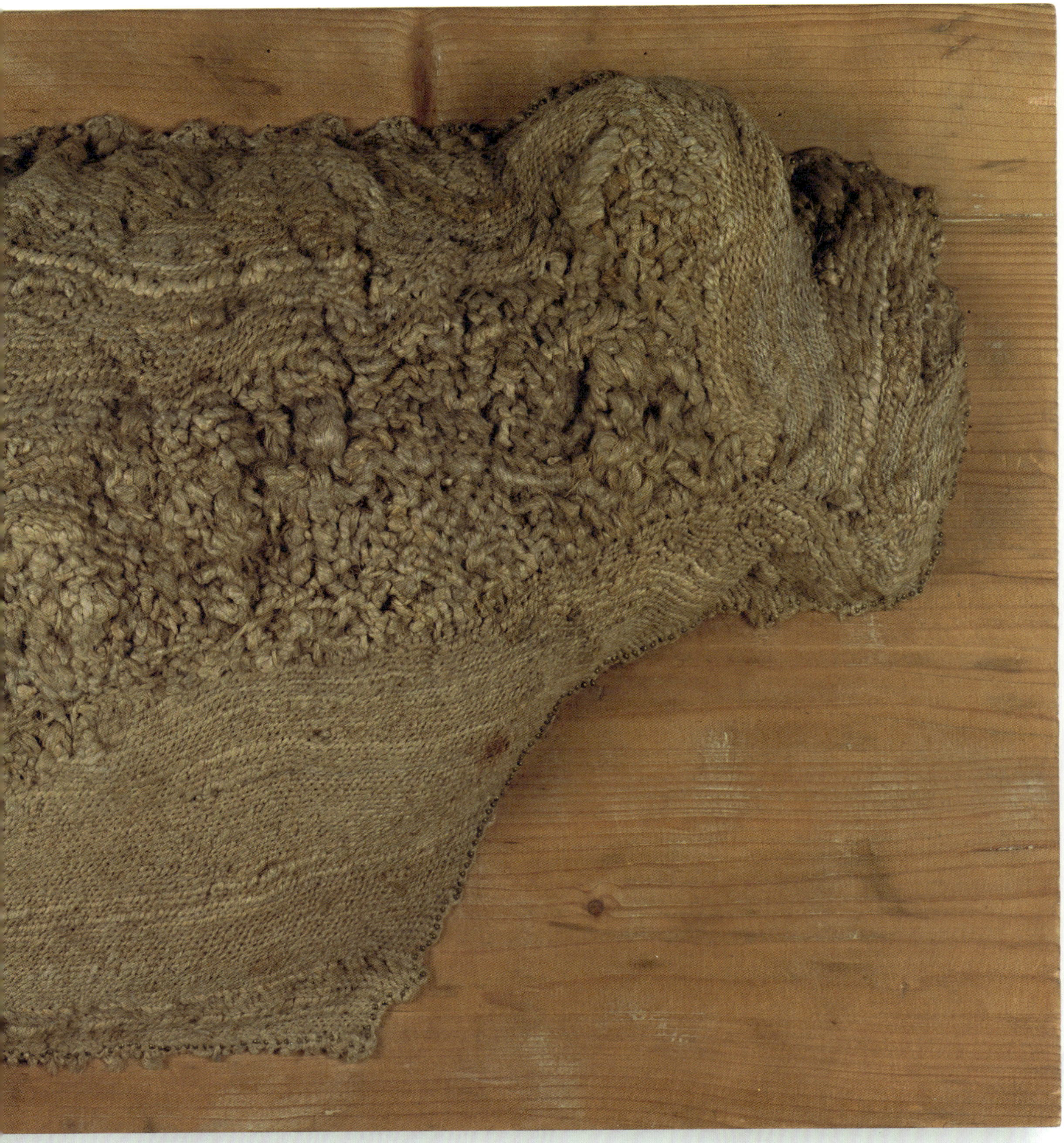

Erster Versuch der Simulation eines magischen Objektes | První pokus o simulaci magického objektu | First experiment at simulating a magical object – 1973

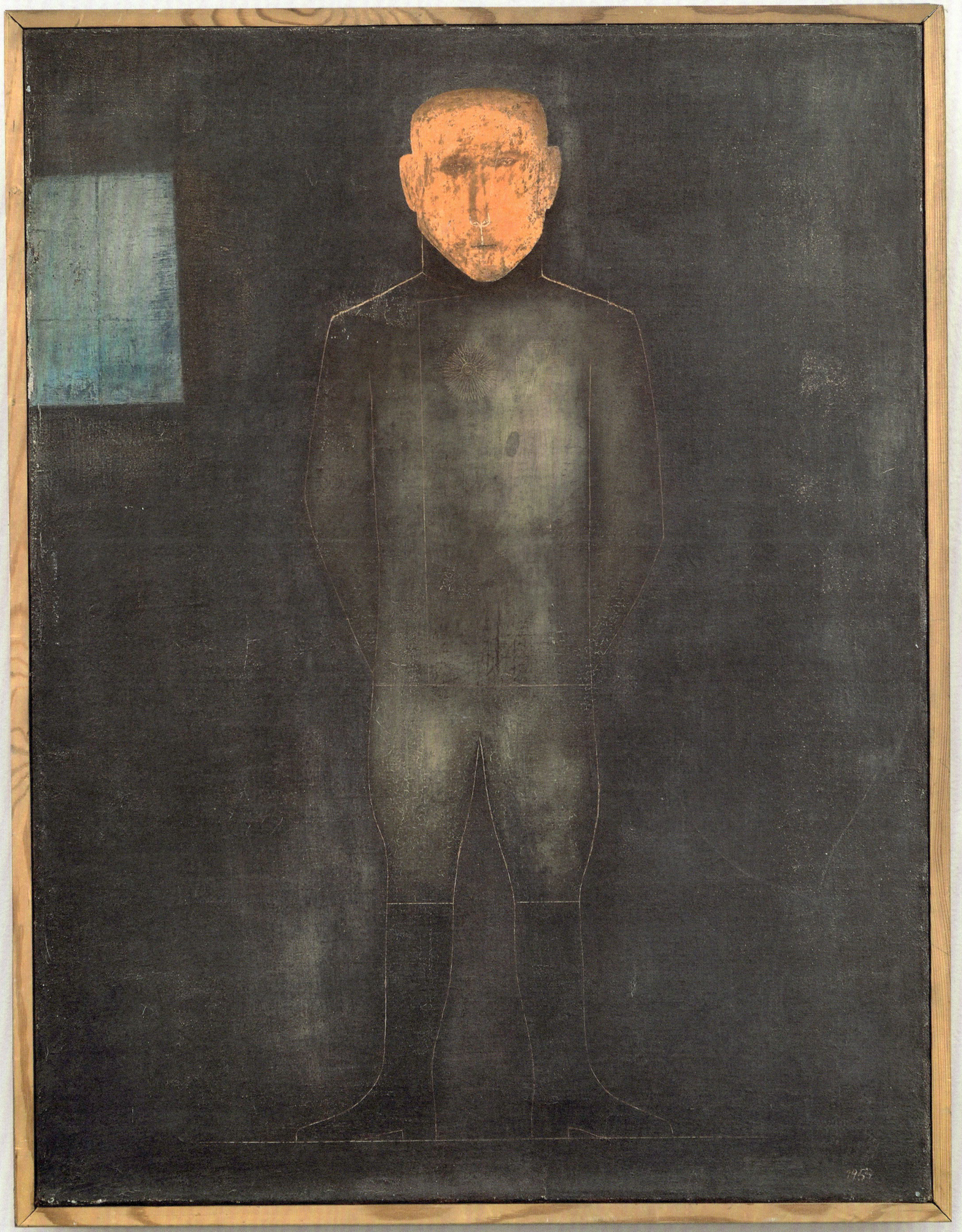

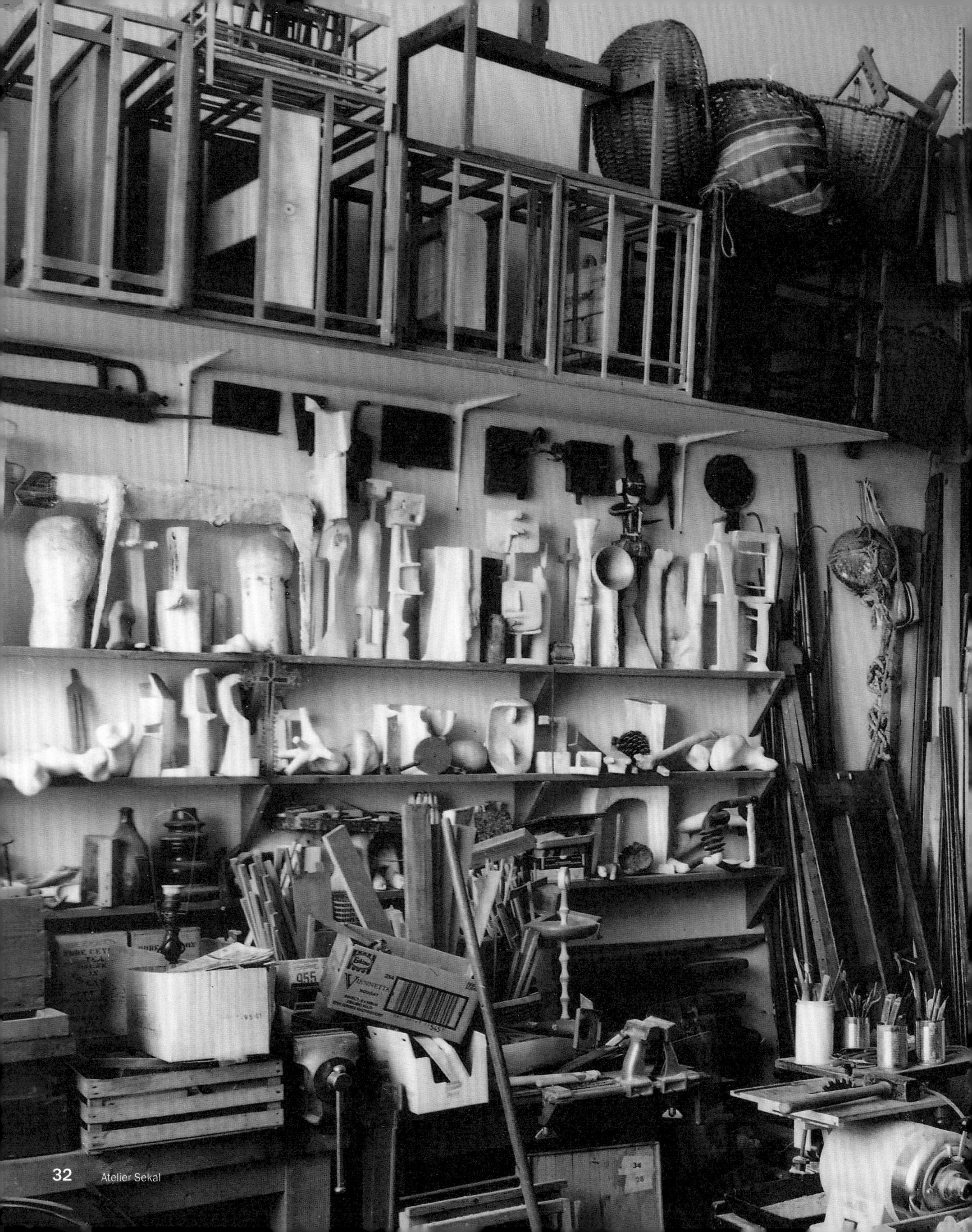
VIENNETTA
955

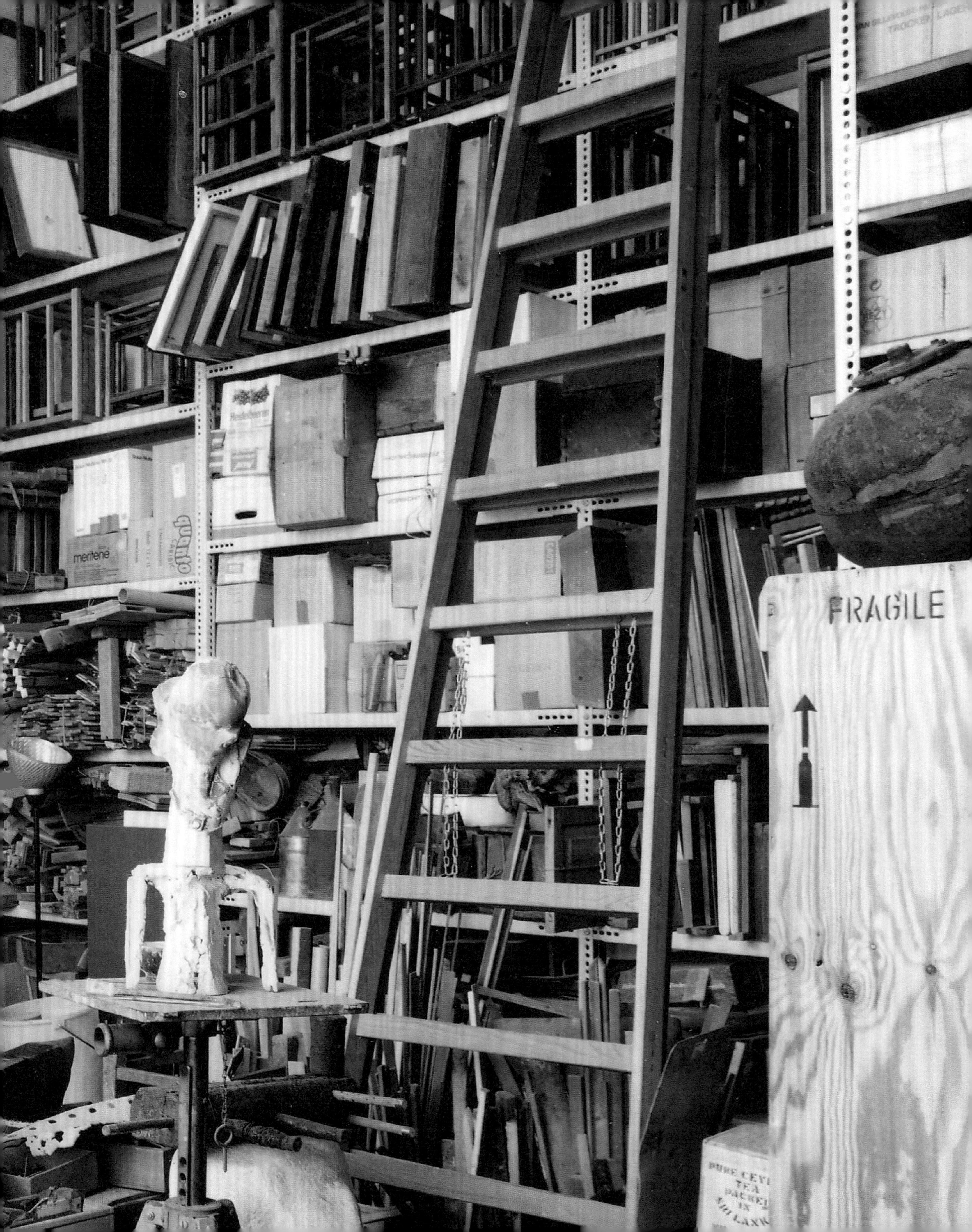
FRAGILE
meritene

ILONA VÍCHOVÁ

ZBYNĚK SEKAL UND PRAG

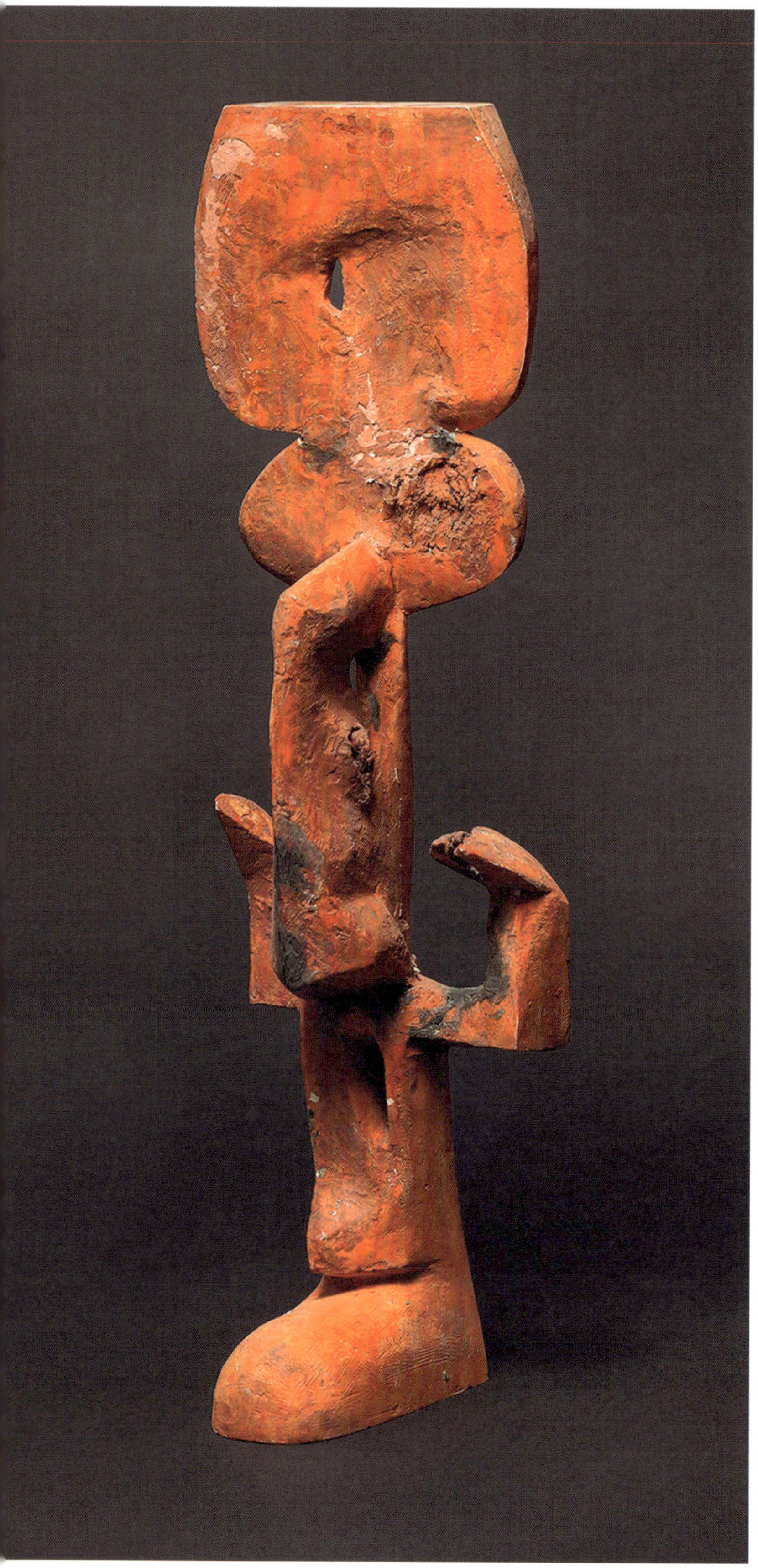

„Ich denke über meine Arbeit nach. Sie ist im Grunde nicht öffentlich, nicht für die Öffentlichkeit bestimmt, sie ist meine private Angelegenheit."
(Zbyněk Sekal, 28. Februar 1992)

Die Kunst von Zbyněk Sekal überschreitet in vielerlei Hinsicht die Grenzen nicht nur der tschechischen, sondern auch der internationalen Bildhauerei. Sie entspringt der mitteleuropäischen Tradition der Moderne und in ihren Ausgangspunkten erinnert sie an charakteristische Prinzipien der östlichen visuellen Kultur, insbesondere der japanischen Kunst. Denn von Anfang an war die Grundlage von Sekals Sensibilität das Bedürfnis nach absoluter Konzentration. Diese führte ihn zur Erschaffung von Kleinformaten, auf die er sein gesamtes Werk konzentrierte. Intuitiv wählte er den menschlichen Maßstab als eine offene Begrenzung für seine Betrachtung, Erforschung und Interpretation der Welt, und zwar nicht in ihrer Unerkennbarkeit, sondern in ihrer grundlegenden philosophischen Essenz: der Geburt und der Existenz des Menschen.

Sekals Werke sind geprägt von einer seltenen Ausgewogenheit zwischen geistigem Wert und Rationalität, zwischen Intellekt und Emotion. Nur wenigen ist es gelungen, eine so konzentrierte Schilderung der Grundwerte unserer Existenz zu erreichen wie Sekal. Darüber hinaus atmet seine künstlerische Sprache mit einer verborgenen Intimität. Wir spüren die vertraute, eigenständige Stille des Klosters, befreit von jeglichem Anspruch auf äußere Resonanz. Kein Wunder also, dass Zbyněk Sekal sich nie einer Künstlergruppe anschloss und stattdessen seine Karriere fokussiert als eigenständiger Solitär weiterentwickelte. [1]

Schon früh erfuhr Sekals zerbrechliche Seele die Schmerzen der Konzentrationslager und machte die rohe Erfahrung mit der dunklen Seite der Menschheit. Im Herbst 1941 wurde der damals achtzehnjährige Junge von den Nazis verhaftet, im Gefängnis Pankrác eingesperrt und dann in die Konzentrationslager Theresienstadt und Mauthausen gebracht. Nach Hause kam er erst nach der Befreiung im Jahr 1945, zutiefst erschüttert und physisch sowie psychisch erschöpft. Die Schrecken des Lagers verarbeitete Sekal in kleinformatigen Skizzen von rachitischen, an den Tod erinnernden Gestalten, die er noch im Lager schuf. In späteren Federzeichnungen mit dem Titel *Wohl ein Selbstporträt* (1946–1947) kreierte er mit obsessiv verdichteten Strichen ein psychedelisches Bild eines traumatisierten Menschen, der in einem von Zweifeln geplagten Inneren vergebens nach seiner eigenen Identität sucht.[2] Die existenzielle Schwere, Angst und Ungewissheit dieser Werke verschwanden nie ganz aus Sekals Kunst und begleiteten ihn unablässig sein Leben lang. Als Beispiel genügen seine frühen Werke, geschaffen während seines Studiums in František Tichýs Atelier für Grafik und angewandte Malerei an der Hochschule für Angewandte Kunst in Prag, wo er kurz nach seiner Rückkehr aus dem Lager aufgenommen wurde.[3] Besonders emotional sind Sekals surrealistisch orientierte Collagen, Zeichnungen, Installationen und Fotografien, sowie seine Entwürfe für Buchumschläge, wie zum Beispiel von Gustav Meyrinks *Golem* oder Franz Kafkas *Die Verwandlung* von 1947, wo der Kopf als schlichtes Oval mit offenem, mit Text gefülltem Mund, stilisiert ist.

1 Obwohl Sekal in den Jahren 1957–1964 Mitglied der modernistischen Gruppe Máj 57 war, identifizierte er sich nie vollständig mit deren Programm.

2 Ein Beispiel von Sekals lebenslangem Bedürfnis nach Introspektion war seine Besessenheit, sich selbst in Fotoautomaten zu fotografieren, was zu einer Reihe von Selbstporträts führte, in denen sich subtile Nuancen der inneren Bewegung widerspiegeln.

3 Herbst 1945.

Geschöpf | Tvor | Creature – 1966

ZBYNĚK SEKAL A PRAHA

„Uvažuji o své práci. Je v podstatě neveřejná, není určena navenek, je to má soukromá věc.“ (Zbyněk Sekal, 28. února 1992)

Tvorba Zbyňka Sekala se v mnohém vymyká nejen českému, ale i světovému sochařství. Vyrůstá ze středoevropské modernistické tradice a svými východisky se dotýká principů, které jsou příznačné východní vizuální kultuře, především japonskému umění. Základem Sekalovy citlivosti totiž byla od počátku potřeba absolutní koncentrace. Ta jej přivedla k tvorbě komorních formátů, do kterých soustředil celé své dílo. Lidský rozměr volil intuitivně jako svobodné vymezení, skrze nějž nazíral, zkoumal a interpretoval svět, nikoli v jeho nepoznatelnosti, ale v jeho nejzákladnější filosofické podstatě: a tou je zrod a existence člověka.

Díla Zbyňka Sekala jsou naplněna vzácnou vyvážeností duchovní hodnoty s racionalitou, intelektu s emocí. Jen málokomu se podařilo docílit tak soustředěné výpovědi o základních hodnotách našeho bytí jako právě Sekalovi. Jeho výtvarná řeč navíc dýchá skrytou intimitou. Cítíme z ní osobní, soběstačné ticho klauzury, očištěné od jakéhokoli nároku na vnější odezvu. Není divu, že Zbyněk Sekal nikdy nezakotvil pod křídly výtvarného uskupení, ale svoji tvůrčí dráhu soustředěně rozvíjel v pozici svébytného solitéra.[1]

Hned v počátcích zasáhla Sekalovu křehkou duši rána koncentračního tábora, syrová zkušenost s temnou stránkou lidství. Na podzim roku 1941 byl jako osmnáctiletý chlapec zajat nacisty, uvězněn na Pankráci a poté přesunut do koncentračních táborů Terezín a Mauthausen. Domů se vrátil až po osvobození v roce 1945, hluboce otřesen a psychicky i fyzicky vyčerpán. Hrůzy lágru vetknul do komorních skic rachitických figur podobných smrtkám, které vytvářel přímo v táboře. V následných perokresbách nazvaných *Snad autoportrét* (1946–1947) vykružoval obsedantně nahuštěnými tahy psychedelický obraz traumatizovaného člověka, který v pochybnostmi vyhlodaném nitru zoufale pátrá po vlastní identitě.[2] Existencionální tíže, úzkost a nejistota těchto děl ze Sekalovy tvorby nikdy nevymizela a neúprosně umělce provázela po zbytek života. Dokladem jsou hned raná díla, které Sekal vytvořil během studií v ateliéru grafiky a užitého malířství Františka Tichého na Vysoké škole uměleckoprůmyslové v Praze, kam byl přijat krátce po návratu z lágru.[3] K silně emotivním patří zejména surrealisticky orientované koláže, kresby, instalace a fotografie, ale také návrhy pro knižní obálky, například pro *Golema* Gustava Meyrinka nebo *Proměnu* Franze Kafky z roku 1947, v níž je motiv hlavy stylizován na věcný ovál s prolomenými ústy naplněnými textem.

Přestože blížící se únor 1948 nevěstil pro mladé tvůrce nic dobrého, studentská léta přinesla Sekalovi vzácnou příležitost navázat přátelství se svými generačními souputníky. Nejvíce se sblížil se Stanislavem Podhrázským a Mikulášem Medkem, ale také Josefem Lehoučkou, Jiřím Balcarem nebo Jaroslavem Klápštěm. Úzké

1 Zbyněk Sekal sice byl v letech 1957–1964 členem modernistické skupiny Máj 57, ovšem s programem tohoto uskupení se nikdy plně neztotožňoval.

2 Celoživotní potřebu introspekce dokládá i Sekalova posedlost fotografováním sebe sama v pouličních automatech, jejímž výsledkem je soubor autoportrétů zachycujících jemné nuance vnitřního pohnutí.

3 Na podzim roku 1945.

ZBYNĚK SEKAL AND PRAGUE

"I'm thinking about my work. It's basically non-public, it's not meant for the outside world, it's my private business."
(Zbyněk Sekal, 28 February 1992)

The work of Zbyněk Sekal defies in many ways not only Czech but also international sculpture. It grows out of the Central European modernist tradition and its points of departure touch upon principles that are characteristic of Eastern visual culture, especially Japanese art. Sekal's sensibility was rooted from the beginning in the need for absolute concentration. This led him to create small formats, in which he distilled his entire oeuvre. He chose this dimension intuitively, as a free definition through which to view, explore and interpret the world, not in its unfathomability but in its most fundamental philosophical essence: the birth and existence of man.

Zbyněk Sekal's works are filled with a rare balance of spirituality and rationality, intellect and emotion. Few have succeeded in conveying such a concentrated message of the core values of human existence. Moreover, his artistic language emanates a hidden intimacy. We can sense from it personal, self-sufficient silence of reclusion cleansed of any claims to external response. It is not surprising that Zbyněk Sekal never came under the wings of an art group but consistently developed his career as a solitary artist.[1]

Early on, Sekal's fragile soul was affected by the horrors of a concentration camp, harsh experience with the dark side of humanity. In the autumn of 1941, as a boy of eighteen, he was captured by the Nazis, imprisoned at Pankrác, Prague and then deported to the concentration camps of Terezín and Mauthausen. He returned home after the liberation in 1945, deeply shaken and mentally and physically exhausted. He transferred the horrors of the camps into intimate sketches of rachitic, skeleton-like figures that he created in the camps. In his subsequent pen drawings entitled *Perhaps a Self-Portrait* (1946–1947), he employed obsessively concentrated strokes to conjure up a psychedelic image of a traumatized man desperately searching for his identity in a doubt-ridden soul.[2] The existential weight, anxiety and uncertainty of these works never completely disappeared from Sekal's oeuvre and would relentlessly accompany the artist for the rest of his life. This is evidenced by the early works Sekal produced during his studies in František Tichý's studio of graphic art and applied painting at the Academy of Applied Arts in Prague, where he was admitted shortly after his return from the concentration camp.[3] Among his highly emotional works are surrealism-tinged collages, drawings, installations and photographs, as well as designs for book covers, for example for Gustav Meyrink's *Golem* or Franz Kafka's *Transformation* from 1947, in which a head motif is stylized into a simple oval with a gaping mouth filled with text.

Although the approaching February 1948 did not bode well for the young artist, the student years brought Sekal a rare opportunity to

1 In 1957–1964 Zbyněk Sekal was a member of the modernist group Máj 57, yet he never fully subscribed to its programme.

2 Sekal's lifelong need for introspection is evidenced by his obsession with photographing himself in street vending machines, resulting in a series of self-portraits capturing the subtle nuances of his inner self.

3 In autumn 1945.

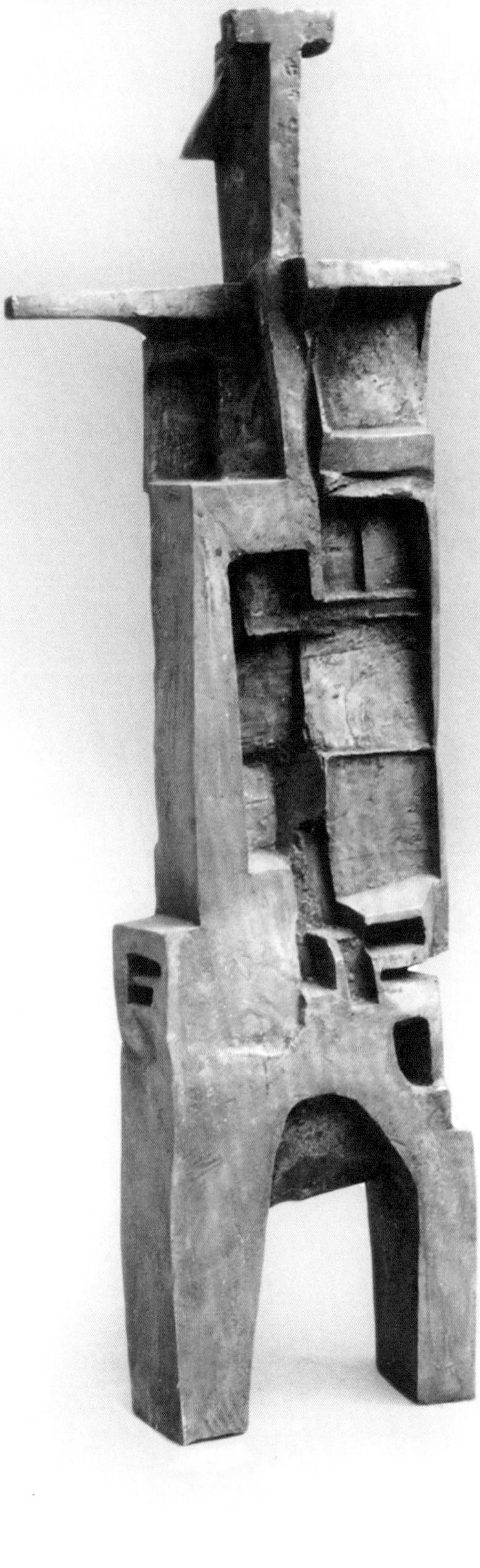

Figur (Wackeliger Bau) | Postava (Vratká stavba) | Figure (Shaky Structure) – 1967

Obwohl die herannahende kommunistische Machtergreifung im Februar 1948 für junge Künstler nichts Gutes verhieß, bot Sekals Studienzeit ihm die wichtige Gelegenheit, Freundschaften mit seinen Altersgenossen zu schließen. Zu seinen engsten Freunden wurden Stanislav Podhrázský und Mikuláš Medek, aber er war auch befreundet mit Josef Lehoučka, Jiří Balcar und Jaroslav Klápště, sowie mit Zdeněk Palcr, Student in Josef Wagners Bildhaueratelier. 1947 organisierte Professor Václav Nebeský eine Reise nach Paris, und so bekam Sekal die wertvolle Gelegenheit, die Internationale Ausstellung des Surrealismus in der Galerie Maeght zu besuchen, die Sammlungen des ethnografischen Museums zu besichtigen und die Bekanntschaft von Toyen zu machen. Nach seiner Heimkehr schuf Sekal mehrere Werke, in denen er auf diese Pariser Impulse reagierte und sie innovativ bearbeitete. Ein wichtiges Beispiel ist das Bild *Abendessen, frei nach Dubuffet* (1949), in dem, neben der Figur eines Vielfraßes, auch das Motiv eines Vogels mit suggestiv ausgestreckten Krallen auftaucht, das Sekal in späteren Jahren weiter entwickelte und wiederholt aufgriff.

Die neuen gesellschaftlichen Verhältnisse in der Tschechoslowakei nach dem Februarumsturz 1948 deformierten die Atmosphäre und den Geschmack an den Kunsthochschulen, und die Hochschule für Angewandte Kunst in Prag war keine Ausnahme. Die Propagation des sozialistischen Realismus, der wachsende ideologische Druck und die damit einhergehende Verfolgung von Sekals Professoren, zu denen neben Tichý auch František Muzika und Emil Filla gehörten, waren für die jungen Künstler äußerst demotivierend und inakzeptabel. Nachdem die Situation durch den Verweis von Mikuláš Medek und einigen anderen Studenten eskaliert war, verließ Sekal die Hochschule freiwillig und ohne Abschlusszeugnis.[4] In den folgenden zwei Jahren arbeitete er als Literaturredakteur beim Verlag für politische Literatur (Nakladatelství politické literatury, später Svoboda) und leistete ein halbes Jahr Militärdienst. 1952 zog er nach Bratislava, wo er als Kunstredakteur und Übersetzer aus dem Deutschen arbeitete, abgeschnitten von seinem Prager Umfeld, zu dem er zuvor enge Beziehungen geknüpft hatte.[5] Den Kontakt zu seinen Prager Freunden hielt er zumindest durch Korrespondenz aufrecht, insbesondere mit Mikuláš Medek und Egon Bondy, mit denen er seine Meinungen über die Kunst und die damalige politische Situation austauschte. Ein wichtiger Wendepunkt kam 1957, als Sekal eine Einladung annahm, als Gastkünstler an der Prager Ausstellung der Gruppe Máj 57 teilzunehmen. Im folgenden Jahr kehrte er nach Prag zurück.

In den ersten Jahren nach seiner Rückkehr knüpfte Sekal an die Arbeit an, die er bereits während seiner Zeit in Bratislava begonnen hatte. Unter prominenten Beispielen dieser Werke findet man mehrere skulpturale Köpfe mit offenem Mund (*Toter Kopf* oder *Schreiender Kopf*, beide 1957), in denen die Schrecken des Konzentrationslagers widerhallen. Gleichzeitig suchte Sekal verstärkt nach einer universellen skulpturalen Form. Die Dringlichkeit und tiefe Konzentration dieser Werke mündete in einer Reihe von Sekals kontemplativsten Porträts, deren verbindendes Element das Motiv der geschlossenen Augen ist. Diese skulpturalen und gemalten Köpfe, die formal an Totenmasken erinnern, offenbaren Sekals Bedürfnis nach einem meditativen Blick ins Innere. Gleichzeitig zeigen sie aber auch das verzweifelte Bemühen *„lieber nicht zu sehen"*, als Ausdruck eines wesentlichen Widerstands gegen die ideologischen Dogmen, die die Welt wie ein Gift verseucht hatten.

4 In der Zeit vor seinem Austritt aus der Schule arbeitete Sekal an „Abdankung", einem Text, den Bohumil Hrabal später als Nachwort zu seinem Roman *Sanfte Barbaren* (*Něžný barbar*, Petlice, 1974) verwendete. Eine der treffendsten Passagen lautet: *„Wir wollen unseren eigenen Weg gehen, den wir noch kaum kennen. Wir wollen nicht den anderen Menschen ähneln, deren Gesichter mehr und mehr den Gesichtern von Idioten gleichen. Diese Feststellung hat übrigens nicht viel zu sagen, halten doch auch sie uns für Idioten, so war es schon immer. Wir wollen nicht glücklich sein nach ihrer Art."*

5 In Bratislava fühlte sich Sekal isoliert, und es ist interessant, dass er dieses Gefühl der Isolation paradoxerweise auch in den späteren Phasen seines Lebens in Prag und Wien verspürte.

přátelské vazby rozvíjel také se Zdeňkem Palcrem ze sochařského ateliéru Josefa Wagnera. V roce 1947 profesor Václav Nebeský uspořádal zájezd do Paříže. Sekalovi se tím naskytla vzácná příležitost navštívit Mezinárodní výstavu surrealismu v galerii Maeght, shlédnout sbírky etnografického muzea a seznámit se s Toyen. Po návratu domů vytvořil několik děl, v nichž reagoval na pařížské podněty a inovativně je zpracovával. Výrazným příkladem je zejména obraz *Večeře volně podle Dubuffeta* (1949), v němž se vedle postavy jedlíka objevuje motiv ptáka se sugestivně roztaženými pařáty, který Sekal v dalších letech dále rozvíjel a opakovaně se k němu vracel.

Společenské poměry po únoru 1948 v Československu tvrdě deformovaly atmosféru i vkus na výtvarných školách, Vysokou školu uměleckoprůmyslovou nevyjímaje. Propagovaná estetika socialistického realismu a sílící ideologický tlak provázený perzekucí Sekalových profesorů, k nimž vedle Tichého patřili také František Muzika a Emila Filla, byly pro mladé umělce krajně demotivující a neakceptovatelné. Poté, co situace vygradovala vyloučením Mikuláše Medka a několika dalších spolužáků ze studií, Sekal školu dobrovolně opustit bez absolventského diplomu.[4] V následných dvou letech působil jako literární redaktor v Nakladatelství politické literatury (později Svoboda) a absolvoval půlroční vojenskou službu. V roce 1952 se přesunul do Bratislavy. Živil se jako výtvarný redaktor a překladatel z německého jazyka, odtržen od pražského prostředí, v jehož rámci si již vytvořil pevné vazby.[5] Kontakt s pražskými přáteli udržoval alespoň formou korespondence, a to zejména s Mikulášem Medkem a Egonem Bondym, s nimiž si vyměňoval názory na výtvarné umění i tehdejší politickou situaci. Významný zlom přinesl rok 1957, kdy Sekal přijal pozvání k účasti na pražské výstavě skupiny Máj 57, a sice jako hostující umělec. Hned následného roku se do Prahy vrátil.

V prvních letech po návratu domů Sekal pokračoval v tvorbě rozvíjené již za bratislavského pobytu. K výrazným příkladům patří několik sochařských hlav s otevřenými ústy (*Mrtvá hlava* nebo *Křičící hlava*, obě 1957), v nichž rezonují hrůzy koncentračního tábora, a zároveň sílí umělcova snaha o nalezení univerzálního sochařského tvaru. Naléhavost a hluboká koncentrace těchto prací graduje v souboru Sekalových nejvíce kontemplativních portrétů, jejichž spojujícím znakem je motiv zavřených očí. Tyto sochařské i malířské hlavy formálně připomínající posmrtné masky odhalují umělcovu potřebu meditativního vnoru ke svému vnitřnímu zraku. Současně však ukazují zoufalou snahu *„raději nevidět"*, jakožto projev bytostného odporu vůči ideologickým dogmatům, která jako jed zamořily společnost.

V roce 1961 se Sekal usadil ve vlastním ateliéru na Břevnově a téhož roku se společně se sochaři Zdeňkem Palcrem a Miloslavem Hájkem vypravil na zahraniční cestu do Varšavy a Gdaňsku. V Polsku se seznámil s tvorbou sochařky Barbary Pniewské, jejíž cit pro materiál byl pro Sekala důležitým podnětem pro přístup k materiálovým dílům. V průběhu šedesátých let začal fixovat na dřevěné desky sugestivní kovové spleti a bezvýchodné labyrintické struktury (*Schéma účelného provozu*, 1964), které vnímal jako symboly chaotického světa i svého přetíženého nitra. Začaly jej fascinovat

4 V období před opuštěním školy Sekal pracoval na *Abdikaci*, kterou později Bohumil Hrabal použil jako dodatek k novele *Něžný barbar* (Petlice, 1974). K výstižným pasážím patří zejména část: *„Chceme jít svojí cestou, kterou ještě skoro vůbec neznáme. Nechceme se podobat ostatním lidem, jejich tváře se stále víc a více podobají tvářím idiotů. Na tomto zjištění ostatně mnoho nezáleží, vždyť oni nás také pokládají za idioty, tak to bylo vždycky. Nechceme být šťastni po jejich způsobu."*

5 Sekal se v Bratislavě cítil izolovaný a je zajímavé, že tento pocit vyčleněnosti si paradoxně nesl i v dalších životních etapách, v Praze i ve Vídni.

establish friendship with his contemporaries. His closest friends included Stanislav Podhrázský and Mikuláš Medek, as well as Josef Lehoučka, Jiří Balcar and Jaroslav Klápště. He also developed close ties with Zdeněk Palcr from Josef Wagner's sculpture studio. In 1947, Professor Václav Nebeský organised a trip to Paris and Sekal had a unique opportunity to visit the International Exhibition of Surrealism in the Maeght Gallery, see the collections of the Ethnographic Museum and meet Toyen. Upon his return, he created several works in which he responded to and innovatively processed the Paris stimuli. A notable example is the painting *Dinner Loosely after Dubuffet* (1949), in which the motif of a bird with ominously spread talons appears alongside the figure of an eater, a motif that Sekal further developed in later years and to which he repeatedly returned.

The social conditions after the communist coup of February 1948 in Czechoslovakia severely deformed the atmosphere and direction of art schools, including the Academy of Applied Arts. The promoted aesthetics of socialist realism and the growing ideological pressure accompanied by the persecution of Sekal's professors, besides Tichý also František Muzika and Emil Filla, were extremely demotivating and unacceptable for young artists. After the situation escalated with the expulsion of Mikuláš Medek and other classmates of Sekal's from the academy, Sekal voluntarily left the school without a degree.[4] In the following two years he worked as a literary editor at the Political Literature Publishing House (later Svoboda) and completed six months of military service. In 1952 he moved to Bratislava. He made his living as an art editor and translator from German, isolated from the Prague milieu within which he had formed strong ties.[5] He maintained contact with his Prague friends at least in the form of correspondence, especially with Mikuláš Medek and Egon Bondy, with whom he exchanged views on art and the political situation. A significant breakthrough came in 1957, when Sekal accepted an invitation to participate in the Prague exhibition of the Máj 57 group as a guest artist. He returned to Prague the following year.

In the first years after his return, Sekal continued the work he had developed during his stay in Bratislava. Prime examples include several sculptural heads with open mouths (*Dead Head* and *Screaming Head*, both 1957), which resonate with the horrors of the concentration camp, while in parallel the artist's quest for a universal sculptural form grew more intense. The urgency and profound concentration of these works culminate in a series of Sekal's most contemplative portraits, whose unifying feature is the motif of closed eyes. Formally reminiscent of death masks, these sculptural and painterly heads echo the artist's need for a meditative inner immersion. At the same time, however, they show a desperate effort to "*not see*", as a manifestation of a fierce resistance to the ideological dogmas that had poisoned the world.

In 1961 Sekal settled in his own studio in Prague-Břevnov and in the same year, together with sculptors Zdeněk Palcr and Miloslav Hájek, took a trip abroad to Warsaw and Gdańsk. In Poland he became acquainted with the work of the sculptor Barbara Pniewska, whose feeling for material was an important stimulus for Sekal's approach to material works. During the 1960s he began to fix on wooden panels suggestive metal tangles and dead-end labyrinthine structures

4 In the period before he left school, Sekal worked on *Abdication* which Bohumil Hrabal later used as an appendix to his novel *The Tender Barbarian* (Petlice, 1974). One of the most apt passages reads "*We want to go our own way, which we hardly know yet. We don't want to resemble other people, their faces are becoming more and more like the faces of idiots. This observation doesn't matter much because they also consider us idiots, that's how it has always been. We don't want to be happy in their way.*"

5 Sekal felt isolated in Bratislava, and it is interesting that he paradoxically projected this feeling of isolation into the later stages of his life, both in Prague and Vienna.

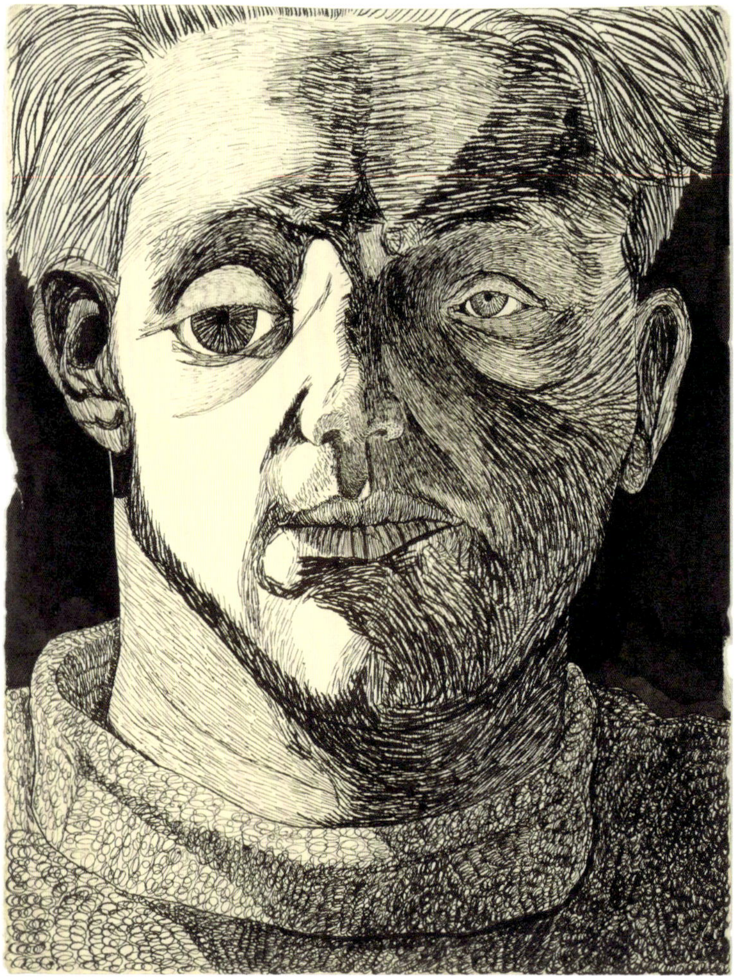

Selbstporträt | Autoportrét | Self-portrait – 1946

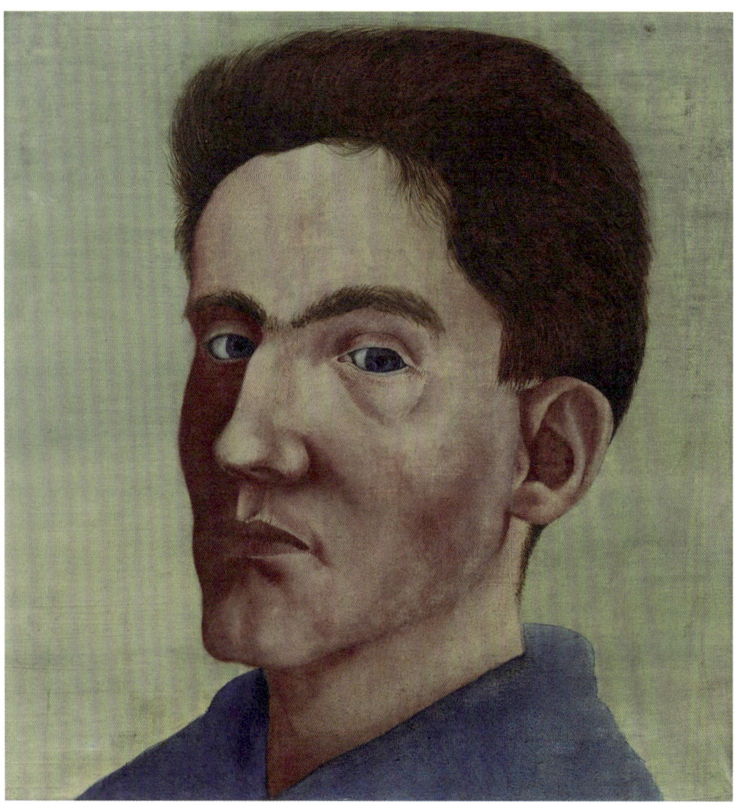

Selbstporträt | Autoportrét | Self-portrait – 1956

1961 ließ sich Sekal in seinem eigenen Atelier in Prag-Břevnov nieder. Im selben Jahr unternahm er zusammen mit den Bildhauern Zdeněk Palcr und Miloslav Hájek eine Auslandsreise nach Warschau und Danzig. In Polen lernte er das Werk der Bildhauerin Barbara Pniewska kennen, deren Gespür für Material eine wichtige Anregung für Sekals Herangehensweise an Materialarbeiten war. In den 1960er Jahren begann er, suggestive Metallgeflechte und ausgangslose labyrinthische Strukturen auf Holztafeln zu befestigen (*Schema eines zweckgemäßen Betriebs*, 1964), die er als Symbole der chaotischen Welt und seiner überlasteten Seele verstand. Er war fasziniert von verschiedenen weggeworfenen Gegenständen (Metallplatten, Bleche, Schneidebretter, Holzklötze), aber auch von Überresten menschlicher Aktivitäten wie Türen, Nägel, Klammern und Schrauben, die er leidenschaftlich sammelte und in sein Atelier mitnahm. Aus verrosteten oder anders beschädigten Elementen baute er Reliefkompositionen – seine sogenannten zusammengesetzten Bilder – als authentische Zeugen menschlicher, von den Spuren der Zeit patinierter Geschichten (*Pfeifen*, 1967). Durch den Fokus auf die Sprache des jeweils gebrauchten Materials hatten diese Arbeiten eine gewisse Nähe zur Ausdrucksweise der Künstler der Prager *Konfrontationen*, mit denen Sekal auch 1964 in der berühmten Ausstellung *D* zusammen auftritt. Es sei jedoch daran erinnert, dass Sekal nie in ein qualvoll-schmerzhaftes existenzielles Drama abglitt wie typische Vertreter des Informel, sondern stets von einem Interesse an den Bedeutungsmöglichkeiten des Materials als Träger für meditative Reflexionen und philosophische Interpretationen ausging.

Im Frühjahr 1965 zeigte die Prager Galerie Václav Špála eine Einzelausstellung von Zbyněk Sekal, mit der Jindřich Chalupecký die glorreiche Ära dieses Ausstellungsraums einleitete.[6] Die Mitte der 1960er Jahre war also eine besonders aktive Zeit in Sekals Leben. Es fanden bedeutende Ausstellungen seiner Werke statt, darunter eine Einzelausstellung im Haus der Herren von Kunstat in Brünn. Zudem nahm er an mehreren anregenden Bildhauersymposien teil, unter anderem in Gmunden (1964, 1965), St. Margarethen (1966) und Vyšné Ružbachy (1967). Obwohl er schon zu diesem Zeitpunkt ernsthaft eine Ausreise aus der Tschechoslowakei erwog, nutzte er interessanterweise keines dieser Symposien zur Emigration, sondern blieb weiterhin in Prag.

Letztendlich verließ Zbyněk Sekal die Tschechoslowakei nach dem Einmarsch der Truppen des Warschauer Pakts im August 1968. Zunächst führte ihn sein Weg nach West-Berlin, wo er sich dank eines DAAD-Stipendiums ein kleines Atelier leisten konnte und mehrere ungewöhnlich große Holzreliefs schuf (*Komposition I, II*, 1969; *Berlin*, 1970). In Berlin entschied er sich dann definitiv für die Emigration. Er verweilte kurzzeitig in Düsseldorf, wo er an einer großen Wand im David-Hansemann-Haus arbeitete. Im September 1970 ließ er sich in Wien nieder.[7] Er war sechsundvierzig Jahre alt, und so begann die zweite Etappe seines Lebens und Schaffens – weitere achtundzwanzig Jahre in einem ganz anderen sozialen und kulturellen Milieu, an der Seite seiner wichtigsten Lebenspartnerin Christine.[8]

„Ich konzentriere mich auf etwas Konkretes, Greifbares, Individuelles, und wenn ich mich selbst nach den allgemeineren Zusammenhängen frage, dann in dem Sinne, ob diese allgemeinen Zusammenhänge mit dem Konkreten, Greifbaren, Individuellen übereinstimmen.“ (Zbyněk Sekal, 8. Oktober 1993)

6 Sekals erste Einzelausstellung war 1961 in der Prager Galerie am Karlsplatz.

7 Sekals Freunde Robert Piesen und Pavla Mautnerová emigrierten schon 1965 nach Wien.

8 Zbyněk Sekal heiratete Christine (geb. Pullitzer) im Jahr 1974. In Christine fand er nicht nur eine liebende Frau, sondern auch eine geschätzte Vertraute. Die beiden teilten einen starken Intellekt, Sinn für Kunst und Geschichte sowie die Liebe zur Literatur.

různé vyhozené předměty – kovové destičky, plechy, prkénka, dřevěné špalíčky, ale také pozůstatky lidské činnosti – dvířka, hřeby, skoby a šrouby, které vášnivě sbíral a odnášel do svého ateliéru. Zrezivělé nebo jinak poškozené prvky sestavoval do reliéfních skladeb – tzv. skládaných obrazů – jako autentické svědky lidských příběhů patinovaných stopami času (*Píšťaly*, 1967). Svým důrazem na řeč daného materiálu se zde značně přiblížil výrazovosti umělců z okruhu pražských Konfrontací, s nimiž také vystavoval v roce 1964 na proslulé výstavě *D*. Ovšem je třeba připomenout, Sekal nikdy nesklouzl k drásavě bolestnému existenciálnímu dramatu jako typičtí představitelé informelu, ale vždy vycházel ze zájmu o významové možnosti materiálu jakožto nositele meditativních úvah a filozofických interpretací.

Polovina šedesátých let představovala v Sekalově životě obzvlášť aktivní období. Na jaře roku 1965 se uskutečnila Sekalova samostatná výstava v Galerii Václava Špály,[6] kterou Jindřich Chalupecký zahájil slavnou éru tohoto výstavního prostoru. Odehrály se důležité přehlídky Sekalovy tvorby, k nimž patřila samostatná výstava v brněnském Domě pánů z Kunštátu. Umělec se také zúčastnil několika podnětných sochařských sympozií, v Gmundenu (1964, 1965), St. Margarethenu (1966) a ve Vyšných Ružbachoch (1967). Ovšem zajímavé je, že přestože již tenkrát vážně uvažoval o možném odchodu z Československa, ani na jednom sympoziálním pobytu situace k odchodu nevyužil a nadále setrvával v Praze.

Zbyněk Sekal nakonec opustil Československo až po srpnové invazi vojsk Varšavské smlouvy. Jeho cesta vedla nejdříve do západního Berlína, kde díky stipendiu DAAD získal malý ateliér a vytvořil několik nezvykle rozměrných dřevěných reliéfů (*Kompozice I, II*, 1969, a *Berlín*, 1970). Právě v Berlíně se definitivně rozhodl pro emigraci. Krátce setrval v Düsseldorfu, kde pracoval na rozlehlé stěně pro dům Davida Hansemanna a v září 1970 se natrvalo usadil ve Vídni.[7] Bylo mu čtyřicet šest let a začala druhá etapa jeho životní i tvůrčí cesty. Sekal ji naplňoval následných osmadvacet let, a to ve zcela odlišném společenském i kulturním kontextu po boku své nejdůležitější životní partnerky Christine.[8]

„*Soustřeďuju se na něco konkrétního, hmatatelného, jednotlivého, a pokud se sám sebe ptám po širších spojitostech, pak v tom smyslu, zda tyhle širší spojitosti jsou v souladu s tím konkrétním, hmatatelným, jednotlivým.*“ (Zbyněk Sekal, 8. října 1993)

Sekalovo dílo je v českém prostředí řazeno k nejvýznamnějším příkladům našeho poválečného sochařství. Zastoupeno je téměř ve všech veřejných institucích a řadě soukromých sbírek. Po roce 1989 byla Sekalova tvorba reflektována několika rozsáhlými přehlídkami připravenými zejména Marií Klimešovou.[9] O mimořádný počin se zasloužila také Národní galerie v Praze, která ve spolupráci s umělcovou ženou Christine v roce 2015 otevřela ve Veletržním

6 První samostatná výstava Zbyňka Sekala se uskutečnila v roce 1961 v Galerii na Karlově náměstí.

7 Do Vídně odešli již v roce 1965 Sekalovi přátelé Robert Piesen a Pavla Mautnerová.

8 Zbyněk Sekal se s Christine (rozenou Pullitzer) oženil v roce 1974. V Christine nalezl nejen milující manželku, ale i vzácného důvěrníka. Spojoval je intelekt, cit pro umění a historii a také láska k literatuře.

9 K nejdůležitějším výstavám tvorby Zbyňka Sekala patřily přehlídky připravené Marií Klimešovou, a sice v Galerii hlavního města Prahy v roce 1997 a následně v letech 2015 a 2016 v Muzeu umění Olomouc a Alšově jihočeské galerii v Hluboké nad Vltavou. U příležitosti těchto výstav byla vydána publikace Marie Klimešové *A věci se zvolna berou před se* vystavěná na Sekalových deníkových zápiscích, které si po celý život vedl.

(*Scheme of a Purposeful Operation*, 1964) which he viewed as symbols of the chaotic world and his overburdened inner self. He became fascinated by various discarded objects – metal plates, metal sheets, wooden boards and blocks, but also the remains of human activity – doors, nails, hooks and screws, which he passionately collected and took back to his studio. He arranged the rusty or otherwise damaged elements into relief compositions – called assembled pictures – as authentic witnesses of human stories patinated with the traces of time (*Whistles*, 1967). With emphasis on the language of the given material, these works were very close to the expressiveness of the artists from the Prague Confrontations circle, with whom he also exhibited in 1964 at the famous exhibition D. However, it should be noted that Sekal never slipped into a poignantly painful existential drama like the typical protagonists of the informel, but always proceeded from an interest in the meaning potential of the material as a vehicle for meditative reflections and philosophical interpretations.

The mid-1960s thus represented a particularly active period in Sekal's life. In the spring of 1965 Sekal had a solo exhibition in the Václav Špála Gallery,[6] through which Jindřich Chalupecký launched the golden era of this exhibition venue. Important exhibitions of Sekal's work took place, including a solo exhibition in the House of the Lords of Kunštát in Brno. The artist also participated in several inspiring sculpture symposia, in Gmunden (1964, 1965), St. Margarethen (1966) and Vyšné Ružbachy (1967). It is interesting that although he was then seriously considering a possible emigration from Czechoslovakia, he never took advantage of the situation to leave the country during the symposia and stayed in Prague.

Zbyněk Sekal eventually left Czechoslovakia in 1968 after the invasion of the Warsaw Pact armies. His journey first took him to West Berlin where, thanks to a DAAD scholarship, he acquired a small studio and created several unusually large wooden reliefs (*Composition I, II*, 1969, and *Berlin*, 1970). It was in Berlin that he finally decided to emigrate. He stayed briefly in Düsseldorf, where he worked on a large mural for the house of David Hansemann, and in September 1970 settled permanently in Vienna.[7] The second stage of his life and creative journey began at the age of forty-six and Sekal fulfilled it in the following twenty-eight years in a completely different social and cultural context, alongside his partner Christine.[8]

"*I focus on something concrete, tangible, individual, and if I ask myself about broader connections, it is in the sense of whether these broader connections are consistent with the concrete, the tangible, the individual.*" (Zbyněk Sekal, 8 October 1993)

Sekal's work counts with the most important examples of post-war sculpture in the Czech milieu. It is represented in almost all public institutions and many private collections. After 1989, Sekal's work was reflected by several major exhibitions prepared chiefly by Marie Klimešová.[9] The National Gallery in Prague also contributed an

6 Zbyněk Sekal's first solo exhibition took place in 1961 in the Gallery in Karlovo náměstí (Charles' Square).

7 Sekal's friends Robert Piesen and Pavla Mautnerová left for Vienna in 1965.

8 Zbyněk Sekal married Christine (née Pullitzer) in 1974. In Christine he found not only a loving wife but also a precious confidant. They shared intellect, a penchant for art and history, and also love of literature.

9 Among the most important exhibitions of Zbyněk Sekal's work were the shows prepared by Marie Klimešová, in the Prague City Gallery in 1997 and subsequently in 2015 and 2016 in the Olomouc Museum of Art and the Aleš South Bohemia Gallery in Hluboká nad Vltavou. The exhibitions were accompanied by a publication by Marie Klimešová, *A věci se zvolna berou před se* (Things Are Moving Forward Slowly), based on Sekal's diaries which he kept throughout his life.

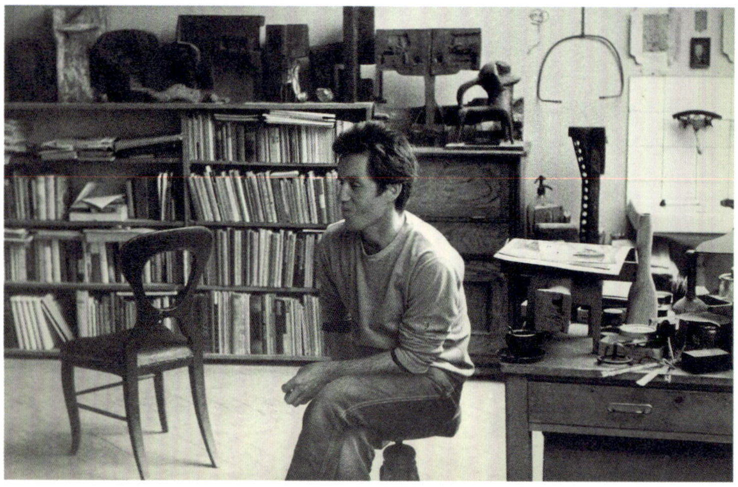

Zbyněk Sekal in seinem Atelier in Prag-Břevnov | Zbyněk Sekal v břevnovském ateliéru | Zbyněk Sekal in his Břevnov studio
Foto | foto | photo: Jan Pařík, 1964

In Tschechien gilt Sekal als einer der wichtigsten Bildhauer der Nachkriegszeit, und seine Werke sind in fast allen öffentlichen Galerien und in vielen Privatsammlungen vertreten. Nach 1989 wurde Sekals Kunst in mehreren umfangreichen Ausstellungen gezeigt, die vor allem von Marie Klimešová kuratiert wurden.[9] Auch die Nationalgalerie in Prag leistete einen wichtigen Beitrag, indem sie 2015 im Messepalast in Zusammenarbeit mit Sekals Ehefrau Christine eine Dauerausstellung von Werken des Künstlers eröffnete, die als eine Rekonstruktion seines letzten Ateliers in Wien konzipiert war. [10] Diese einfühlsame Ausstellung birgt Authentizität und offenbart die Grundzüge von Sekals künstlerischem Denken, das sich nie den aktuellen Trends der Zeit unterwarf, sondern, getrieben von einem Bedürfnis nach tiefer Introspektion und Selbstinterpretation, von Anfang eine einzigartige Ausdrucksform anstrebte. Im Laufe der Jahre hat sich Sekals Sensibilität – die sich sowohl in seinem künstlerischen Schaffen als auch in seinem Gespür für Sprache und Übersetzungsarbeit [11] widerspiegelte – in vielerlei Hinsicht mit den Thesen der Heidegger'schen Phänomenologie vermischt, wodurch der Künstler Intellekt, Persönliches, Erfahrung und Trauma mit literarischen und philosophischen Quellen verknüpfte und so eine äußerst sensible und zugleich prägnante Darstellung der schwerwiegendsten Fragen der menschlichen Existenz und der Vergänglichkeit der Zeit vorlegte.

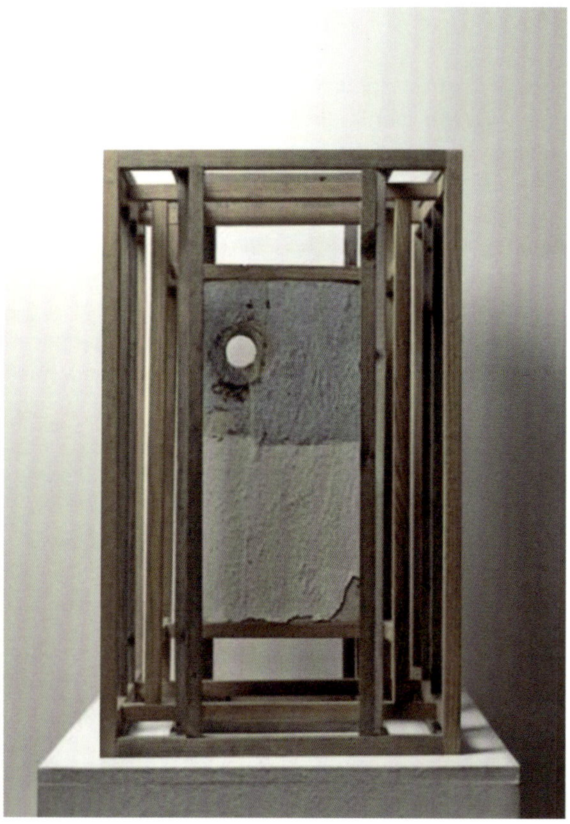

Schrein | Schránka | Shrine – 1980er Jahre | 80. léta 20. století | 1980s

9 Zu den wichtigsten Ausstellungen von Sekals Kunst gehören die von Marie Klimešová vorbereiteten Schauen in der Städtischen Galerie Prag im Jahr 1997 und anschließend 2015 und 2016 im Olmützer Kunstmuseum und in der Südböhmischen Aleš-Galerie in Hluboká nad Vltavou. Im Zusammenhang mit diesen Ausstellungen erschien Klimešovás Publikation *Und es geht langsam voran*, basierend auf Sekals Einträgen aus den Tagebüchern, die er sein ganzes Leben lang führte.

10 Kuratiert wurde die Ausstellung von Marie Klimešová und Lenka Pastyříková.

11 Zbyněk Sekal übersetzte vor allem philosophische Texte aus dem Deutschen, zum Beispiel die Werke von Ludwig Feuerbach. Aber er befasste sich auch mit Franz Kafkas *Die Verwandlung*. Einige kafkaeske Elemente klingen in Sekals Werken unterschwellig mit.

paláci stálou expozici Sekalova díla koncipovanou jako rekonstrukci umělcova posledního ateliéru ve Vídni.[10] Tato citlivá expozice dýchá autenticitou a odhaluje základní rysy Sekalova výtvarného uvažování, které nikdy nepodléhalo dobovým aktualitám, ale vedeno potřebou hluboké introspekce a sebeinterpretace od prvopočátku ústilo ke svébytnému projevu. Sekalova vnímavost – odrážející se jak ve výtvarné tvorbě, tak v citu pro jazyk a překladatelskou práci [11] – se v průběhu let v mnoha ohledech prolnula s tezemi Heideggerovy fenomenologie. Skrze ni Sekal propojoval intelekt, osobní rovinu, prožitek a trauma s literárními a filosofickými zdroji a předložil tímto mimořádně senzitivní, avšak pregnantní výpověď o nejzávažnějších otázkách lidského bytí a plynutí času.

extraordinary feat, opening a permanent exhibition of Sekal's work in the Trade Fair Palace in 2015 in collaboration with the artist's wife Christine, conceived as a reconstruction of his last studio in Vienna.[10] This exhibition breathes authenticity and reveals the basic features of Sekal's artistic thinking, which was never subject to the latest trends but, driven by a need for deep introspection and self-interpretation, strove from the very beginning for a distinctive expression. Over the years, Sekal's susceptibility – reflected both in his artistic work and in his feeling for language and translation [11] – merged in many ways with the theses of Heidegger's phenomenology, through which Sekal linked the intellect, the personal level, experience and trauma with literary and philosophical sources, thus presenting an extremely sensitive yet powerful message of the fundamental questions regarding human existence and the passing of time.

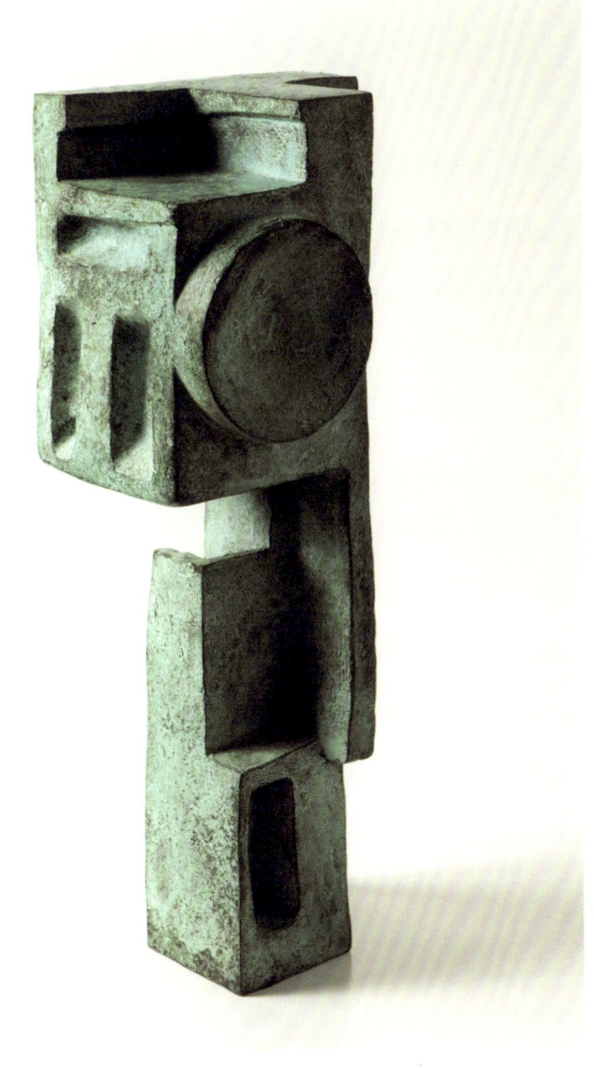

Halbfigur | Půlfigura | Half-figure – 1966

10 Expozici kurátorsky připravily Marie Klimešová a Lenka Pastyříková.

11 Zbyněk Sekal překládal z němčiny zejména filozoficky zaměřené texty – například práce Ludwiga Feuerbacha, ale také *Proměnu* Franze Kafky. Právě některé kafkovské prvky v Sekalových dílech podprahově rezonují.

10 The exhibition was curated by Marie Klimešová and Lenka Pastyříková.

11 Zbyněk Sekal translated from German mainly philosophically oriented texts – for example the works by Ludwig Feuerbach, but also Franz Kafka's book *Proměna*. Some Kafkaesque elements resonate subliminally in Sekal's works.

Gemarterter Marterpfahl | Mučené mučidlo | Tortured torture – 1963

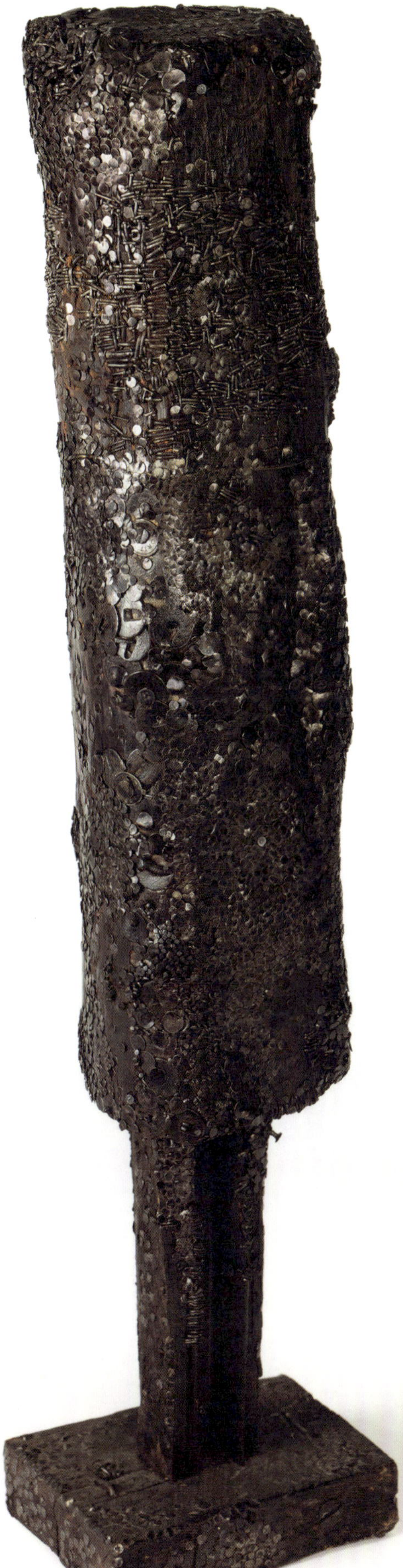

 Kopf | Hlava | Head – 1959 und / a / and 1962

Kopf – Figur | Hlava – Figura | Head – Figure – 1960

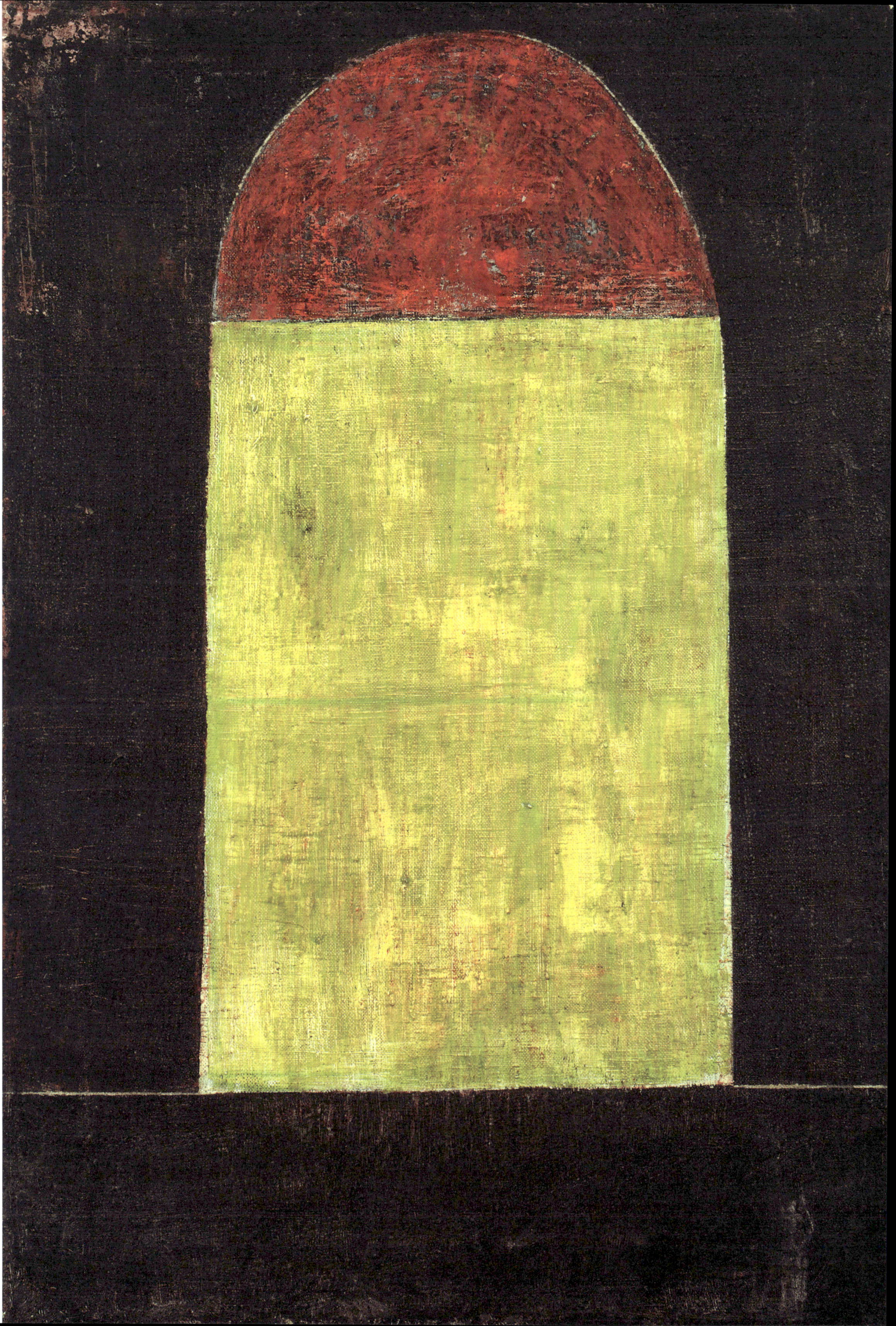

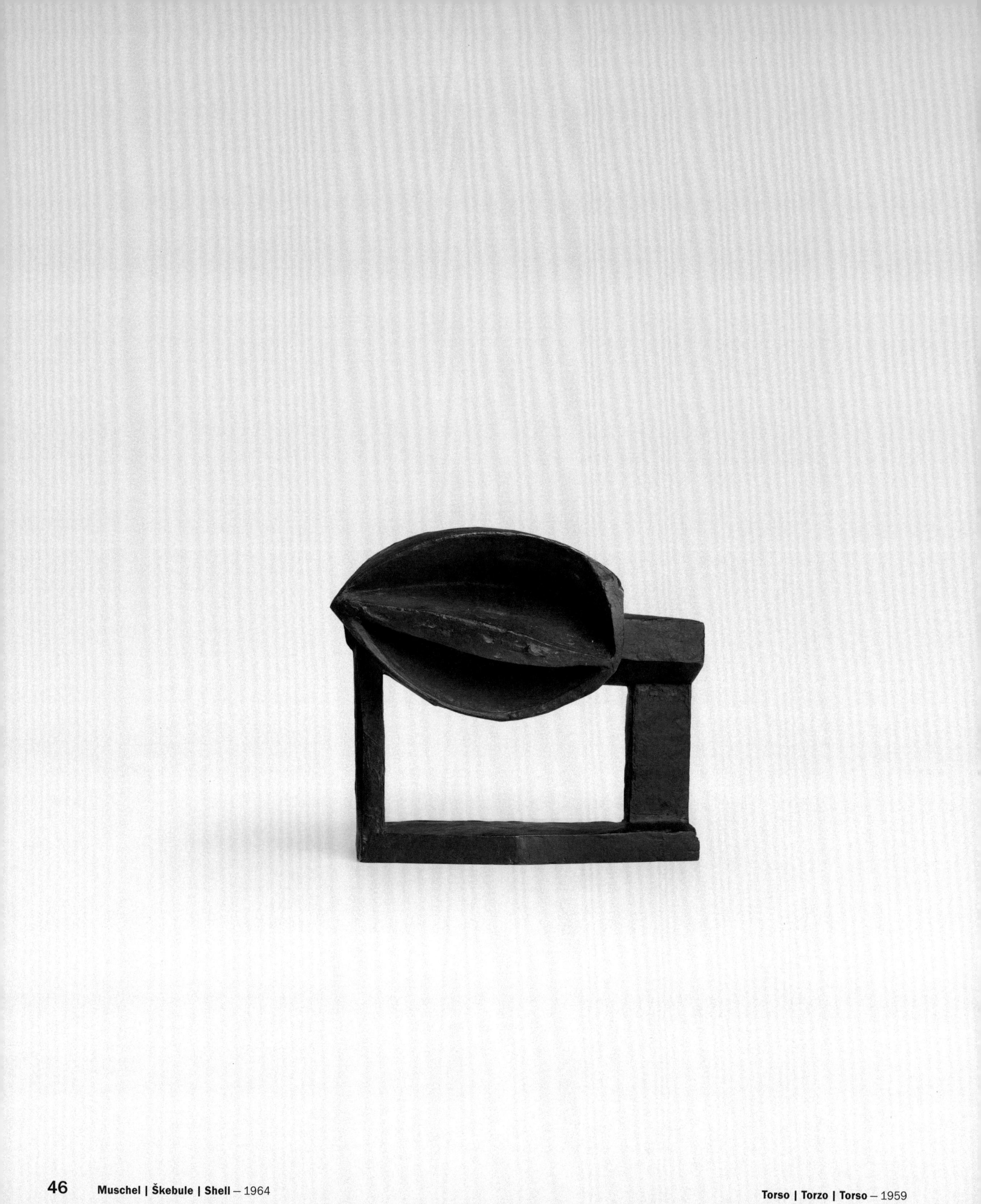

 Muschel | Škebule | Shell – 1964

Torso | Torzo | Torso – 1959

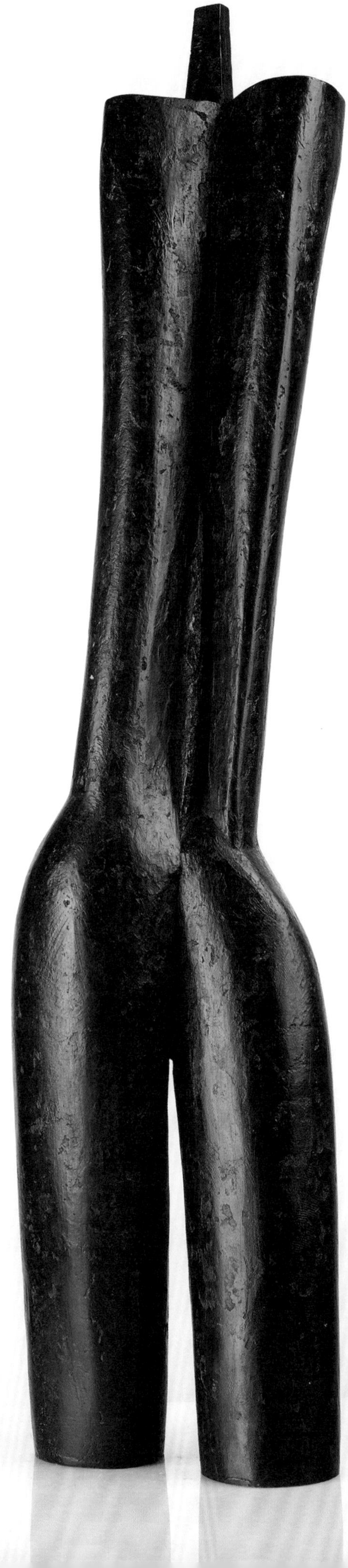

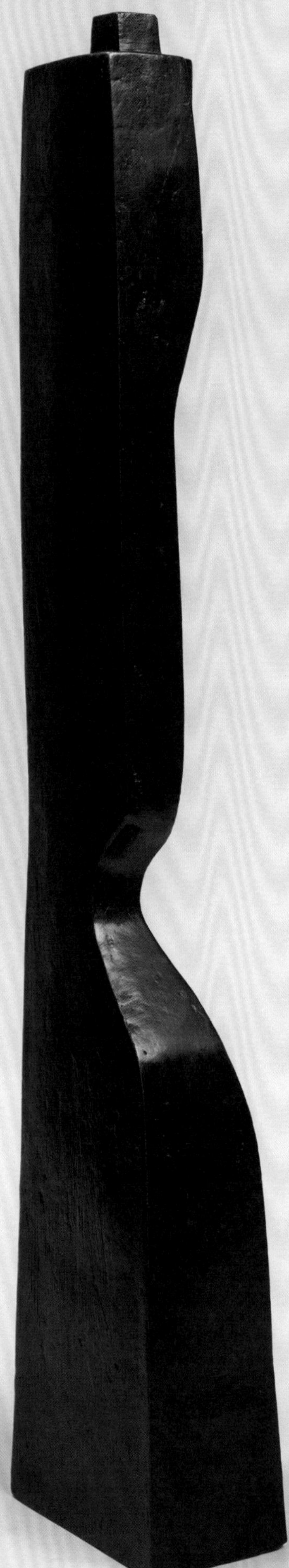

 Ohne Titel | Bez názvu | Untitled – undatiert | nedatováno | undated

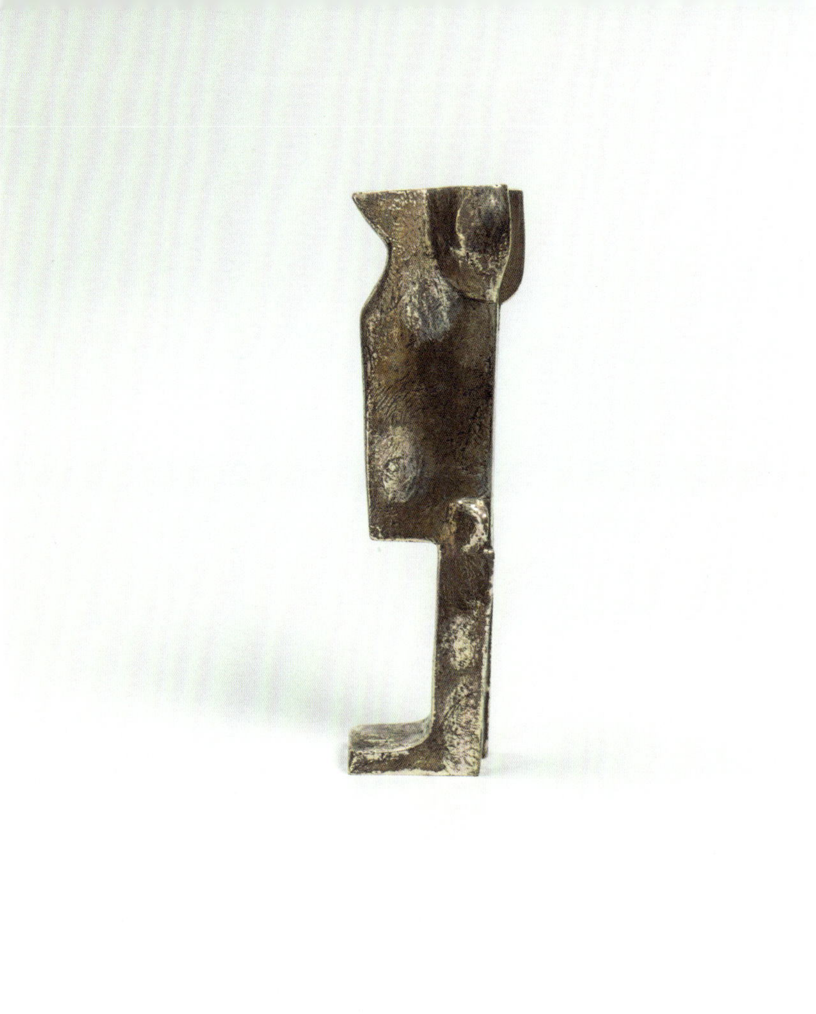

Vogel | Pták | Bird – 1969

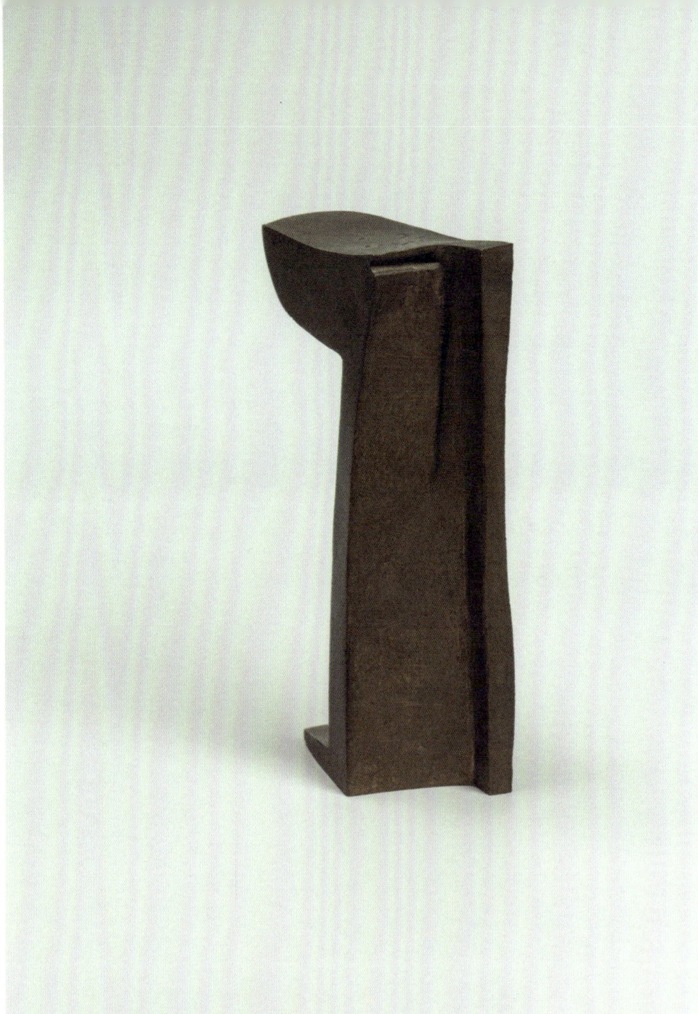

Ohne Titel | Bez názvu | Untitled – undatiert | nedatováno | undated

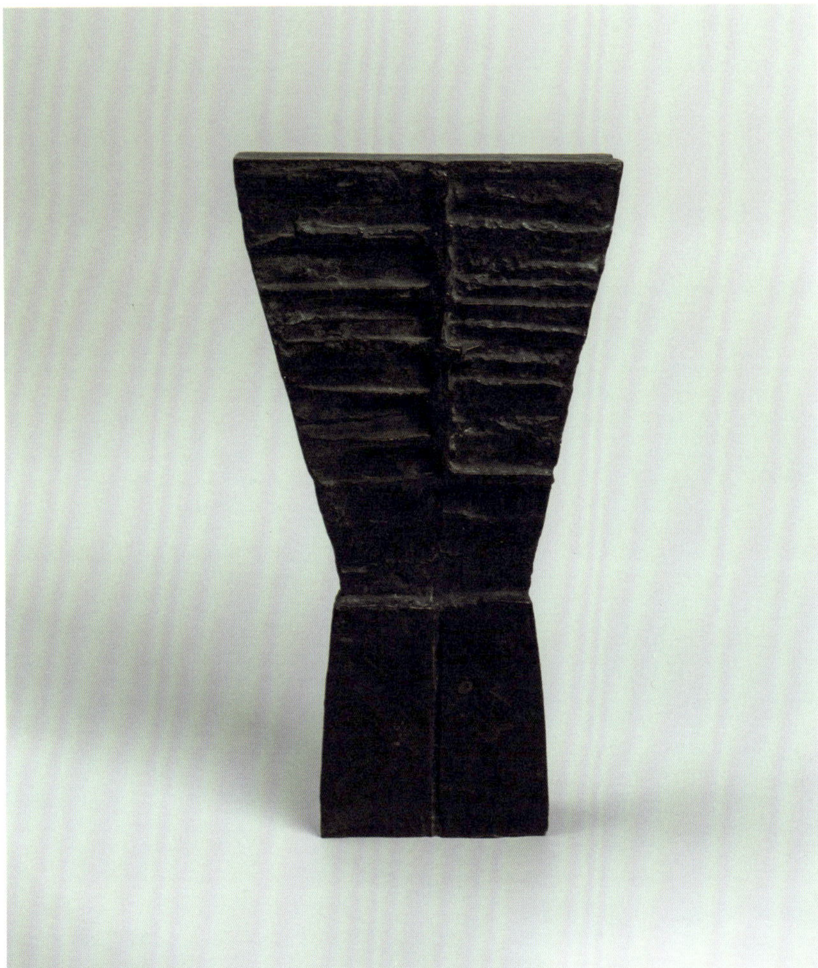

Ohne Titel | Bez názvu | Untitled – undatiert | nedatováno | undated

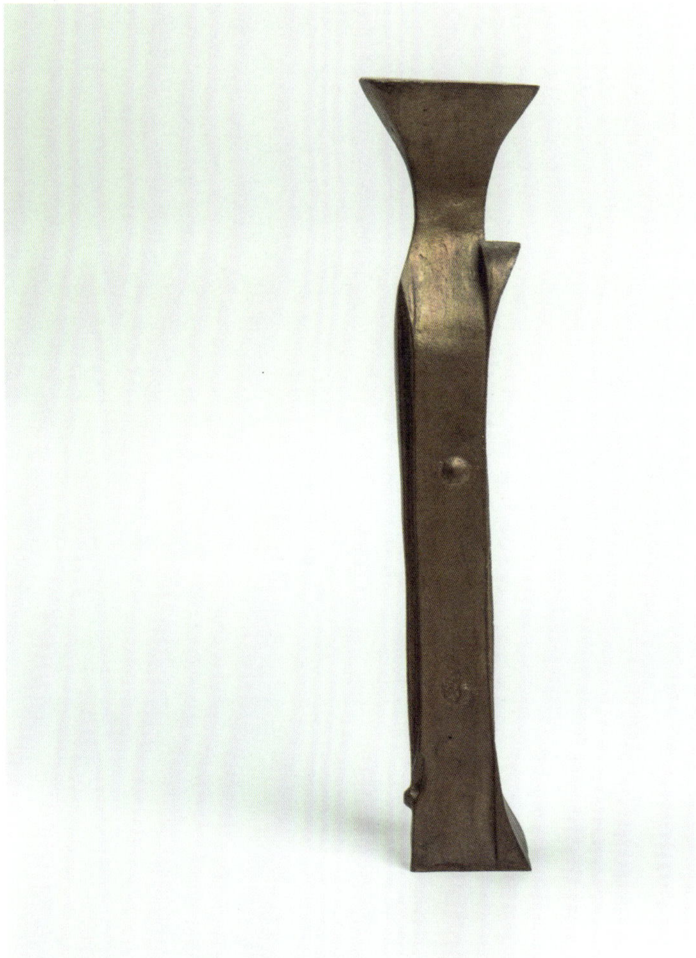

Gestalt | Postava | Figure – 1969

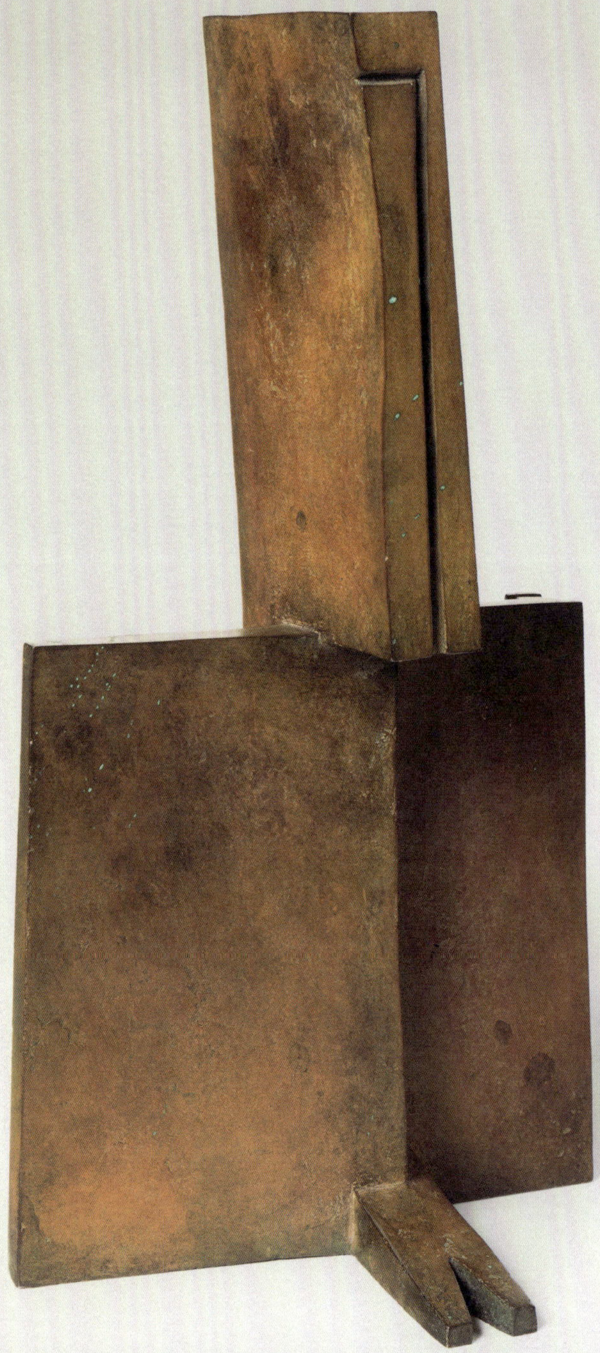

 Ohne Titel | Bez názvu | Untitled – 1990

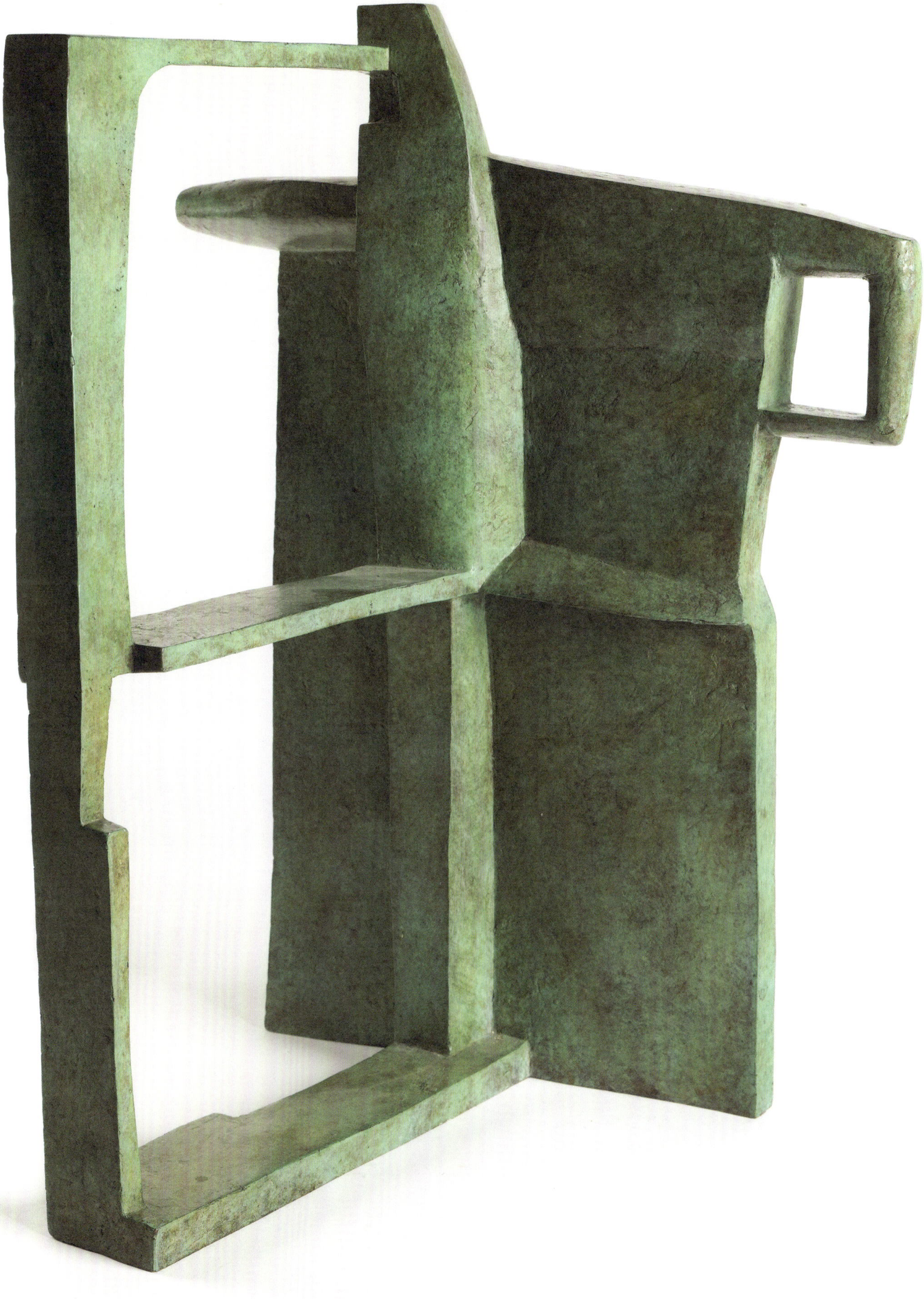

Zum Andenken an Alfred Schmeller | Na památku Alfreda Schmellera | In memory of Alfred Schmeller – 1992

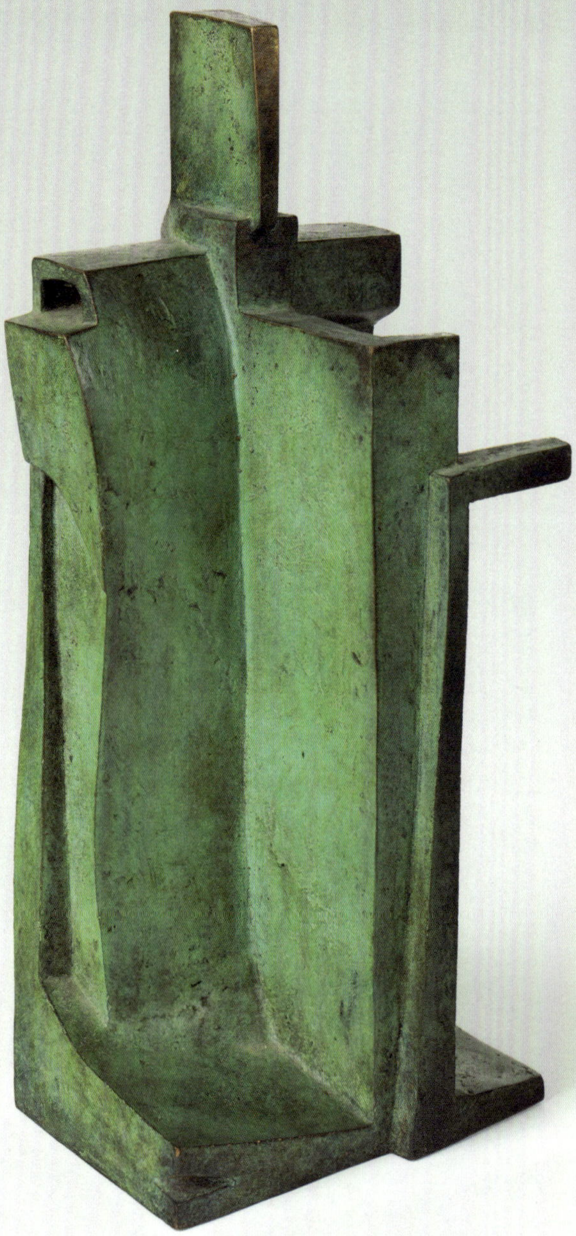

 Ohne Titel | Bez názvu | Untitled – 1990

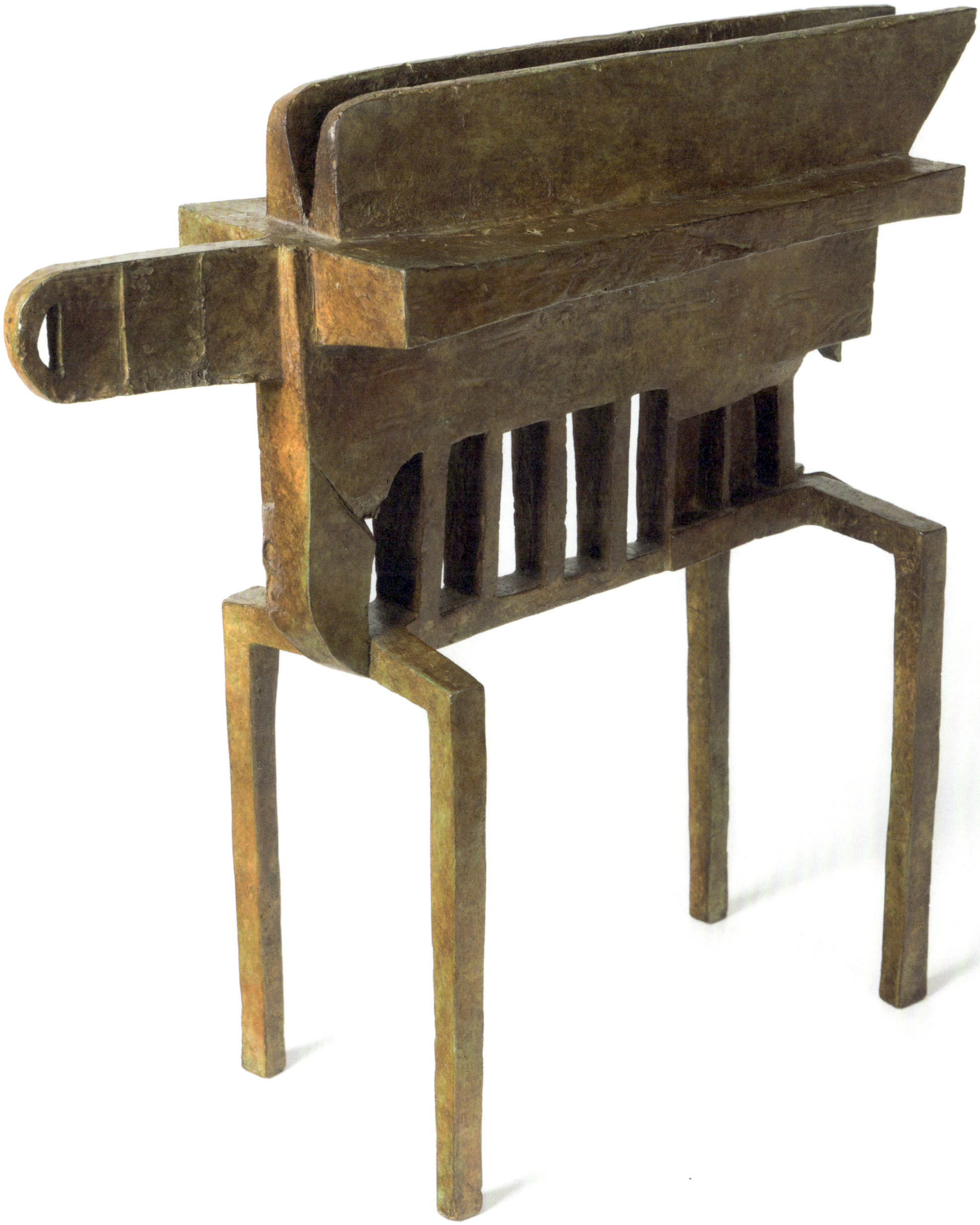

Fabeltier | Bájné zvíře | Mythical animal – 1989

 Ohne Titel | Bez názvu | Untitled – 1991

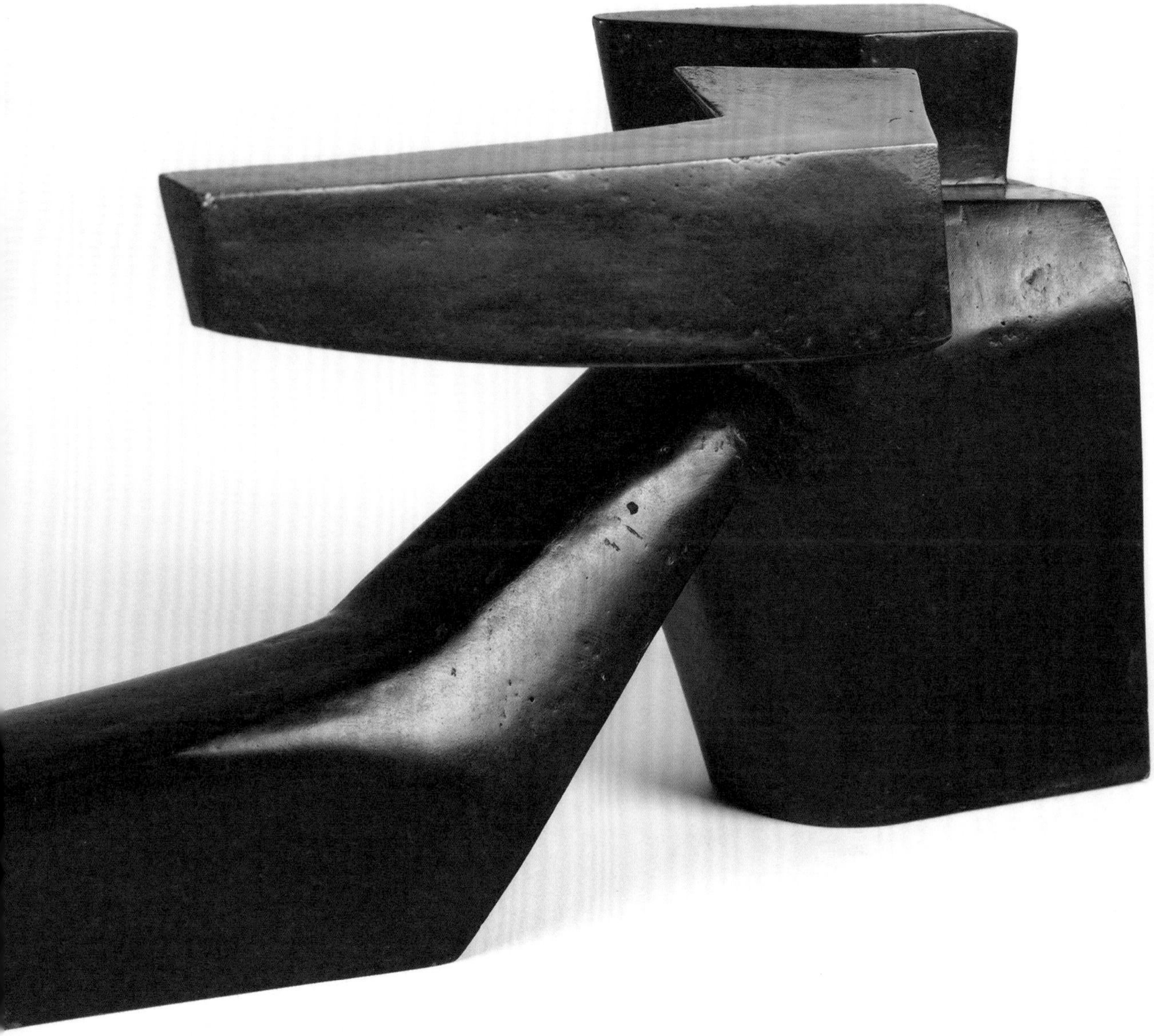

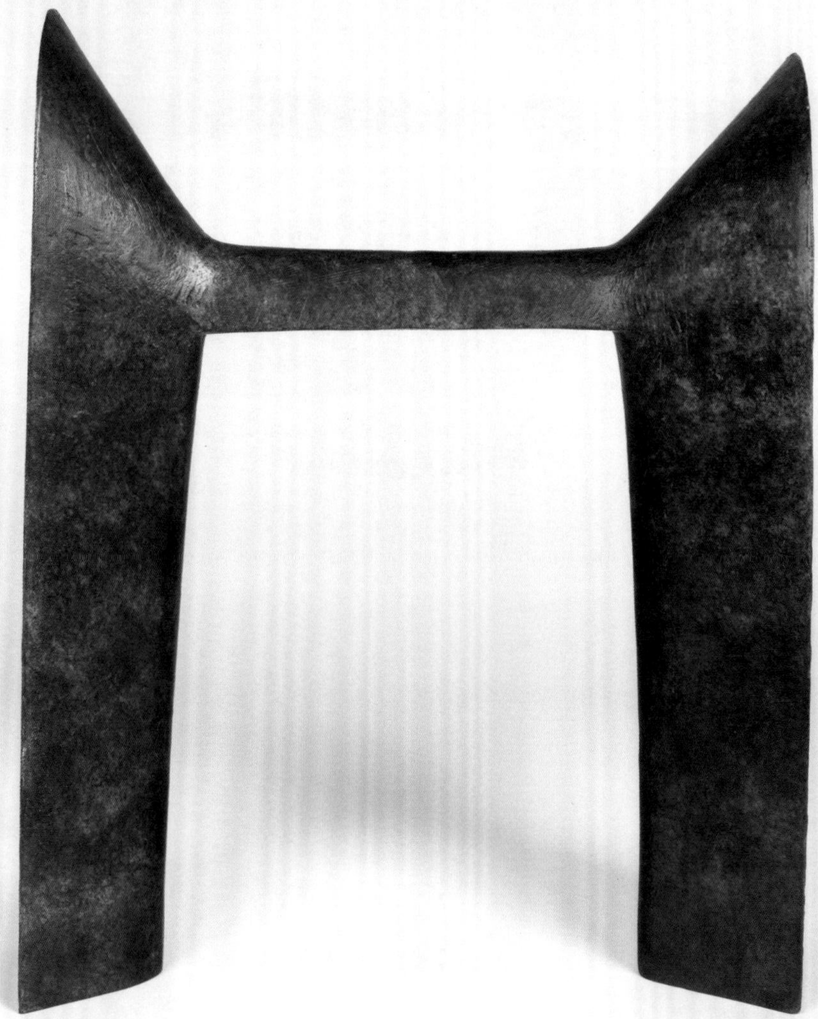

 Ohne Titel | Bez názvu | Untitled – 1988

Ohne Titel | Bez názvu | Untitled – 1990

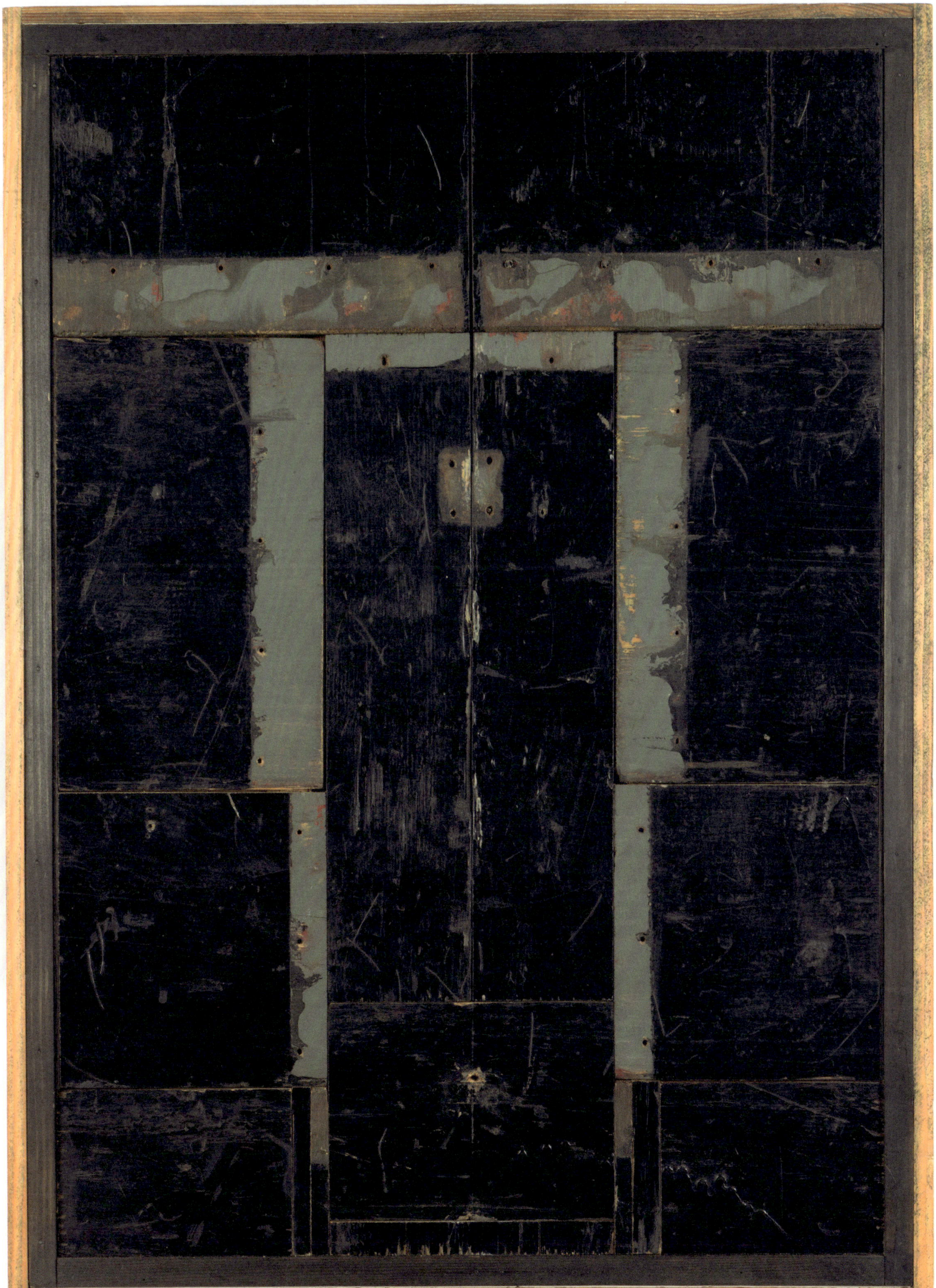

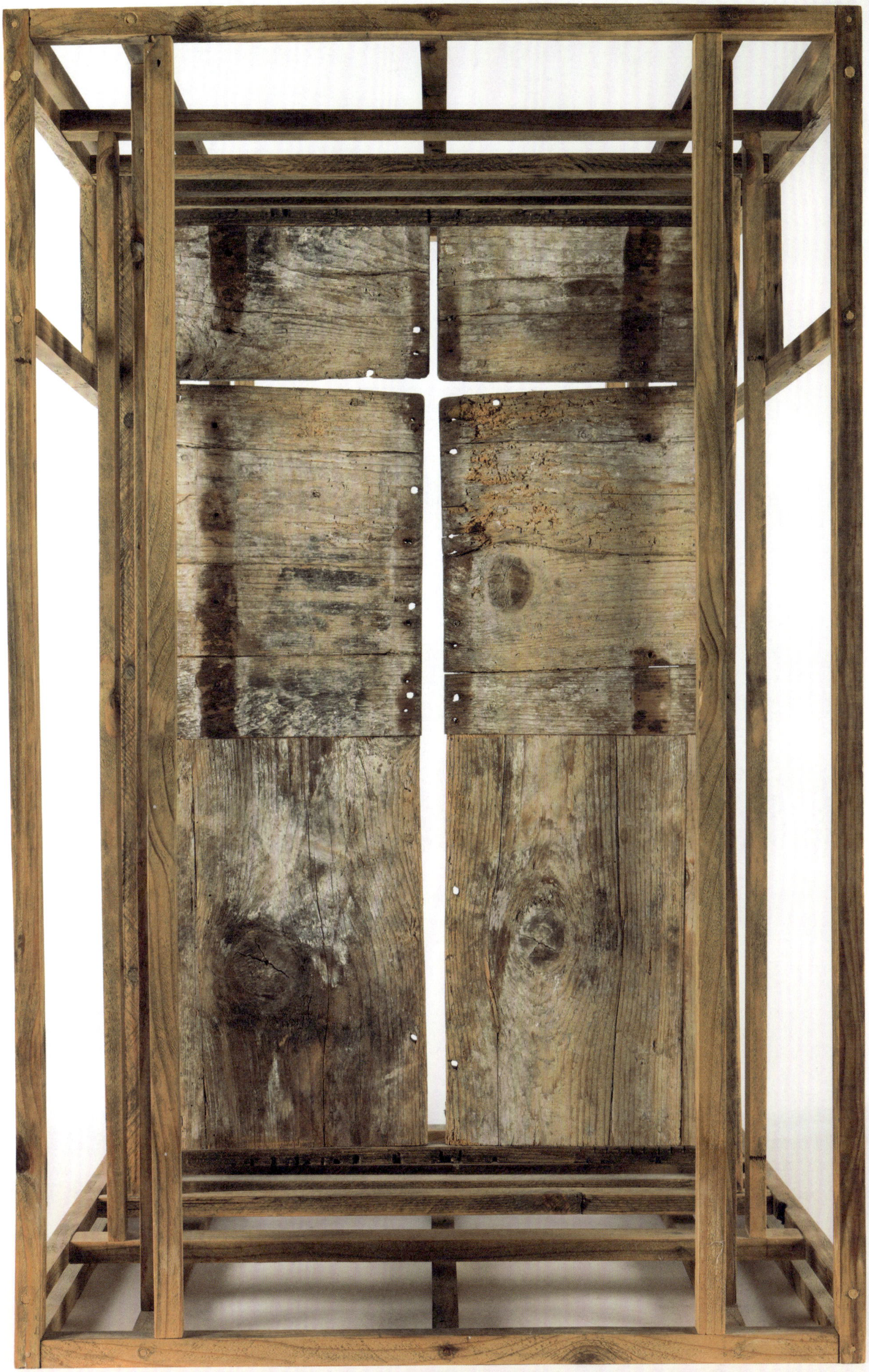

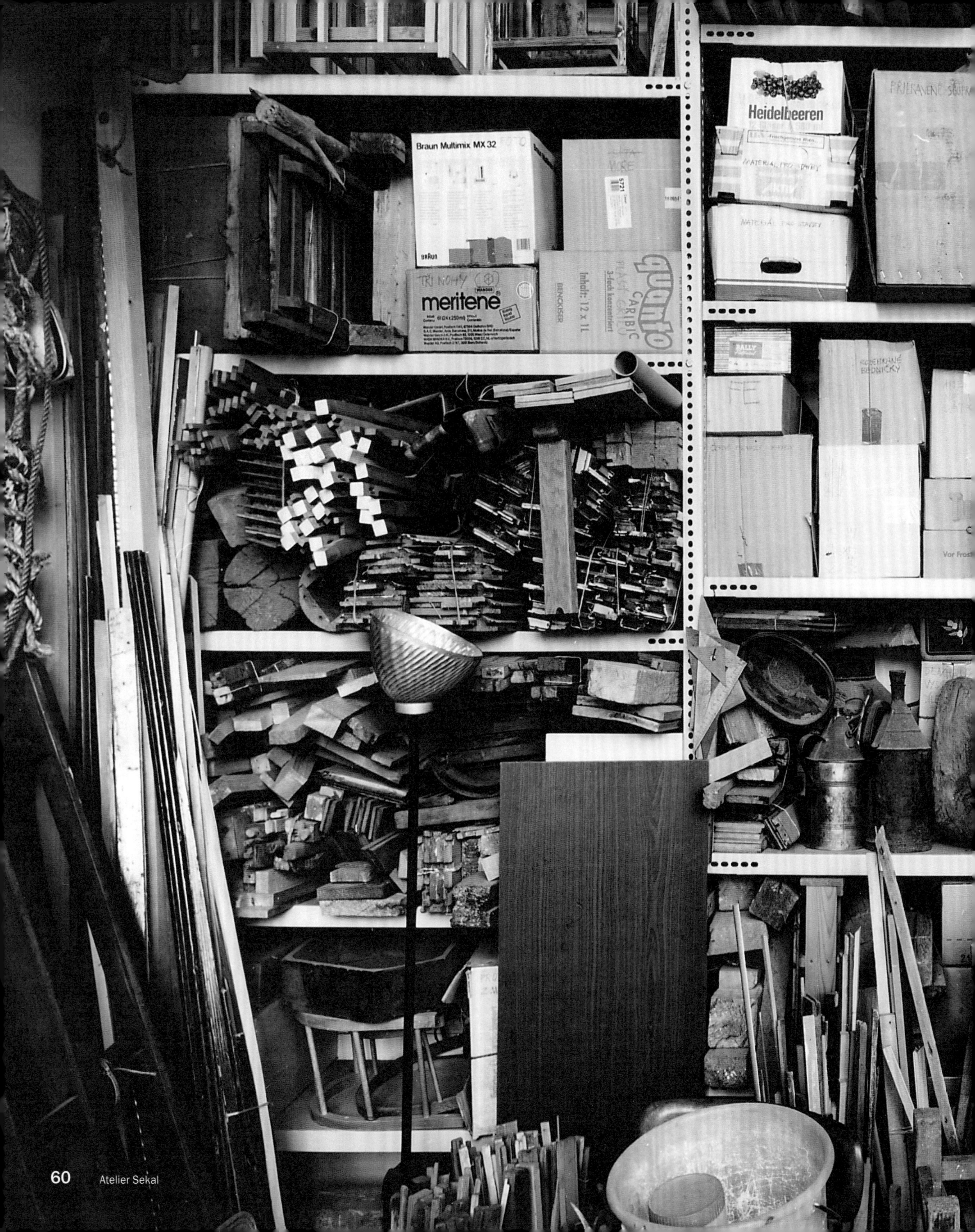
Heidelbeeren
Braun Multimix MX 32
BRAUN
TRI NOHY
meritene
quanto
Inhalt: 12 x 1L
BENCKISER
MATERIÁL PRO STAVBY
ROZEBRANÉ BEDNIČKY
FE
Vor Frost

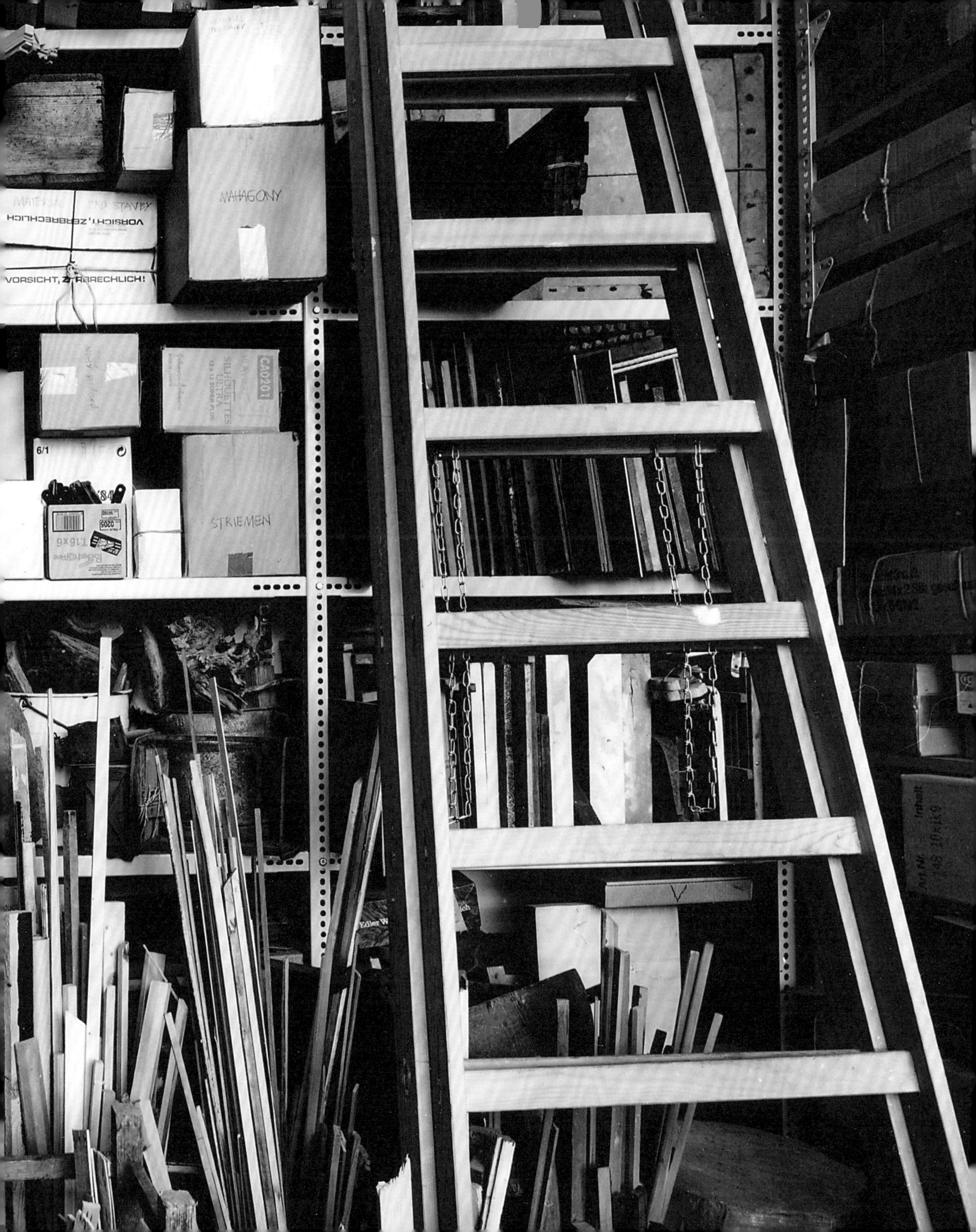
MAHAGONY
VORSICHT, ZERBRECHLICH
SILHOUETTES ULTRA
CA0201
6/1
STRIEMEN

MIROSLAV HAĽÁK

SEIN UND SCHREIN. ZUR PHILOSOPHIE DER KUNST ZBYNĚK SEKALS

Das facettenreiche Werk Zbyněk Sekals lässt sich aus vielen Perspektiven lesen. Die künstlerischen Positionen, die er im Laufe seines Lebens vertrat, zeugen von Kreativität und dem Intellekt eines kritischen Denkers, analytischen Beobachters und materiellen Poeten.[1] Zbyněk Sekal konnte sich in jeder dieser Rollen behaupten und so seine Sicht der physischen sowie der metaphysischen Welt überliefern.

Als kritischer Denker bewies er sich bereits während seiner Studienzeit in den 1940er und 1950er Jahren. In dieser dunklen Stunde der Weltgeschichte suchte er stets nach Freiheit – und bezahlte dafür mit der eigenen. Dreieinhalb Jahre verbrachte er im Gefängnis und in Konzentrationslagern: zwischen 17. November 1941 und 5. Mai 1945 war Sekal in Prag, Theresienstadt und Mauthausen interniert. Nach dem Ende des Zweiten Weltkrieges kostete ihn seine politische Überzeugung den Abschluss an der Hochschule für Angewandte Kunst in Prag (UMPRUM – Vysoká škola uměleckoprůmyslová v Praze). Der Surrealismus mit seiner existenzialistischen Fatalität und eine gewisse Essenz der marxistischen Philosophie waren Sekals ideologische Ausgangspunkte dieser Zeit, in der er sich immer stärker als Querdenker, Literat und Dialektiker hervortat, was sich in seinem bildnerischen und skulpturalen Werk widerspiegelt. Die latente Präsenz der menschlichen Gestalt, die in den ersten Jahrzehnten seiner künstlerischen Tätigkeit entwickelt wurde, bleibt maßgebend, obwohl sich die Figur später in eine abstrakt-materielle Struktur auflöst. Darin kann der surrealistische Duktus seiner Pädagogen František Tichý und František Muzika erkannt werden. Zugleich wird Sekals Neigung zur Geometrisierung der Formsprache deutlich, welche wiederum den Einfluss Emil Fillas, seines letzten Professors an der Hochschule, ahnen lässt.

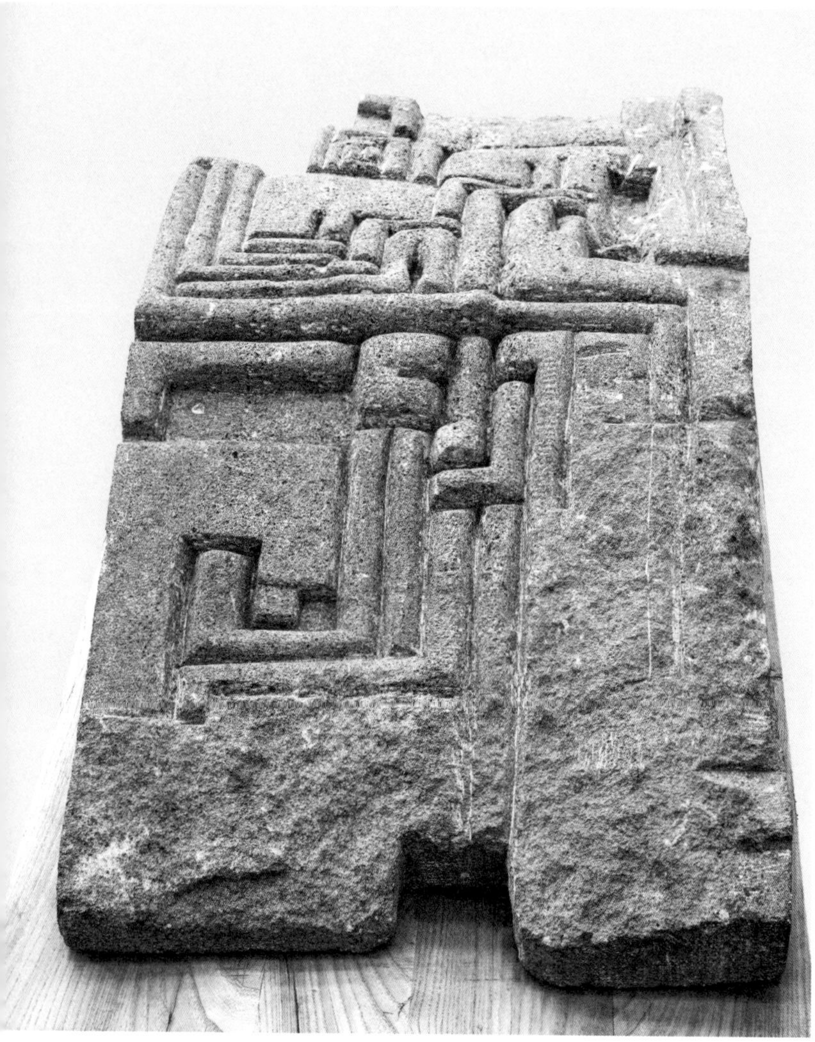

Abb. | obr. | fig. 1
Stein – Labyrinth | Kámen – labyrint | Stone – Labyrinth – 1966

Das menschliche Gesicht als Projektionsfläche weicht geometrischen Konstruktionen und Materialexperimenten, die Sekals Werk in den 1960er Jahren prägen. Dieses Jahrzehnt ist gezeichnet von persönlich ungünstigen Umständen und einem künstlerischen Neuanfang. Nach der Rückkehr aus Bratislava nach Prag widmet sich der Künstler vermehrt der Architektonik des Skulpturalen. Daraus entstehen kontrastreiche und fragile *„Bauten"*, wie er sie nennt. Das Analytische wird ab dieser Schaffensphase fortan zum kreativ-rationalem Prinzip seiner Werke. Sekal folgt nicht nur instinktiv der Zerlegung der natürlichen Bausubstanz in ein Gebilde aus Öffnungen und Kubaturen, sondern geht auch sehr bewusst den Grundlagen seiner eigenen Wesensfragen nach. Begeistert vom literarischen Werk Kafkas, dem Existenzialismus Sartres und der Phänomenologie Heideggers entwirft Sekal skulpturale Türme voller formaler und inhaltlicher Ambivalenzen. In einem Tagebucheintrag vom 22. Oktober 1967 schreibt er: *„In mir ist in jedem Augenblick eine doppelt widersprüchliche, gegensätzliche Möglichkeit ..*"[2]. Die Beobachtung des eigenen Seins wird zum künstlerischen Programm, in dem sich der widersprüchliche Dialog mit sich selbst spiegelt.

Ein weiterer gesellschaftlich-politischer Umbruch zwingt Sekal 1969 zur Emigration. In seiner neuen Heimat Wien widmet er sich erneut den bereits in Prag begonnenen Experimenten mit den Qualitäten von rohen

1 Diese Kategorien entsprechen dem Konzept der Ausstellung Zbyněk Sekals im Belvedere 21 (28. August 2020 – 14. Februar 2021, Kurator: Harald Krejči; Assistenzkurator: Miroslav Haľák). Vgl.: Haľák, Miroslav: *Broschüre zur Ausstellung Zbyněk Sekals* (Texte: *Der kritische Denker / Der analytische Beobachter / Der Poet des Materials*). Wien, Belvedere 2020.

2 Orig.: *„Je ve mně každým okamžikem dvojí rozporná, protikladná možnost..."* In: Sekal, Zbyněk: Deník, 22. Oktober 1967. In: Marie Klimešová: *Zbyněk Sekal. A věci se zvolna berou před se*. Praha, Arbor Vitae 2015, S. 85 / 55 (Übersetzung Aus dem Tschechischen unter: *Zbyněk Sekal. Die Dinge gehen langsam voran*- Joachim Bruss).

BYTOST A SCHRÁNKA. K FILOZOFII UMĚNÍ ZBYŇKA SEKALA

Mnohostranné dílo Zbyňka Sekala lze číst z mnoha úhlů pohledu. Umělecké postoje, které zastával po celý život, svědčí o kreativitě a intelektu kritického myslitele, analytického pozorovatele a básníka materiálu.[1] Zbyněk Sekal se dokázal prosadit v každé z těchto rolí, a předat tak svůj pohled na fyzický i metafyzický svět.

Jako kritický myslitel se projevil již během svých studentských let ve 40. a 50. letech. V této temné hodině světových dějin vždy usiloval o svobodu – a zaplatil za ni svou vlastní. Tři a půl roku strávil ve vězení a koncentračních táborech: od 17. listopadu 1941 do 5. května 1945 byl Sekal internován v Praze, Terezíně a Mauthausenu. Po skončení druhé světové války ho jeho politické přesvědčení stálo titul na Vysoké škole uměleckoprůmyslové v Praze (UMPRUM). Surrealismus se svou existencialistickou fatalitou a určitá esence marxistické filozofie byly Sekalovými ideovými východisky tohoto období, během něhož se stále více projevoval jako kritický myslitel, literát a dialektik, což se odráží v jeho výtvarné a sochařské tvorbě. Rozhodující zůstává latentní přítomnost lidské postavy, kterou rozvíjel v prvních desetiletích své umělecké činnosti, i když se později figura rozpouští do abstraktně-materiální struktury. V tom lze rozpoznat surrealistický duktus jeho pedagogů Františka Tichého a Františka Muziky. Současně se projevuje Sekalův příklon ke geometrizaci formálního jazyka, což předznamenává vliv Emila Filly, jeho posledního profesora na vysoké škole.

Lidská tvář jako projekční plocha ustupuje geometrickým konstrukcím a materiálovým experimentům, které charakterizují Sekalovu tvorbu 60. let. Toto desetiletí je poznamenáno nepříznivými osobními okolnostmi a novým uměleckým začátkem. Po návratu z Bratislavy do Prahy se umělec stále více věnoval sochařství s výrazně konstrukčně-architektonickými kvalitami. Vznikají tak kontrastní a křehké *„stavby"*, jak je nazývá. Od této tvůrčí fáze se analytickost stává tvůrčím a racionálním principem jeho děl. Sekal nejen instinktivně sleduje rozklad přírodní stavební hmoty do struktury otvorů a kubatur, ale také velmi vědomě zkoumá základy svých vlastních otázek bytí. Inspirován Kafkovým literárním dílem, Sartrovým existencialismem a Heideggerovou fenomenologií navrhuje Sekal sochařské věže plné ambivalence formy i obsahu. V deníkovém záznamu z 22. října 1967 píše: *„Je ve mně každým okamžikem dvojí rozporná, protikladná možnost..."*[2]. Pozorování vlastního bytí se stává uměleckým programem, v němž se odráží rozporuplný dialog se sebou samým. Další společensko-politické otřesy donutily Sekala v roce 1969 emigrovat. Ve svém novém domově ve Vídni se opět věnoval experimentům s vlastnostmi surových materiálů v obraze, které započal již v Praze, dále je rozvíjel a stále intenzivněji se vyjadřoval řečí textur dřeva, oceli, kamene a drátu.

1 Tyto kategorie odpovídají koncepci výstavy Zbyňka Sekala v Belvederu 21 (28. srpna 2020 – 14. února 2021, kurátor: Harald Krejčí; asistent kurátora: Miroslav Haľák). Srov.: Haľák, Miroslav: *Broschüre zur Ausstellung Zbyněk Sekals* (Texte: *Der kritische Denker / Der analytische Beobachtr / Der Poet des Materials*). Wien, Belvedere 2020.

2 Sekal, Zbyněk: Deník, 22. října 1967. In: Marie Klimešová: *Zbyněk Sekal*. Praha, Arbor Vitae 2015, S. 85.

BEING AND SHRINE. ON THE PHILOSOPHY OF ZBYNĚK SEKAL'S ART

The multifaceted work of Zbyněk Sekal can be read from many perspectives. The artistic positions he held throughout his life demonstrate creativity and the intellect of a critical thinker, analytical observer, and material poet.[1] Sekal was capable of asserting himself in each of these roles and thus of conveying his understanding of the physical as well as the metaphysical world.

Sekal showed himself to be a critical thinker already during his student days in the 1940s and 1950s. In this dark hour of world history, he constantly sought freedom – and paid for it with his own. He spent three and a half years in prison and concentration camps: between 17 November 1941 and 5 May 1945, Sekal was imprisoned in Prague, Theresienstadt/Terezín, and Mauthausen. After the Second World War, his political convictions kept him from graduating from Prague's Academy of Arts, Architecture, and Design (UMPRUM – Vysoká škola uměleckoprůmyslová). Surrealism, with its existentialist fatalism, and a certain essence of Marxist philosophy formed Sekal's ideological foundations in this period, when he increasingly emerged as a critical thinker, a man of letters, and a dialectician, all of which is reflected in his images and sculptures. The human figure as developed in the first decades of his artistic activity remained a latently present and decisive element in his work, although it would later dissolve into an abstract-material structure. In this, we can recognize the Surrealist ductus of his teachers František Tichý and František Muzika. At the same time, Sekal showed a clear tendency towards a geometric formal language, which in turn hints at the influence of Emil Filla, his last professor at the academy.

Over time, the human face as a projection surface gave way to the geometric structures and material experiments that characterized Sekal's work in the 1960s, a decade marked by unfavorable personal circumstances and a new artistic beginning. After returning to Prague from Bratislava, Sekal devoted himself increasingly to the architectonics of the sculptural, which gave rise to contrasting and fragile *"structures,"* as he called them. From this creative phase onwards, the analytical formed the creative-rational principle of his works. Sekal not only instinctively sought the decomposition of the natural building substance into a structure composed of openings and three-dimensional volumes, but also very consciously explored the foundations of his own questions of existence. Inspired by the literary work of Kafka, the existentialism of Sartre, and the phenomenology of Heidegger, he designed sculptural towers full of ambivalences in form and content. In a diary entry from 22 October 1967, he writes: *"In every moment, there is a double, contradictory possibility in me."*[2] The observation of his own existence became an artistic program reflecting this contradictory dialogue with himself.

In 1969, another socio-political upheaval forced Sekal to emigrate. In his new home in Vienna, he once again devoted himself to experimenting with the characteristics of raw materials in his works,

1 These categories correspond to the concept of Zbyněk Sekal's exhibition at Belvedere 21 (28 August 2020 – 14 February 2021, curator: Harald Krejči; assistant curator: Miroslav Haľák). Cf. Miroslav Haľák, *"The Critical Thinker," "The Analytical Observer," and "The Poet of the Material,"* in Zbyněk Sekal, brochure for exhibition at Belvedere 21 (Vienna: Belvedere, 2020).

2 Zbyněk Sekal, diary entry, 22 October 1967. Cited from Marie Klimešová, *Zbyněk Sekal*, trans. Lawrence Wells, Branislava Kuburović, Robin Cassling, Barbara Day (Řevnice: Arbor Vitae, 2015), 451.

Materialien im Bild, entwickelt diese weiter und äußert sich immer intensiver durch die Sprache der Texturen von Holz, Stahl, Stein und Draht.

Aus der Ruhe, die er im Exil finden konnte – trotz der bitteren Trennung von seinem bisherigen Leben und den in der Tschechoslowakei konfiszierten Werken – entwickelte der Künstler eine bezaubernde Poetik: die Wiederentdeckung der Poesie des Materials geschah im Zuge der Auseinandersetzung mit der eigenen Erfahrung der Ausweglosigkeit, die Sekal als KZ-Häftling in Mauthausen machen musste. Daraus resultierten zu greifbaren Labyrinthen des ungreifbaren Ich-seins konstruierte Stein- und Drahtobjekte **(Abb. 1 und 2)**. In diesen verwickelten Trajektorien seiner Existenz bleibt Sekal weiterhin konsequent seinem Programm einer anthropozentrischen Kunst treu, wobei er der Frage nach konkreten Beweggründen des Menschen in einem physischen, kulturellen, politischen, spirituellen und sozialen Raum nachgeht. Aus der Flächenhaftigkeit des Labyrinths und aus der Begeisterung für die Rasterung natürlicher Gegenstände, die der Künstler rhythmisierend auf das Bild komponiert, werden in den 1980er Jahren räumliche Strukturen, die Sekal als Gerüste rund um die banalsten Gegenstände errichtet. Diese Würfel aus dünnen Holzlatten, die um die kleinen Objekte oder Objektensembles entstehen, nennt der Künstler *Schreine* (*„Schránky"*). Die tief einprogrammierte Sakralisierung des Alltäglichen manifestiert sich in der fast religiösen Inszenierung von gefundenen Objekten, Holzsplittern, Abfallmaterial etc. Bezugnehmend auf europäische und japanische Religionen und Kulturen und aus der philosophischen Literatur und der surrealistischen Tradition schöpfend, erschuf Zbyněk Sekal ein Werk, das den Menschen in seiner intellektuellen Komplexität huldigt. Die immer wieder auftauchenden Anthropomorphismen in diesen Werken zeigen – auf eine äußerst poetische Weise und mit minimalen Mitteln ausgedruckt – den Stellenwert der existentiellen Frage des eigenen Seins sowie der Eingliederung des Individuums in die Gesellschaft.

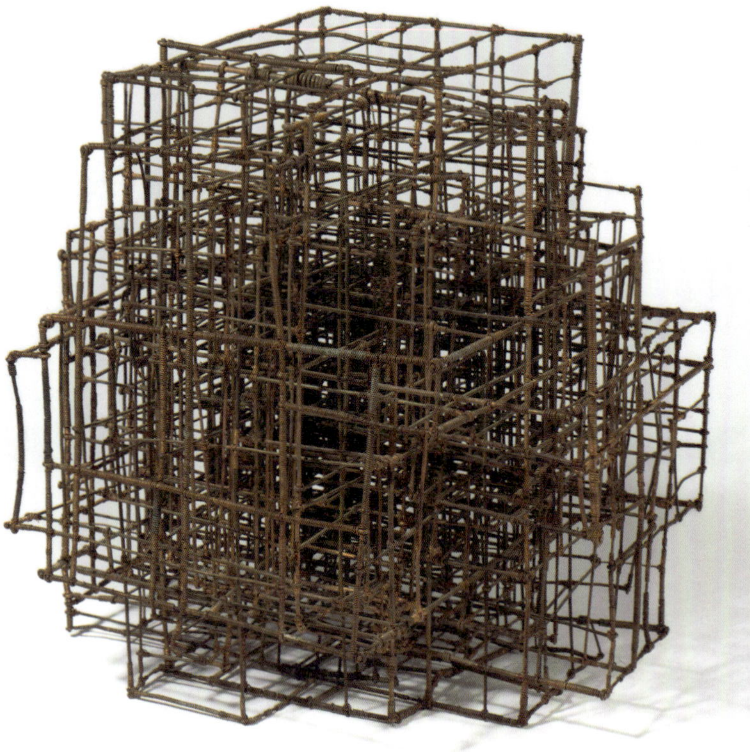

Abb. | obr. | fig. 2

Kreuz | Kříž | Cross — undatiert | nedatováno | undated

Zbyněk Sekal war ein begnadeter Geist, der in seinem hervorragenden Lebenswerk zu zeitlosen und immer aktuellen Themen unserer Kultur einiges beigesteuert hat. Von der Breite und Tiefe seiner philosophischen, theologischen und literarischen Inspirationen zeugt am deutlichsten seine eigene Bibliothek und die Werke, die er – oft zum ersten Mal – ins Tschechische übersetzte.[3] Insbesondere die Philosophie scheint in Sekals Leben eine wichtige Rolle zu spielen. Bereits seine Freundschaften mit Philosophen wie Ivan Dubský (* 3. Oktober 1926, Prag) und Egon Bondy[4] (Pseudonym von Zbyněk Fišer, * 20. Januar 1930, Prag – † 9. April 2007, Bratislava) in der Zeit vor seiner Emigration deuten auf eine intensive Auseinandersetzung mit komplexen Problemen – vom Idealismus über den Materialismus bis hin zur Phänomenologie. Tatsächlich finden wir sowohl in Sekals Tagebucheinträgen, in seiner Korrespondenz und vor allem in seinem künstlerischen Werk viele Anhaltspunkte, die seine scharfsinnige und intellektuell anspruchsvolle Denk- und Arbeitsweise offenbaren. Dank der großzügigen Unterstützung von Christine Sekal hatte ich die Möglichkeit, in Sekals privatem

3 Unter anderem: Bartel, Walter: *Karel Liebknecht proti Kruppovi* (Karl Liebknecht gegen Krupp; LF, Praha, Rovnost 1952); Clausewitz, Carl von: *O válce* (Vom Kriege; LF, Brno, Bonus A 1996); Feuerbach, Ludwig: Podstata křestanství (Das Wesen des Christenthums; LF, Praha, Státní nakladatelství politické literatury 1954); Feuerbach, Ludwig: *Zásady filosofie budoucnosti a jiné filosofické práce* (Sämtliche Werke; LF, Praha, Nakladatelství ČSAV 1959); Grabbe, Christian Dietrich: *Don Juan a Faust* (Don Juan und Faust; in: *Don Juan a Faust / Žert, satira a ironie*, Praha, SNKLHU 1958); Grabbe, Christian Dietrich: *Žert, satira a ironie* (Scherz, Satire, Ironie und tiefe Bedeutung; in: *Don Juan a Faust / Žert, satira a ironie,* Praha, SNKLHU 1958); Kafka, Franz: *Proměna* (Die Verwandlung; R, Praha, SNKLU 1963; Praha, Primus 1990); Mann, Thomas: *Novely* (VN, Praha, SNKLU 1965, + Pavel Eisner, Dagmar Eisnerová, Jitka Fučíková); Weiss, Peter: *Stín vozkova těla* (Der Schatten des Körpers des Kutschers; Praha, Odeon 1966); u. a.

4 Der Schriftsteller und Philosoph Egon Bondy war eine exponierte Figur der tschechoslowakischen Underground-Szene. Erst in den 1990er Jahren wurde bekannt, dass Bondy mit der kommunistischen Geheimpolizei (Staatssicherheit, tsch. kurz StB) kollaborierte, was diesen Philosophen, Poeten und Schriftsteller schwer belastete. Auch Zbyněk Sekal gehörte zu den Personen, über die Egon Bondy der Geheimpolizei berichtete.

Z klidu, který se mu podařilo nalézt v exilu – navzdory trpkému odloučení od předchozího života a děl zabavených v Československu –, si umělec vytvořil okouzlující poetiku: ke znovuobjevení poezie materiálu došlo v průběhu vyrovnávání se s vlastní zkušeností beznaděje, kterou Sekal zažil jako vězeň koncentračního tábora v Mauthausenu. Výsledkem byly kamenné a drátěné objekty, které byly zkonstruovány do hmatatelných labyrintů nehmotného jáství **(obr. 1 a 2)**. V těchto spletitých trajektoriích své existence zůstává Sekal důsledně věrný svému programu antropocentrického umění, sledujícího otázku konkrétních lidských motivací ve fyzickém, kulturním, politickém, duchovním a sociálním prostoru. Plošnost labyrintu a nadšení pro mřížky přírodních objektů, které umělec rytmicky komponuje na obraz, se v 80. letech stávají prostorovými strukturami, které Sekal staví jako lešení kolem nejbanálnějších předmětů. Tyto kostky z tenkých dřevěných lišt, které vznikají kolem drobných předmětů nebo souborů předmětů, nazývá autor *Schránky*. Hluboce naprogramovaná sakralizace každodennosti se projevuje v téměř náboženském inscenování nalezených předmětů, třísek, odpadového materiálu atd. S odkazem na evropské a japonské náboženství a kulturu a s využitím filozofické literatury a surrealistické tradice vytvořil Zbyněk Sekal dílo, které vzdává hold člověku v jeho intelektuální složitosti. Opakující se antropomorfismy v těchto dílech ukazují – vyjádřeno mimořádně poetickým způsobem a s minimálními prostředky – důležitost existenciální otázky vlastního bytí i začlenění jedince do společnosti.

Zbyněk Sekal byl nadaný tvůrce, který svým vynikajícím životním dílem nadčasově přispěl k stále aktuálním tématům naší kultury. O šíři a hloubce jeho filozofických, teologických a literárních inspirací nejzřetelněji svědčí jeho vlastní knihovna a díla, která – často poprvé – přeložil do češtiny.[3] V Sekalově životě hrála důležitou roli zejména filozofie. Již jeho přátelství s filozofy jako Ivan Dubský (* 3. října 1926 Praha) a Egon Bondy[4] (vlastním jménem Zbyněk Fišer, * 20. ledna 1930 Praha - † 9. dubna 2007 Bratislava) v období před emigrací ukazují na intenzivní zabývání se složitými problémy – od idealismu k materialismu a fenomenologii. Jak v Sekalových deníkových záznamech, tak v jeho korespondenci a zejména v jeho umělecké tvorbě najdeme mnoho stop, které odhalují jeho vnímavý a intelektuálně vytříbený způsob myšlení a práce. Díky velkorysé podpoře Christine Sekalové jsem měl možnost bádat v Sekalově soukromé knihovní pozůstalosti a dozvědět se tak více zejména o díle Ivana Dubského, českého filosofa a znalce díla spisovatele Ladislava Klímy (* 22. srpna 1878 Domažlice - † 19. dubna 1928 Praha) a filozofa Jana Patočky (* 1. června 1907 Turnov - † 13. března 1977 Praha), které by mohly osvětlit pozdní tvorbu Zbyňka Sekala i jeho vlastní pojetí umění.

3 Mimo jiné: Bartel, Walter: *Karel Liebknecht proti Kruppovi* (Karl Liebknecht gegen Krupp; LF, Praha, Rovnost 1952); Clausewitz, Carl von: *O válce* (Vom Kriege; LF, Brno, Bonus A 1996); Feuerbach, Ludwig: *Podstata křestanství* (Das Wesen des Christenthums; LF, Praha, Státní nakladatelství politické literatury 1954); Feuerbach, Ludwig: *Zásady filosofie budoucnosti a jiné filosofické práce* (Sämtliche Werke; LF, Praha, Nakladatelství ČSAV 1959); Grabbe, Christian Dietrich: *Don Juan a Faust* (Don Juan und Faust; in: *Don Juan a Faust / Žert, satira a ironie*, Praha, SNKLHU 1958); Grabbe, Christian Dietrich: *Žert, satira a ironie* (Scherz, Satire, Ironie und tiefe Bedeutung; in: *Don Juan a Faust / Žert, satira a ironie*, Praha, SNKLHU 1958); Kafka, Franz: *Proměna* (Die Verwandlung; R, Praha, SNKLU 1963; Praha, Primus 1990); Mann, Thomas: *Novely* (VN, Praha, SNKLU 1965, + Pavel Eisner, Dagmar Eisnerová, Jitka Fučíková); Weiss, Peter: *Stín vozkova těla* (Der Schatten des Körpers des Kutschers; Praha, Odeon 1966); ...

4 Spisovatel a filozof Egon Bondy byl exponovanou postavou československého undergroundu. Teprve v 90. letech vyšlo najevo, že Bondy spolupracoval s komunistickou tajnou policií (Státní bezpečností, zkráceně StB), což na tohoto filozofa, básníka a spisovatele dopadlo jako těžké břemeno. Zbyněk Sekal byl také jedním z lidí, na které Egon Bondy donášel tajné policii.

something he had already begun in Prague. Developing these experiments further, he expressed himself ever more intensely using the language of the texture of wood, steel, stone, and wire.

Despite the bitter separation from his previous life and from the works confiscated in Czechoslovakia, the peace he was able to find in exile allowed him to develop an enchanting poetics: his rediscovery of the poetry of material occurred over the course of coming to terms with his own experience of hopelessness as a concentration camp prisoner in Mauthausen. From this process sprang stone and wire objects that he constructed into tangible labyrinths of an intangible being-as-self **(figs. 1 and 2)**. In these intricate trajectories of his existence, Sekal remained consistently faithful to his program of anthropocentric art, pursuing the question of concrete human motivations in a physical, cultural, political, spiritual, and social space. In the 1980s, the two-dimensionality of the labyrinth and an enthusiasm for the grid-like characteristics of natural objects, which he composed rhythmically into the image, evolved into spatial structures that he erected as scaffolding around the most banal objects. He called these cubes of thin wooden slats, built around small objects or ensembles of objects, *Shrines* (“*Schránky*”). These works' deeply programmed sacralization of the everyday is manifested in the almost religious staging of found objects, splinters of wood, waste material, etc. Referring to European and Japanese religions and cultures and drawing from philosophical literature and the Surrealist tradition, Sekal created a body of work that pays homage to mankind in all his intellectual complexity. The works' recurring anthropomorphisms – expressed in a highly poetic manner while using minimal means – reflect the importance of the existential question of one's own existence as well as the individual's place in society.

Zbyněk Sekal was a gifted mind who in his outstanding life's work contributed greatly to timeless and always topical themes within our culture. The breadth and depth of his philosophical, theological, and literary inspirations are most clearly evidenced by his own library and by the works he translated – often as the first to do so – into Czech.[3] Philosophy in particular seems to have played an important role in Sekal's life. His friendships with philosophers such as Ivan Dubský (born 3 September 1926, Prague) and Egon Bondy[4] (pseudonym of Zbyněk Fišer, 20 January 1930, Prague – 9 April 2007, Bratislava) show that he was intensively engagement with complex questions, including idealism, materialism, and phenomenology even before his emigration. Indeed, Sekal's diary entries, his correspondence, and especially his artistic oeuvre hold many clues that reveal his perceptive and intellectually sophisticated way of thinking and working. Thanks to the generous support of Christine Sekal, I have had the opportunity to study Sekal's private library and – especially in the work of the Czech philosopher Ivan Dubský, an expert on the work of the writer Ladislav Klíma (22 August 1878, Domažlice – 19 April 1928, Prague) and of the philosopher Jan Patočka (1 June 1907, Turnov – 13 March 1977, Prague) – to discover several clues that can shed more light on Zbyněk Sekal's late work and his own concept of art.

3 Examples include Walter Bartel, *Karel Liebknecht proti Kruppovi* (Karl Liebknecht gegen Krupp; LF, Prague: Rovnost, 1952); Carl von Clausewitz: *O válce* (Vom Kriege; LF, Brno: Bonus A, 1996); Ludwig Feuerbach, *Podstata křestanství* (Das Wesen des Christenthums; LF, Prague: Státní nakladatelství politické literatury, 1954); Ludwig Feuerbach: *Zásady filosofie budoucnosti a jiné filosofické práce* (Sämtliche Werke; LF, Prague: Nakladatelství ČSAV, 1959); Christian Dietrich Grabbe, *“Don Juan a Faust”* (Don Juan und Faust, in *Don Juan a Faust / Žert, satira a ironie*, Prague: SNKLHU, 1958); Christian Dietrich Grabbe, *“Žert, satira a ironie”* (Scherz, Satire, Ironie und tiefe Bedeutung, in *Don Juan a Faust / Žert, satira a ironie*, Prague: SNKLHU, 1958); Franz Kafka, *Proměna* (Die Verwandlung; R, Prague, SNKLU 1963; Prague: Primus, 1990); Thomas Mann, *Novely* (VN, Prague: SNKLU, 1965, + Pavel Eisner, Dagmar Eisnerová, Jitka Fučíková); and Peter Weiss, *Stín vozkova těla* (Der Schatten des Körpers des Kutschers; Prague: Odeon, 1966).

4 The poet, writer, and philosopher Egon Bondy was a leading figure of the Czechoslovak underground scene. It was not until the 1990s that it came to light that Bondy had collaborated with the communist secret police (State Security, or StB for short), which seriously encumbered Bondy's legacy. One person about whom Bondy reported to the secret police was Zbyněk Sekal.

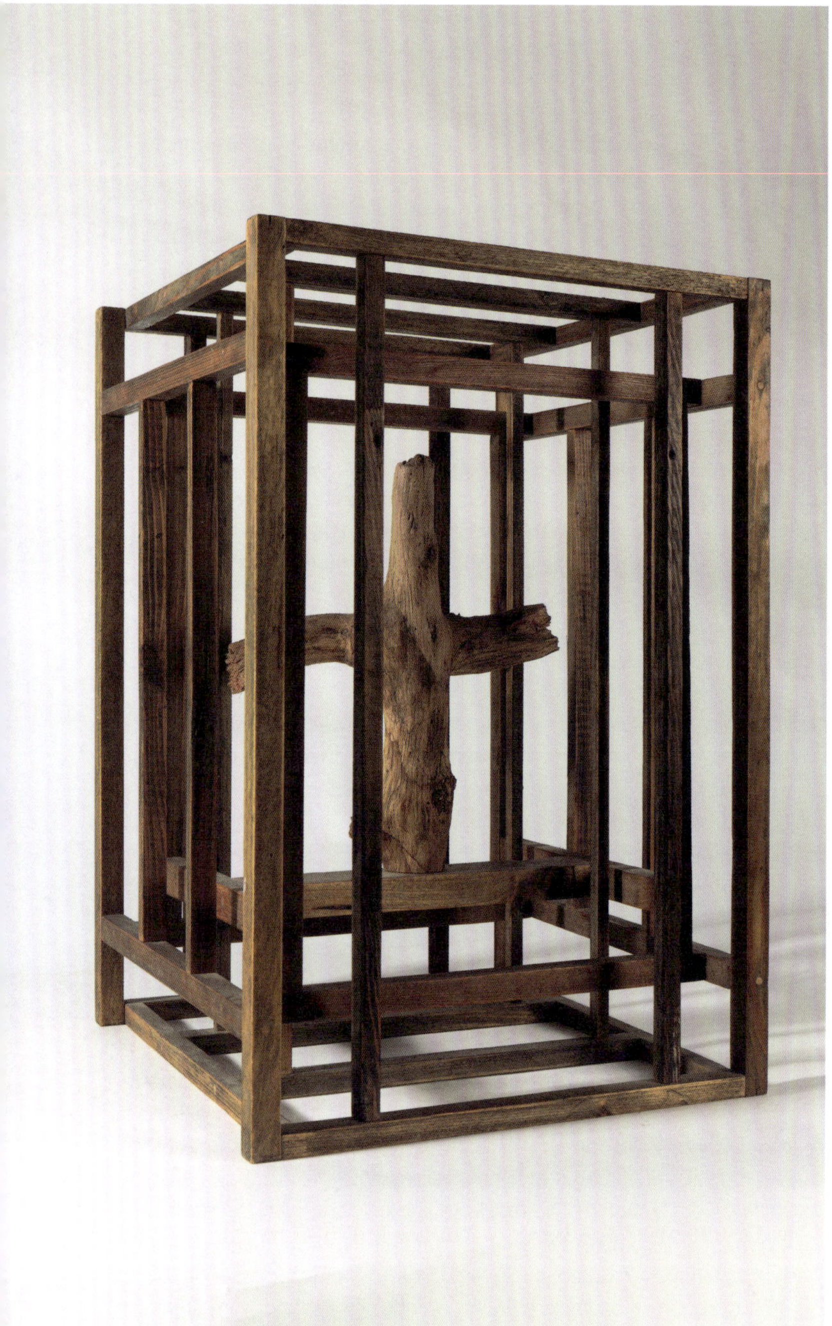

Abb. | obr. | fig. 3
Ohne Titel | Bez názvu | Untitled – undatiert | nedatováno | undated

Bibliotheksnachlass zu recherchieren und dadurch vor allem im Werk von Ivan Dubský, dem tschechischen Philosophen und Experten für das Werk des Schriftstellers Ladislav Klíma (* 22. August 1878, Domažlice – † 19. April 1928, Prag) und des Philosophen Jan Patočka (* 1. Juni 1907, Turnov – † 13. März 1977, Prag), einige Anhaltspunkte festzustellen, die das Spätwerk Zbyněk Sekals und auch seinen eigenen Kunstbegriff erweitert beleuchten können.

Zum Wesen des Menschen

„Was ist das menschliche Wesen?"[5] Diese grundlegende Frage stellt Ivan Dubský in seiner Abhandlung über das Wesen des Menschen in der Philosophie Ludwig Feuerbachs und Karl Marx. Dubský gelangt einerseits zur Hypothese: *„Es ist die Gemeinschaft des Menschen mit dem Menschen"*[6], und im Weiteren lässt er auch die Möglichkeit offen, dass der Mensch sich nicht nur interpersonell, sondern auch durch seine *„Sinnlichkeit"* gegenüber seiner objektiven Realität, also der *„Natur"* selbst begreift und behauptet. Obwohl an dieser Stelle die Problematik der Wahrnehmung nicht direkt aufgegriffen wird, lässt sich die Wesensfrage ohne die Komplexität der Ich-Erkenntnis nicht erklären, auch nicht in der nachidealistischen Philosophie Ludwig Feuerbachs. Ein abstraktes Konstrukt der Vernunft des 19. Jahrhundert, aber auch ihre rationalistische Einschränkung des aufklärerischen *„cogito ergo sum"*, wird durch das *„Ganze des Menschen"*, also auch durch seine körperliche Existenz als Teil des subjektiven Empfindens ergänzt. Nicht also ein monologischer Akt des Sich-selbst-Definierens, sondern ein dialogisches Ertasten der Konturen der eigenen sinnlich wahrnehmbaren Umwelt, inklusive der eigenen Körperlichkeit, ist maßgeblich beziehungsweise wesentlich für das Menschenbild dieser Philosophie, die bei Marx eine radikalere, materialistische Form annimmt. Sekals geistiger Austausch mit seiner objektiven Umwelt hat in dem Sinne eine projektiv-personifizierende Qualität. Identitätsstiftend sind für ihn nicht nur die fertigen Werke, sondern bereits die Dinge selbst, die mit ihm interagieren: *„Es sind nicht nur Sachen, es sind wirklich Wesen, die ich irgendwie aufgenommen, einbezogen habe in mein Wesen, und jetzt stehen und liegen sie wirklich hier und warten, was geschieht. Aber was geschieht? In der Zeit, in der ich an einer Sache arbeite, verlangen alle anderen schweigend, aber nicht weniger vorwurfsvoll, nach ihrem Recht: wir sind auch hier, was wird aus uns, erbarme dich unser, vergiss uns nicht. Wie sollte ich euch vergessen, denke ich mir, ich weiß doch von euch, aber was kann ich denn machen? Habt Geduld, ihr werdet schon noch an die Reihe kommen."*[7] (17. Mai 1990)

Wenn Zbyněk Sekal die gefundenen, einfachen Dinge mit einer Konstruktion verschmelzen lässt, baut er eine Bühne, eine sonderbare Behausung für diese bereits emanzipierten Objekte **(Abb. 3)**. Diese Architekturen unterstützen die Individualität des Gängigen, des Materiellen, und entfalten dadurch die Eigenschaften ihrer strukturellen und ästhetischen Natur, wodurch die Betrachter*innen zu projektivem Verhalten bewegt werden. Erst indem der Fokus auf die unscheinbaren Dinge gerichtet wird, werden deren Details sichtbarer und Analogien zu anderen Diskursen nachvollziehbarer. In einem Holzstück die Kreuzigungsszene zu sehen, oder in einem abgebrochenem, nicht identifizierbaren Holzgegenstand einen Kopf zu erkennen **(Abb. 4)** – es ist

5 Dubský, Ivan: *Zur Frage des Wesens des Menschen bei Feuerbach und Marx*. Annali dell´Istituto Giangiacomo Feltrinelli, Milano, Feltrinelli Editore 1965, S. 151.

6 Ebd, S. 151.

7 Orig.: *„Nejsou to jen věci, jsou to opravdu bytosti, které jsem jaksi vtělil, zahrnul do své bytnosti, a teď tu doopravdy postávají a polehávají, čekajíce, co bude. Ale co bude? Ve chvíli, kdy pracuju na jedné věci, domáhají se všechny ostatní mlčky a o nic méně vyčítavě svých práv: my jsme tu taky, co z nás bude, smiluj snad námi, nezapomínej na nás. Bodejť bych zapomínal, pomyslím si, vždyť já o vás vím, ale co můžu dělat? Mějte strpení, snad na vás někdy taky dojde."* In: wie Anm. 2, Deník, 17. Mai 1990. S. 343 / 166.

O povaze lidské bytosti

„Co je podstatou člověka?"[5] Tuto základní otázku si klade Ivan Dubský ve svém pojednání o podstatě člověka ve filozofii Ludwiga Feuerbacha a Karla Marxe. Dubský jednak dospívá k hypotéze: *„Je to společenství člověka s člověkem"*[6], a dále nechává otevřenou i možnost, že člověk se chápe a prosazuje nejen interpersonálně, ale i prostřednictvím své *„smyslovosti"* vůči své objektivní realitě, tedy *„přírodě"*. Ačkoli se v tomto bodě problémem vnímání přímo nezabýváme, otázku podstaty nelze vysvětlit bez složitosti sebepoznání, a to ani v postidealistické filozofii Ludwiga Feuerbacha. Abstraktní konstrukt rozumu 19. století, ale i jeho racionalistické omezení osvícenského *„cogito ergo sum"*, je doplněn o *„celek člověka"*, tedy i o jeho fyzickou existenci jako součást subjektivního cítění. Pro toto filosofické pojetí člověka, které u Marxe nabývá radikálnější, materialističtější podoby, tedy není rozhodující či zásadní monologický akt vymezování se, ale spíše dialog pociťování kontur vlastního smyslově vnímatelného prostředí, včetně vlastní tělesnosti. V tomto smyslu má Sekalova mentální výměna s objektivním prostředím projektivně-personalizační charakter. Identitu pro něj nevytvářejí jen hotová díla, ale už samotné věci, které s ním interagují: *„Nejsou to jen věci, jsou to opravdu bytosti, které jsem jaksi vtělil, zahrnul do své bytnosti, a teď tu doopravdy postávají a polehávají, čekajíce, co bude. Ale co bude? Ve chvíli, kdy pracuju na jedné věci, domáhají se všechny ostatní mlčky a o nic méně vyčítavě svých práv: my jsme tu taky, co z nás bude, smiluj se nad námi, nezapomínej na nás. Bodejť bych zapomínal, pomyslím si, vždyť já o vás vím, ale co můžu dělat? Mějte strpení, snad na vás někdy taky dojde."*[7] (17. května 1990)

Když Zbyněk Sekal spojuje nalezené, jednoduché věci s konstrukcí, staví pro tyto již emancipované předměty jeviště, zvláštní příbytek **(obr. 3)**. Tyto architektury podporují individualitu obyčejného, materiálního, a tím rozvíjejí vlastnosti své strukturální a estetické povahy a posouvají diváky k projektivnímu chování. Teprve zaměřením se na nenápadné věci se zviditelní jejich detaily a analogie s jinými diskurzy se stanou srozumitelnějšími. Vidět výjev ukřižování v kusu dřeva nebo rozpoznat hlavu v rozbitém, neidentifikovatelném dřevěném předmětu **(obr. 4)** – to je vždy výsledkem projekce vlastního obsahu do toho, co stojí mimo nás. Po formální stránce tvoří strukturovaný rámec mříže, který objekty obklopuje, rovněž vícevrstvou, multiperspektivní konstrukci, která je sama o sobě velmi bohatá na analogie a nabízí objektu uprostřed mnohé další obsahové úrovně. To, že *Schránky* vídeňských let vytvářejí v Sekalově tvorbě jakýsi paralelní prostor, v němž je možné se s objekty setkat s vlastním vyprávěním, lze vyčíst i z jeho deníkového záznamu z 22. března 1988: *„Jsem totiž už takřka docela vrostlý do téhle dílny, jsem sám stavba, osnova, Gerüst. Sám se do toho sice zabudovat nemohu, leda bych si vystavěl hrobku, kam by potom nakonec vložili mé tělesné pozůstatky, ale to určitě neudělám, na to mi nezbyde čas."*[8] Z tohoto tvrzení lze ve *Schránkách* vyčíst zvláštní vztah mezi mikrokosmem a makrokosmem. Sekalovo vlastní vnímání splynutí bytí s objektivním prostředím v ateliéru se odráží

5 Dubský, Ivan: Zur Frage des Wesens des Menschen bei Feuerbach und Marx. Annali dell´Istituto Giangiacomo Feltrinelli, Milano, Feltrinelli Editore 1965, S. 151.

6 Viz pozn. 5, S. 151.

7 Viz pozn. 2, Deník, 17. května 1990. S. 343.

8 Viz pozn. 2, Deník, 22. března 1988. S. 349.

On the human essence

"*What is the essence of man*?"[5] Ivan Dubský poses this fundamental question in his treatise on the human essence in the philosophy of Ludwig Feuerbach and Karl Marx. In addition to arriving at a hypothesis, namely: "*It is the communion of man with man,*"[6] Dubský also leaves open the possibility that human beings comprehend and assert themselves not only interpersonally, but also through their "*sensuality*" vis-à-vis their objective reality, meaning "*nature*." Although the problem of perception is not taken up directly at this point, the question of essence cannot be explained without the complexity of self-knowledge, not even in the post-idealist philosophy of Ludwig Feuerbach. An abstract construct of nineteenth-century reason and its rationalist limitation of the Enlightenment concept of "*cogito ergo sum*" are thus complemented by the notion of the "*whole of man*," meaning his physical existence as a part of subjective perception. It is thus not a monological act of defining oneself but rather a dialogical exploration of the contours of one's own sensually perceptible environment, including one's own corporeality, that is decisive or essential for this philosophy's conception of man, which takes on a more radical, materialistic form with Marx. In this sense, Sekal's mental exchange with his objective environment has a projective-personalizing quality. For him, it is not only the finished works that create identity but also the things themselves, which interact with him: "*They are not only things, they really are beings which I somehow embodied, included in my being, and... now they really do hang around and lounge around, waiting to see what will happen. But what will happen? At moments when I'm working on one thing, all the others are insisting silently and no less reproachfully on their rights: we are here too, what of us, have mercy on us, don't forget us. Aye me, how could I forget, I am thinking of you, don't I know about you, but what can I do? Be patient, perhaps something will come along for you sometime.*"[7] (17 May 1990)

When Zbyněk Sekal allows simple found things to merge with a structure, he builds a stage, a strange dwelling for these already emancipated objects **(fig. 3)**. These architectures support the individuality of the ordinary and the material, thereby unfolding the properties of their structural and aesthetic nature and encouraging the viewer to engage in projective behavior. Only with a focus on these inconspicuous things do their details become more visible, making analogies to other discourses more comprehensible. To see the crucifixion scene in a piece of wood or to recognize a head in a broken, unidentifiable wooden object **(fig. 4)** is always a result of projecting one's own ideas onto something which exists outside the self. In terms of form, the structured lath scaffold that encases the objects is also a multi-layered, multi-perspective structure that is in itself rich in analogies and offers the object at its center one or another additional level of content. The *Shrines* from Sekal's Viennese years create a kind of parallel space in which the possibility exists of confronting the objects with one's own narrative – as we can read in a diary entry dated 22 March 1988: "*I am almost completely rooted deep into that workshop, I am myself the structure, the framework, Gerüst. I cannot actually install myself in it, except by building a tomb into which they would insert my mortal remains, but I'm certainly not going to do that,*

5 Ivan Dubský, "*Zur Frage des Wesens des Menschen bei Feuerbach und Marx,*" in *Annali dell'Istituto Giangiacomo Feltrinelli* (Milan: Feltrinelli Editore, 1965), 151.

6 Ibid.

7 Klimešová (note 2), 509.

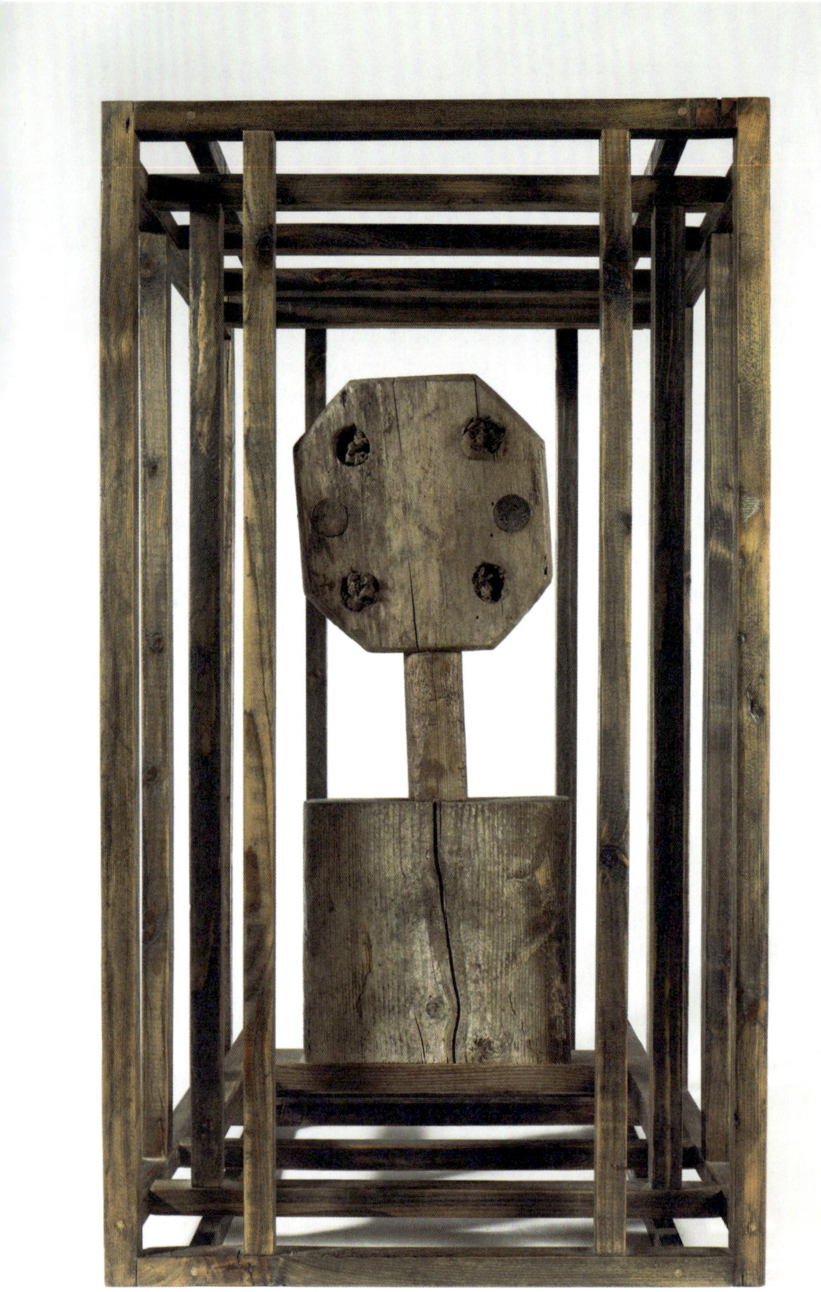

Abb. | obr. | fig. 4
Ohne Titel | Bez názvu | Untitled – undatiert | nedatováno | undated

immer ein Ergebnis der Projektion eigener Inhalte in das, was außerhalb des eigenen Ichs steht. Auf der formellen Seite bildet das strukturierte Lattengerüst, das die Objekte ummantelt, ebenfalls eine vielschichtige, multiperspektivische Konstruktion, die an sich sehr analogiereich ist und dem Objekt in der Mitte die eine oder andere zusätzliche Inhaltsebene bietet. Dass die *Schreine* der Wiener Jahre bei Sekal eine Art Parallelraum erzeugen, in dem die Möglichkeit besteht, den Objekten mit eigenem Narrativ zu begegnen, ist auch in seinem Tagebucheintrag vom 22. März 1988 zu lesen: *„Ich bin nämlich sozusagen schon ganz verwachsen mit dieser Werkstatt, ich bin selbst Bau, Entwurf, Gerüst. Selbst kann ich mich dort zwar nicht einbauen, es sei denn, ich würde mir ein Grabmal errichten, wohin man dann meine sterblichen Überreste legte, aber das werde ich bestimmt nicht tun, dafür bleibt mir keine Zeit.“*[8] Aus dieser Aussage lässt sich fast eine Art Beziehung zwischen Mikro- und Makrokosmos bei den *Schreinen* erkennen. Sekals eigene Wahrnehmung der Wesensverschmelzung mit seiner objektiven Umgebung im Atelier spiegelt sich in der architektonischen Inszenierung der *Schreine* wider. Im Makrokosmos des kreativen Lebensraums entstehen dessen Ebenbilder, ein Mikrokosmos unterschiedlicher materieller Individualitäten. Wie im bereits zuvor zitierten Tagebucheintrag vom Mai 1990 verlangen die vermenschlichten *„Sachen“* nach ihrem Recht, in diese Szene eingesetzt zu werden, Teil der Inszenierung zu sein, also inmitten des Parallelraums des *Schreins* ihren Platz zu finden.

Der Raum der eigenen Existenz, der Raum, in dem die kreative Kraft durch Arbeit entfaltet wird, das Atelier, ist zugleich der Ort, der im *Schrein* komprimiert wird. Es geht hier nicht um eine maßstabgetreue Nachahmung eines physischen Ortes, diese verlebendigende Verschmelzung, Projektion und Verwandlung bestätigt im Grunde die These über das Wesen aus Dubskýs Kommentar. Erstens nimmt Sekal seine Werkstatt als integralen Bestandteil des eigenen künstlerischen Wesens wahr (Verschmelzung). Zweitens werden auch die banalsten Dinge in der Werkstatt zu Subjekten, also zu Dialogpartnern (Projektion). Drittens kommt es in den *Schreinen* zur Verwandlung der materiellen Substanz in einen Träger substanzieller Existenz, was bedeutet, dass aus einem unbeseelten Gegenstand eine Projektionsfläche entsteht, die durchaus etwas über das Wesen des Menschen aussagen kann (Transformation). Durch das Übermaß an Inhalten, die die *Schreine* mittransportieren, entdecken wir unter anderem auch die intime Verbundenheit des Künstlers mit dem Werk. Der Künstler lässt sich als Mensch erkennen, der die ihn umgebende Natur sinnlich wahrnimmt und transformiert. Das Werk wird zum Resultat seiner eigenen Wesenstransformation. Indem nämlich die subjektgewordenen *„Sachen“* der *Schreine* einen Dialog in einer Ich- und Du-Form ermöglichen, geben sie Auskunft über eine der elementarsten menschlichen Beziehungen. Weil die umgebende Welt erst durch das *„Nicht-Ich“* vermittelt wird, kann das eigene Ich-sein in der Welt lokalisiert und als ein lebendes, in der Welt agierendes Wesen definiert werden..[9]

Entfremdung

Die Interpretation des vorigen Abschnitts und auch der folgenden Kapitel beruht auf philosophischen Texten von Sekals tschechischem Freund Ivan Dubský, die sich im Nachlass des Künstlers befinden. Selbstverständlich lassen die *Schreine* viele Analysemethoden zu; anhand einiger

8 Orig.: *„Jsem totiž už takřka docela vrostlý do téhle dílny, jsem sám stavba, osnova,* Gerüst. *Sám se do toho sice zabudovat nemohu, leda bych si vystavěl hrobku, kam by potom nakonec vložili mé tělesné pozůstatky, ale to určitě neudělám, na to mi nezbyde čas.“* In: wie Anm. 2, Deník, 22. März 1988, S. 349 / 167.

9 Wie Anm. 5, S. 149-150.

v architektonickém ztvárnění *Schránek*. V makrokosmu tvůrčího životního prostoru vznikají jeho podoby tedy mikrokosmos různých hmotných individualit. Stejně jako v již citovaném deníkovém záznamu z května 1990 se polidštěné *„věci“* dožadují svého práva být vloženy do této scény, být součástí inscenace, tj. najít své místo uprostřed paralelního prostoru *Schránky*.

Prostor vlastní existence, prostor, v němž se prostřednictvím práce rozvíjí tvůrčí síla – tedy ateliér – je zároveň místem, které je ve *Schránkách* komprimováno. Nejedná se zde o věrnou imitaci fyzického místa, toto oživující splynutí, projekce a transformace v podstatě potvrzuje tezi o podstatě z Dubského komentáře. Za prvé, Sekal vnímá svou dílnu jako nedílnou součást své umělecké bytosti (fúze). Za druhé, i ty nejbanálnější věci v dílně se stávají subjekty, tj. partnery v dialogu (projekce). Za třetí, ve *Schránkách* dochází k proměně hmotné substance v nositele podstatné existence, což znamená, že neživý předmět se stává projekční plochou, která může s jistotou vypovídat něco o podstatě lidské bytosti (transformace). Prostřednictvím bohatého obsahu, který *Schránky* nesou, objevujeme mimo jiné intimní vztah umělce k dílu. Umělec se nechává poznat jako lidská bytost, která smyslově vnímá a přetváří přírodu, jež ho obklopuje. Dílo se stává výsledkem jeho vlastní proměny bytí. Tím, že předmětné *„věci“ Schránek* umožňují dialog ve formě Já a Ty, poskytují informace o jednom z nejzákladnějších lidských vztahů. Protože okolní svět je pouze zprostředkován skrze *„ne-já“*, lze vlastní jáství umístit do světa a definovat ho jako živou bytost působící ve světě.[9]

Odcizení

Výklad předchozího oddílu a také následujících kapitol vychází z filozofických textů Sekalova českého přítele Ivana Dubského, které se nacházejí v umělcově pozůstalosti. *Schránky* samozřejmě umožňují mnoho metodických přístupů, nicméně na základě některých komentářů Ivana Dubského k Feuerbachovi, Marxovi, Hegelovi, Rousseauovi a Patočkovi ve vztahu k Sekalovým deníkovým záznamům vidíme hlubokou intelektuální kompatibilitu obou hodnotových systémů. Sekal ve svém vídeňském období tvůrčím způsobem využil intelektuální zázemí z doby před emigrací, svá přátelství, zkušenosti a inspirace. Vzhledem ke své životní cestě, která ho několikrát zavedla za existenciální hranice, se autor potýkal s pojmem odcizení – rovněž důležitým pojmem z myšlenkového spektra Ivana Dubského. Vložené, labyrintovité a buněčné konstrukce *Schránek* skutečně vykazují hlubokou obsahovou shodu s konceptem sebeodcizení. Vzájemnou proměnou vnitřku a vnějšku, tedy vnímatelné prostorové situace, jak ji Sekal popisuje ve svém ateliéru, a jejím posunutím do struktury mimořádné konstrukce, se také zkomplikují kategorie Já a Ty. Vztah mezi vnějším Já a objektivizovaným Ty, které je oslavováno v objektu jako jádro této konstrukce, je dynamický a situačně proměnlivý. Samotnou stavbu *Schránky* a její funkci zpochybňuje i sám Sekal: *„Napadlo mi, co už se mi delší dobu vnucuje: na počátku se zdálo, že u těch staveb je hlavní to jádro, kdežto stavba kolem dokola je jen jakási příkrasa, obydlí objektu v centru. Citoval*

I have no time left.”[8] From this statement, one can almost discern a kind of relationship between microcosm and macrocosm in the *Shrines*. Sekal's own perception of an essential fusion with his objective surroundings in the studio is reflected in the *Shrines'* architectural staging. The macrocosm of the creative living space gives rise to this space's likenesses – a microcosm of different material individualities. As in the previously quoted diary entry from May 1990, the humanized *“things”* demand their right to be inserted into this scene and to be a part of the staging, to find their place within the parallel space of the *Shrine*.

The space of one's own existence, the space in which creative force is unfolded through work, meaning the studio, is at the same time the place that is compressed in the *Shrine*. The question here is not one of a true-to-scale imitation of a physical place; this vivifying fusion, projection, and transformation basically confirms Dubský's thesis regarding essence. First, Sekal perceives his workshop as an integral part of his own artistic being (fusion). Second, even the most banal things in the workshop become subjects, i.e., dialogue partners (projection). And third, within the *Shrines*, material substance is transformed into a medium of material existence, which means that an inanimate object becomes a projection surface that certainly has something to say about the human essence (transformation). Through the abundance of content that the *Shrines* carry we discover, among other things, the artist's intimate connection with the work. The artist lets himself be recognized as a human being who sensually perceives and transforms the nature that surrounds him. The work becomes the product of his own transformation of being. By enabling a dialogue in both the first and second person, the *“things”* of the *Shrines*, having become subjects, provide information about one of the most elementary human relationships. Since the surrounding world is only mediated by the *“non-self,”* one's own being-as-self can be located in the world and defined as a living being acting in the world.[9]

Alienation

The interpretation contained in the previous section and also in the following chapters is based on philosophical texts by Sekal's Czech friend Ivan Dubský contained in the artist's estate. Sekal's *Shrines* naturally allow for many methods of analysis; and yet, viewed in relation to Sekal's diary entries, some of Dubský's comments on Feuerbach, Marx, Hegel, Rousseau, and Patočka reveal a deep intellectual compatibility between both value systems. During his time in Vienna, Sekal drew creatively on his pre-emigration intellectual background and his friendships, experiences, and inspirations. Due to his path in life, which repeatedly confronted him with the limits of existence, Sekal grappled with the concept of alienation – another important concept from Dubský's spectrum of ideas. Indeed, the *Shrines'* nested, labyrinthine, and cell-like structures exhibit a profound conceptual congruence with the concept of self-emptying. Through the reciprocal transformation of inside and outside, meaning the perceptible spatial situation as described by Sekal in his studio, and its displacement into the structure of an extraordinary scaffolding, the categories of I and You become more complex as well. The relationship between the external I and the objectified You, celebrated in an object as the core of this scaffolding, is dynamic and variable depending on the situation.

9 Viz pozn. 5, S. 149-150.

8 Ibid., 510.

9 Dubský (note 5), 149–150.

Kommentare von Ivan Dubský zu Feuerbach, Marx, Hegel, Rousseau und Patočka in Bezug zu Tagebucheinträgen Sekals sehen wir aber eine tiefe intellektuelle Kompatibilität beider Wertsysteme. Den geistigen Background aus der Zeit vor seiner Emigration, seine Freundschaften, Erlebnisse und Inspirationen pflegt Sekal in seiner Wiener Zeit kreativ zu verwerten. Angesichts seines Lebensweges, der ihn mehrmals an existenziellen Grenzen vorbeiführte, setzte sich der Künstler mit dem Begriff der Entfremdung – ebenfalls ein wichtiger Begriff aus dem Ideenspektrum von Ivan Dubský – auseinander. Die verschachtelten, labyrinthischen und zellenartigen Konstruktionen der *Schreine* weisen nämlich eine tiefgreifende inhaltliche Kongruenz mit dem Konzept der Selbstentäußerung auf. Durch die wechselseitige Transformation von Innen und Außen, also der wahrnehmbaren räumlichen Situation, wie sie Sekal in seinem Atelier beschreibt, und deren Verlagerung in die Struktur eines außergewöhnlichen Gerüsts werden auch die Kategorien von Ich und Du komplexer. Die Beziehung zwischen dem außenstehendem Ich und dem objektiviertem Du, dass in einem Gegenstand als Kern dieses Gerüsts zelebriert wird, ist dynamisch und situativ wandelbar. Die Konstruktion des *Schreins* an sich und seine Funktion wird sogar von Sekal selbst infrage gestellt: *„Mir fiel ein, was sich mir schon längere Zeit aufnötigt: am Anfang schien es, bei den Bauten sei die Hauptsache der Kern, während der Bau darum herum nur eine Art Verschönerung darstelle, Behausung des Objekts im Zentrum. Ich zitierte mir dazu eine Stelle aus Kafka (Das Urteil ist nur ein schmaler Streifen, das Übrige sind nur Locken) und aus Chesterton (Wer ein Blatt verstecken möchte, braucht einen Wald). Und jetzt zeigt sich, dass es anders ist. Als ob der Kern nur Vorwand ist, um darum herum etwas zu bauen.“*[10] Also nicht nur die Dinge, die als Dialogpartner agieren, sondern auch deren *„Behausungen“* werden im Zuge der Verwandlung der Materie zu subjektiven Du-Kategorien. Zusätzlich manifestiert die Entfremdung des Äußeren zum Inneren die elementare Frage nach dem Wesen des Menschen in Bezug zu sich selbst und zu seiner Umgebung, seiner Umwelt, der Gesellschaft, der Kultur etc.

Ivan Dubský äußert sich zu dieser Wechselseitigkeit, indem er Hegel interpretiert. In seinem Text *Entfremdung – Ein Thema von Rousseau und Hegel* aus dem Jahr 1964 schreibt er: *„In den »gesellschaftlichen« Verhältnissen wurde das Äußere mit dem Inneren verwechselt. Der Mensch ist nicht mehr er selbst, sondern er »entäußert sich seiner selbst«“*[11]. Diese Entäußerung wird in den *Schreinen* und dem Akt ihrer Entstehung auf mehreren Ebenen feststellbar. Sei es sein inniges Erleben des Ateliers, und dessen Skalierung in den Gerüsten, oder ein breiterer Blick aus diesem Innenraum auf das Geschehen außerhalb – in Zbyněk Sekals Schaffensprozess werden persönliche Zweifel und menschliche Krisen sichtbar. Bereits im Umgang mit den banalsten Materialien ist die intensive Beschäftigung mit der Frage nach innerer Wertigkeit und nach dem Wesen der objektiven Welt gut feststellbar. Wenn Holzstücken, Blechabfall, Stäben, Latten, Nägeln, Nieten, Scherben und anderen Sachen die Rolle eines erzählenden Wesens zuerkannt werden kann, wie viel Selbstanteilnahme bzw. Selbstentfremdung wird bei dem Einsetzen dieser Dinge in die Szene, die aus den *Schreinen* entsteht, merkbar? *„(...) was ich mache, also meine Arbeit, mein Werk, das ist nicht im geringsten Kampf oder Ringen. Es ist nur, sobald ich mich hier befinde, eine ununterbrochene Reihe mehr oder weniger bewusster Akte der Wahl und zugleich das unablässige Problematisieren und Bezweifeln dieser Wahl oder Taten oder*

10 Orig.: *„Napadlo mi, co už se mi delší dobu vnucuje: na počátku se zdálo, že u těch staveb je hlavní to jádro, kdežto stavba kolem dokola je jen jakási příkrasa, obydlí objektu v centru. Citoval jsem si k tomu místo z Kafky (Ortel je jen úzky pás, to ostatní jsou jen kudrlinky) a z Chestertona (kdo che ukrýt list, potřebuje les). Ale teď se ukazuje, že to je jinak. Jakoby jádro bylo jen záminka, aby bylo kolem čeho stavět.“* In: wie Anm. 2, Deník, 01. März 1991, S. 330 / 161.

11 Dubský, Ivan: *Entfremdung – Ein Thema von Rousseau und Hegel*. In: Acta Universitatis Carolinae – Philosophica et historia No. 1, 1964, Prag, S. 128.

jsem si k tomu místo z Kafky (Ortel je jen úzký pás, to ostatní jsou jen kudrlinky) a z Chestertona (kdo chce ukrýt list, potřebuje les). Ale teď se ukazuje, že to je jinak. Jako by jádro bylo jen záminka, aby bylo kolem čeho stavět."[10] Subjektivními vy-kategoriemi se tak v průběhu proměny hmoty stávají nejen věci, které vystupují jako partneři dialogu, ale také jejich *„příbytky"*. Odcizení vnějšku od nitra se navíc projevuje v elementární otázce podstaty člověka ve vztahu k sobě samému a ke svému okolí, společnosti, kultuře atd.

Ivan Dubský tuto reciprocitu komentuje výkladem Hegela. Ve svém textu *Entfremdung – Ein Thema von Rousseau und Hegel* (*Odcizení – téma Rousseaua a Hegela*) z roku 1964 napsal: *„Ve »společenských« vztazích bylo vnější zaměněno za vnitřní. Člověk už není sám sebou, ale »zbavuje se sám sebe«.*"[11] Toto odcizení je v samotných *Schránkách*, i v aktu jejich vzniku, patrné na několika úrovních. Ať už jde o intimní prožitek ateliéru a jeho škálování v lešení, nebo o širší pohled z tohoto vnitřního prostoru na dění venku – v tvůrčím procesu Zbyňka Sekala se zviditelňují osobní pochybnosti a lidské krize. Dokonce i při zpracování těch nejbanálnějších materiálů lze snadno zjistit intenzivní zaujetí otázkou vnitřní hodnoty a povahy objektivního světa. Jestliže lze kusům dřeva, kovovému odpadu, klackům, latím, hřebíkům, nýtům, rozbitým střepům a dalším věcem přiřadit roli vyprávějící bytosti, jak moc je patrné sebezapojení nebo sebeodcizení, když jsou tyto věci vloženy do scény, která se vynořuje ze *Schránky*? *„Co dělám, tedy moje práce, mé dílo, to není ani dost málo boj nebo zápolení. Je to jen, jakmile se tu octnu, nepřetržitá řada více méně vědomých aktů volby a zároveň ustavičné problematizování a zpochybňování této volby a činů nebo činností, činností, opětovné kladení otázky po imanentním smyslu toho, co tu mýma rukama vzniká.*"[12] Sekal si byl vědom toho, že nepotřebné, nechtěné zbytky materiálního světa, kterým dává nový život, jsou radikálně kontextualizovány inscenací v laťovém lešení. Jejich zcizení je založeno na principu nové funkčnosti, kdy odpad nejenže získává hodnotu prostřednictvím muzejní institucionalizace, ale je diskurzivně transformován. Na tomto procesu odcizení se podílel i sám Sekal, který nejprve navrhl *Schránky* pro sebe a svůj ateliér a poté se od nich vnitřně odpoutal. Hranice mezi vnitřkem a vnějškem se zde tedy zdá být postavena ještě na jinou úroveň, protože svědčí o tom, jak proces oddělování od objektivního artefaktu může vést k prožitku vlastního sebeuvědomění a sebeodcizení.

Mezi knihami, které měl Zbyněk Sekal ve své knihovně, bylo i pojednání o historii trestních klecí, sloupů hanby, pranýřů a podobných trestních nástrojů od Richarda Horny z roku 1941.[13] Titulní straně knihy dominuje grafika: je na ní zobrazen člověk v kleci, v pranýři, jak se těmto klecím ve středověku říkalo **(obr. 5)**. Tyto klece byly umístěny na veřejných budovách a sloužily jako odstrašující prostředek, protože v nich byli vystaveni odsouzení. Toto vyobrazení poukazuje na další výklad *Schránek*, podle něhož neměly sloužit pouze jako nosný prvek, dekorace nebo scéna pro jádro, ale jako mřížový rámec ohraničující podstatu věcí. Tuto interpretaci lze zasadit do kontextu životopisu Zbyňka Sekala,

10 Viz pozn. 2, Deník, 01. března 1991. S. 330.

11 Dubský, Ivan: *Entfremdung – Ein Thema von Rousseau und Hegel*. In: Acta Universitatis Carolinae – Philosophica et historia No. 1, 1964, Prag, S. 128.

12 Viz pozn. 2, Deník, 20. září 1980. S. 381.

13 Horna, Richard: *Pranýř. O některých zachovalých pranýřích v našich a okolních zemích*. Praha, Knihovna sborníku věd právních a státních, 1941.

Sekal himself questioned the *Shrine's* function and its very structure: *"I realised what has been bothering me for a long time; it seemed at the start that the chief thing with these structures is the core, while the structure round it is only some sort of decoration, inhabited by the object in the centre. I quoted Kafka ('The verdict itself runs round the body only in a narrow band. The rest is reserved for embellishments') and Chesterton ('Where does a wise man hide a leaf? In the forest.'). But it now shows itself to be otherwise. As though the core were only an excuse for something to be built around it."*[10] In other words, not just the things that act as dialogue partners but also their *"dwellings"* become subjective You-categories in the course of the transformation of matter. In addition, the alienation of the external from the internal manifests the elementary question regarding the human essence in relation to ourselves and our surroundings – environment, society, culture, etc.

Ivan Dubský commented on this reciprocity by interpreting Hegel. In his 1964 text *"Entfremdung – Ein Thema von Rousseau und Hegel"* (Alienation – A Theme of Rousseau and Hegel), he writes: *"In 'social' relations, the external has been confused with the internal. Man is no longer himself but 'divests himself of himself.'"*[11] This divestment becomes apparent on several levels in Sekal's *Shrines* and in the act of their creation. Whether it is his intimate experience of the studio and its scaling within the *Shrine's* scaffolds or a broader view from this interior space at what is happening outside, personal doubts and human crises become visible in Zbyněk Sekal's creative process. This intense preoccupation with inner value and the nature of the objective world is readily ascertainable even in the handling of the most banal materials. If pieces of wood, scrap metal, sticks, laths, nails, rivets, shards, and other things can be assigned the role of a narrative being, then how much self-involvement or self-alienation becomes noticeable when these things are inserted into the scene that emerges from the *Shrines*? *"What I do, my labour, my oeuvre, it isn't even a battle or contest in the slightest. It's simply that once I find myself here I'm engaged in a continuous series of more or less conscious choice and at the same time I'm relentlessly questioning and challenging those choices and acts or actions, actions and the repeatedly posed questions about the immanent purpose of what is created here by my hands."*[12] Sekal was aware that the useless, unwanted remnants of the material world that he imbued with new life were radically contextualized by their staging within the lath scaffolds. Their alienation rests on the notion of a new functionality according to which, by its museal institutionalization, waste not only gains value but also is discursively transformed. Sekal himself, who first designed the *Shrines* for himself and his studio and then detached himself from them internally, participated in this process of alienation as well. The boundary between internal and external thus appears to be placed on another level, for it bears witness to how the separation from objective artifact can lead to the experience of one's own self-awareness and self-alienation.

Among the books contained in Sekal's library was a 1941 treatise by Richard Horna on the history of cages, public shaming, pillories, and similar forms of punishment.[13] The title page of the book is dominated by a picture of a person in a cage – a fool's cage, as they were called in the Middle Ages **(fig. 5)**. Placed on public buildings, with convicts on

10 Klimešová (note 2), 506.

11 Ivan Dubský, *"Entfremdung – Ein Thema von Rousseau und Hegel,"* in *Acta Universitatis Carolinae. Philosophica et historia*, no. 1 (1964): 128.

12 Klimešová (note 2), 515.

13 Richard Horna, *Pranýř. O některých zachovalých pranýřích v našich a okolních zemích* (Prague: Knihovna zborníku věd právních a státních, 1941).

Tätigkeiten. Tätigkeiten, das wiederholte Stellen von Fragen nach dem immanenten Sinn dessen, was hier unter meinen Händen entsteht.“[12] Sekal war sich bewusst, dass die unbrauchbaren, ungewollten Reste der materiellen Welt, denen er neues Leben schenkt, durch die Inszenierung in den Lattengerüsten radikal kontextualisiert werden. Ihre Entfremdung basiert auf dem Prinzip der neuen Funktionalität, bei dem der Abfall durch museale Institutionalisierung nicht nur an Wert gewinnt, sondern diskursiv transformiert wird. Auch Sekal selbst, der die *Schreine* zuerst für sich und sein Atelier gestaltete und sich dann innerlich von ihnen löste, partizipierte an diesem Entfremdungsprozess. Die Grenze zwischen Innen und Außen scheint hier also noch mehr auf eine andere Ebene gestellt zu werden, weil sie davon zeugt, wie der Prozess einer Trennung von objektivem Artefakt zu dem Erlebnis eigener Selbsterfahrung und Selbstentfremdung führen kann.

Zu den Büchern, die Zbyněk Sekal in seiner Bibliothek hatte, gehört auch eine Abhandlung über die Geschichte der Strafkäfige, Schandbühnen, Pranger und ähnlichen Strafwerkzeugen von Richard Horna aus dem Jahr 1941.[13] Das Titelblatt des Buches dominiert eine Grafik; sie zeigt einen Menschen in einem Käfig, in einem Narrenhäuschen, wie diese Käfige im Mittelalter genannt wurden **(Abb. 5)**. Diese Käfige waren an öffentlichen Gebäuden platziert und dienten der Abschreckung durch die Zurschaustellung von Sträflingen. Diese Darstellung deutet auf eine andere Leseart der *Schreine*, wonach diese nicht nur als unterstützendes Element, als Dekor, oder Bühne des Kerns dienen sollten, sondern als ein das Wesen der Dinge beschränkendes Gittergerüst. Diese Deutung kann im Zusammenhang mit Zbyněk Sekals Biographie gestellt werden, wenn wir uns seine Erfahrungen als Gefangener während des Zweiten Weltkriegs und sein Bangen um Freiheit in der kommunistischen Totalität vergegenwärtigen, oder auch die Erfahrung des Exils und das Verlassen der Heimat. Alle diese Themen bilden einen wesentlichen Bestandteil der Selbsterfahrung Sekals, die sich letzten Endes auch in der Struktur der gitterartigen *Schreine* finden lässt. Erst indem sich der Künstler intensiv konkreten Lebenssituationen aussetzt, sie selbst erlebt, kann er sie schließlich in Medien mit nachdrücklichen Botschaften umwandeln. „*Es handelt sich also nicht bloß um die Erfahrung des Gegenstandes (obwohl es sich natürlich schließlich auch um dieselbe handelt); diese Erfahrung ist ohne die Selbsterfahrung des Bewusstseins nicht möglich, welche besagt, dass etwas »da ist«.*“[14] Dieser Kommentar von Ivan Dubský kann auch auf den Begriff der Freiheit bezogen werden, denn wir sind uns des Zustandes „*frei zu sein*“ erst dann bewusst, wenn wir erfahren haben, dass die Freiheit „*da ist*“. Diese Erkenntnis wird aber wiederum erst dann richtig wahrgenommen, wenn wir den Verlust der Freiheit erleben, also das „*Nicht-da-sein*“ von etwas existentiell zu spüren bekommen.

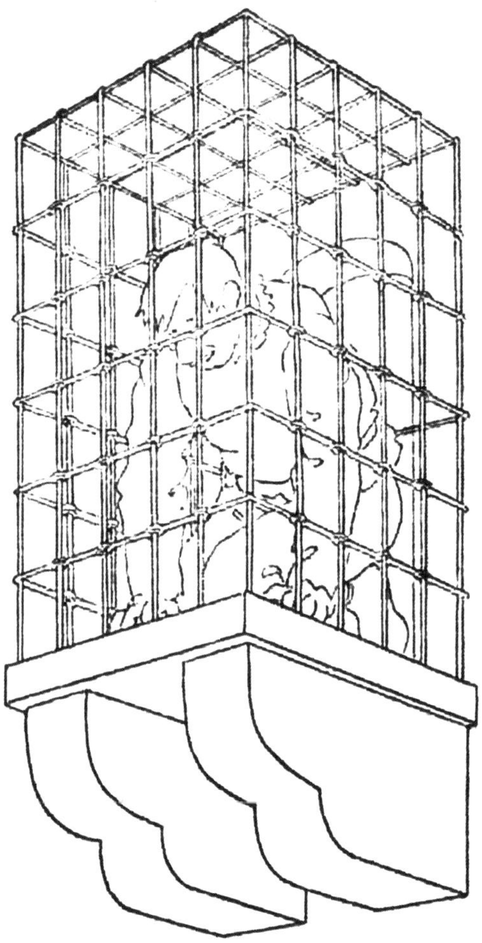

Abb. | obr. | fig. 5
Umschlagbild, Richard Horna: *Pranger*. Prag, 1941
Obrázek na obálce, Richard Horna, *Pranýř*. Praha, 1941
Cover image, Richard Horna: *Pillory*. Prague, 1941

Welt, Heimat und Weg

Durch Komparation von zwei Denkmodellen, nämlich dem eines Philosophen und dem eines Künstlers, ist es möglich, einige faszinierende Schnittstellen beider Bereiche zu entdecken, die den Zugang zu noch tieferen Inhaltsschichten des Spätwerks von Zbyněk Sekal erlauben. Anhand der *Schreine* eine Wesensfrage zu stellen und sie daraufhin durch die Erkenntnis der Entfremdung zu verifizieren, ist nur möglich, indem wir das Spannungsverhältnis zwischen Innen und Außen dieser Werke aus der Perspektive der phänomenologischen Philosophie von Ivan Dubský

12 Orig.: „*Co dělám, tedy moje práce, mé dílo, to není ani dost málo boj nebo zápolení. Je to jen, jakmile se tu octnu, nepřetržitá řada více méně vědomých aktů volby a zároveň ustavičné problematizování a zpochybňování této volby a činů nebo činností, činností, opětovné kladení otázky po imanentním smyslu toho, co tu mýma rukama vzniká*“ In: wie Anm. 2, Deník, 20. September 1980, S. 381 / 180–181.

13 Horna, Richard: *Pranýř. O některých zachovalých pranýřích v našich a okolních zemích*. Praha, Knihovna zborníku věd právních a státních, 1941.

14 Wie Anm. 11, S. 131.

vezmeme-li v úvahu jeho zkušenosti vězně za druhé světové války a jeho boj za svobodu v komunistické totalitě, respektive zkušenost exilu a odchodu z domova. Všechna tato témata tvoří podstatnou část Sekalova sebeprožívání, které lze nakonec nalézt i ve struktuře mřížových *Schránek*. Teprve intenzivním vystavováním se konkrétním životním situacím, jejich vlastním prožíváním, je může umělec nakonec přetvořit v média s výrazným poselstvím. *„Nejde tedy jen o zkušenost objektu (i když je to samozřejmě nakonec totéž); tato zkušenost není možná bez sebezkušenosti vědomí, které říká, že něco »je«.“*[14] Tento výrok Ivana Dubského lze vztáhnout i na pojem svobody, neboť stav *„být svobodný“* si uvědomíme až po zkušenosti, že svoboda *„je“*. Ale toto uvědomění je zase správně vnímáno teprve tehdy, když zažijeme ztrátu svobody, tj. když existenciálně pocítíme, že něco *„není“*.

Svět, domov a cesta

Srovnáním dvou modelů myšlení, filozofa a umělce, lze objevit fascinující průniky mezi oběma oblastmi, které umožňují přístup k ještě hlubším obsahovým vrstvám pozdního díla Zbyňka Sekala. Položit otázku podstaty na základě *Schránek* a následně ji ověřit prostřednictvím realizace odcizení je možné právě osvětlením napětí mezi vnitřkem a vnějškem těchto děl z perspektivy fenomenologické filozofie Ivana Dubského. Vezmeme-li v úvahu další texty tohoto českého myslitele, které se všechny nacházely v knihovně Zbyňka Sekala, můžeme tento výklad posunout dále a spojit jej s již zmíněným fenoménem, totiž se ztrátou vlasti. Výsledné odcizení, jak již víme, není jen územní povahy, ale především duchovní stav, světonáhled, který ovlivňuje podstatu lidské bytosti, její podstatu a její vlastní světonázor. Sekal se pokusil vyjádřit tuto otázku podstaty pomocí jakéhosi lešení, v němž inscenoval vlastní zkušenost napětí mezi tím, co je prožíváno navenek, a tím, co je pociťováno uvnitř. Schematická scéna pro hmotné pozůstatky nejrůznějšího původu se nestala jen dekorativní kulisou, ani pouhým vězením, vystavujícím mřížemi izolované objekty, ale spíše nedílnou součástí nové identity objektů a výrazem nové identity samotného umělce, který po emigraci do Vídně našel svůj nový domov.

Cesta k realizaci nové příslušnosti Zbyňka Sekala je dobře patrná i v jeho díle – ve *Schránkách*. Jádro, oddělené od své původní funkce, tvaru a kvality, našlo nový účel jako centrum konstruktivního dění, jako by tyče, mřížová konstrukce tvořily soudržnost nového světa. *„Svět je univerzální půdou důvěrnosti a jeho funkcí je to, že můžeme vůbec udržet pohromadě rozrůstající se skutečnost ve vědomí. Svět je tak formou naší existence mezi věcmi, přísluší proto k podstatě našeho lidství. Člověk je bytost, která je nejen částí světa, ale též bytost, která má svět, ví o světě.“*[15] Těmito slovy interpretuje Ivan Dubský text Jana Patočky *Přirozený svět jako filozofický problém* (1936, Praha) a formuluje podstatu objektivního světa, jak ji pro sebe Sekal objevoval od poloviny 70. let ve Vídni. Sám autor v jednom ze svých nejobjevnějších deníkových záznamů z listopadu 1982 píše: „(...) *smysl živobytí je právě v tom, že každý, kterýkoli z životů je od*

14 Viz pozn. 11, S. 131

15 Dubský, Ivan: *Svět, domov a cesta u Jana Patočky*. In: Filozofický časopis. Nr. 15, 1967, Praha, S. 621.

display inside, these cages served as a deterrent. The picture points to another reading of the *Shrines* according to which they were meant to serve not only as a supporting element, decoration, or stage for the core, but also as a lattice scaffold limiting the essence of things. This interpretation can be made in view of Sekal's biography, meaning his experiences as a prisoner during the Second World War, his struggle for freedom under communist totalitarian rule, or his experience of exile and leaving home. All these themes form an essential part of Sekal's self-experience, which can ultimately also be found in the structure of the grid-like *Shrines*. Only by intensively exposing himself to real-life situations, by experiencing them himself, can he subsequently transform them into a medium possessing an emphatic message. *"It is thus not merely a matter of the experience of the object (although it naturally concerns it as well); this experience is not possible without the self-experience of consciousness, which says that something 'is there.'"*[14] This observation by Ivan Dubský can also be applied to the concept of freedom, for we only become aware of the state of *"being free"* once have experienced that freedom *"is there."* But this realization, in turn, is only properly perceived when we experience the loss of freedom, when we have existentially felt its *"not-being-there."*

World, home, and path

By comparing two ways of thinking, that of a philosopher and that of an artist, it is possible to discover fascinating intersections between these two fields that open up even deeper layers of content in Zbyněk Sekal's late work. If one wanted to posit an essential question through the *Shrines* and then verify it through an awareness of alienation, one would have to illuminate the tension between the works' interior and exterior from the perspective of Ivan Dubský's phenomenological philosophy. To take up other texts by this Czech thinker, all of which were in Zbyněk Sekal's library, we can further expand this interpretation and follow on a phenomenon we have already mentioned, namely the loss of homeland. As we know, the subsequent alienation is not only territorial in nature; it is above all a spiritual condition, an outlook that affects the substance of a person's humanity, his essence, and his worldview. Sekal tried to express this essential question through scaffolds in which he attempted to stage his own experience of tension between what is lived externally and what is felt internally. The schematic stage for material remnants of diverse origins became more than just a decorative backdrop or a prison for displaying objects to the public through bars; it was an integral part of the objects' new identity and an expression of the new identity of the artist himself once he found a new home upon emigrating to Vienna.

Zbyněk Sekal's path towards a new sense of belonging is clearly apparent in his work – in his *Shrines*. Detached from its original function, shape, and quality, the core found a new purpose as the center of a constructive action, as if the wooden sticks, meaning the lattice structure, formed the cohesiveness of a new world. *"The world is the universal ground of trust, and its function is to even make it possible for us to hold together expanding reality within our consciousness. Therefore, the world is the form of our existence among things and belongs to the essence of our being human. Man is*

14 Dubský (note 11), 131.

beleuchten. Um weitere Texte dieses tschechischen Denkers aufzugreifen, die sich alle in der Bibliothek von Zbyněk Sekal befanden, können wir diese Interpretation weiterführen und an ein Phänomen anschließen, das wir bereits erwähnt haben, und zwar den Verlust der Heimat. Die daraus resultierende Entfremdung ist, wie wir bereits wissen, nicht nur territorialer Natur, sondern vor allem ein geistiger Zustand, eine Weltsicht, die sich auf die Substanz des Menschlichen, auf sein Wesen und das eigene Weltbild auswirkt. Sekal versuchte diese Wesensfrage durch Gerüste zum Ausdruck zu bringen, in denen er sein eigenes Spannungserlebnis zwischen dem äußerlich Erfahrenen und dem innerlich Fühlenden zu inszenieren versuchte. Die schematische Bühne für Materialreste verschiedenster Herkunft wurde nicht nur zu einer dekorativen Kulisse, auch nicht nur zu einem Gefängnis, das die Objekte durch Gitter getrennt dem Publikum zur Schau stellt, sondern vielmehr zum integralen Bestandteil einer neuen Identität der Objekte und zum Ausdruck einer neuen Identität des Künstlers selbst, der nach seiner Emigration nach Wien eine neue Heimat fand.

Der Weg hin zur Erkenntnis einer neuen Zugehörigkeit Zbyněk Sekals ist auch in seinem Werk – in seinen *Schreinen* – gut sichtbar. Der Kern, der aus seiner ursprünglichen Funktion, Gestalt und Qualität herausgelöst wurde, fand einen neuen Zweck als Zentrum von konstruktivem Geschehen, als ob die Stäbe, die Gitterkonstruktion den Zusammenhalt einer neuen Welt bildeten. „*Die Welt ist der universelle Grund des Vertrauens, und ihre Funktion besteht darin, dass wir die sich ausdehnende Realität im Bewusstsein überhaupt zusammenhalten können. Die Welt ist also die Form unserer Existenz unter den Dingen und gehört daher zum Wesen unseres Menschseins. Der Mensch ist ein Wesen, das nicht nur ein Teil der Welt ist, sondern auch ein Wesen, das die Welt hat, das von der Welt weiß.*“[15] Ivan Dubský interpretiert mit diesen Worten Jan Patočkas Text *Die natürliche Welt als philosophisches Problem* (*Přirozený svět jako filozofický problém*, 1936, Prag), und formuliert die Essenz der objektiven Welt, wie sie Sekal seit der Mitte der 1970er Jahre in Wien für sich entdeckt. Der Künstler selbst schreibt in einem seiner aufschlussreichsten Tagebucheinträge vom November 1982: „(...) *der Sinn des Lebens besteht gerade darin, dass jedes, welches der Leben auch immer, von Anbeginn an und in seinem ganzen Verlauf bis zum Ende Vorbereitung für die Vergangenheit ist – geht es doch schon überhaupt aus der Vergangenheit hervor, und dadurch, dass es irgendwie verläuft, bereichert es diese zukünftige Vergangenheit, die Vergangenheit, die kommt. Es ist also eigentlich nicht Zukunft, und die Gegenwart ist wohl wirklich nur ein nicht ausgedehnter Punkt, ohne Dauer, ohne Dimension und Umfang.* (...) *Ich legte quasi zur Seite, für eine spätere Zeit, was mir aufhebenswert erschien, was ich für mich als bedeutsam erachtete. Mit der Zeit wuchs ein Bau von heute schon verhältnismäßig dichter Konstruktion, wo ich nur noch hinzufügen muss, was ich am Weg so finde. Ich schließe allerdings nicht aus, dass es einmal zu Funden kommen kann, die den gesamten Bau umwerten, das ist im Übrigen schon einmal geschehen.*“[16] Der zentrale Punkt, der als ein enigmatischer, über Zeit und Raum stehender Nukleus, welcher die Substanz der *Schreine* definiert, ist also im Prinzip eine offene Struktur, die der Welt und dem Ich, also dem Äußeren wie auch dem Inneren, eine alternative Bühne, eine Konstruktion, ein Zuhause bietet. Dieser Punkt und damit auch die gesamte Struktur ist wandelbar, das bedeutet zeitlich dynamisch und räumlich flexibel, sonst könnte er nicht verschiedenen Lebenssituation entsprechen.

15 Orig.: „*Svět je univerzální půdou důvěrnosti a jeho funkcí je to, že můžeme vůbec udržet pohromadě rozrůstající se skutečnost ve vědomí. Svět je tak formou naší existence mezi věcmi, přísluší proto k podstatě našeho lidství. Člověk je bytost, která je nejen částí světa, ale též bytost, která má svět, ví o světě.*“ In: Dubský, Ivan: Svět, domov a cesta u Jana Patočky. In: Filozofický časopis. Nr. 15, 1967, Praha, S. 621.

16 Orig.: „*Odkládal jsem jakoby stranou, na pozdější dobu, co mi připadalo hodno uschování, čemu jsem pro sebe přikládal význam. Časem tu vyrostla stavba dnes už poměrně husté konstrukce, kam už je jenom třeba přidávat, co cestou najdu. Nevylučuju ovšem, že jednou dojde k nálezům, které celou stavbu přehodnotí, to už se ostatně nejednou stalo.*“ wie Anm. 2, Deník, 19. November 1982, S. 389 / 187.

samého počátku a v celém svém průběhu až do konce přípravou pro minulost – vždyť z minulosti už vůbec vychází, a tím, že nějak probíhá, obohacuje tu budoucí minulost, minulost, která přijde. Není tedy vlastně budoucnosti, a přítomnost je snad opravdu jenom nerozpoznatelný bod, bez trvání, bez rozměru a rozsahu. (...) Odkládal jsem jakoby stranou, na pozdější dobu, co mi připadalo hodno uschování, čemu jsem pro sebe přikládal význam. Časem tu vyrostla stavba dnes už poměrně husté konstrukce, kam už je jenom třeba přidávat, co cestou najdu. Nevylučuju ovšem, že jednou dojde k nálezům, které celou stavbu přehodnotí, to už se ostatně nejednou stalo.“[16] Centrální bod, který je enigmatickým jádrem stojícím nad časem a prostorem a určujícím podstatu *Schránek*, je tak v zásadě otevřenou strukturou, která nabízí *„světu“* a *„Já“*, tedy tomu vnějšímu i vnitřnímu, alternativní scénu, konstrukci, příbytek. Tento bod, a tím i celá struktura je proměnlivá, což znamená časově dynamická a prostorově flexibilní, jinak by nemohla odpovídat různým životním situacím.

Nalezené, nahodilé, nenápadné se prolíná v prostorovém schématu, které umožňuje otevřený výhled, ale zakazuje volný přístup skrze architektonický celek. Otevřený nebo uzavřený, uvnitř nebo vně, cesta nebo překážka... Tento řetězec asociací lze dále rozvíjet a popisovat tak polaritu *Schránek* Zbyňka Sekala, a přesto poselství v jádru odkazuje na složitost lidského bytí, na hledání sebe sama a svého duchovního, ale i fyzického domova, na hledání pohledu na svět, který by odpovídal našemu bytí. Na závěr Ivan Dubský: *„Na této cestě se vracíme, abychom užili Čapkových slov, »vždy domů«, tam kde se »odehrává zapouštění kořenů do věcí.*“[17]

16 Viz pozn. 2, Deník, 19. listopadu 1982. S. 388-389.

17 Viz pozn. 15, S. 623.

not only a being that is a part of the world; he is also a being that has the world, that knows of the world.”[15] With these words, Ivan Dubský offers an interpretation of Jan Patočka's “*Přirozený svět jako filozofický problém*” (The Natural World as a Philosophical Problem, 1936, Prague) and formulates the essence of the objective world as Sekal discovered it for himself in the mid-1970s in Vienna. In one of his most revealing diary entries, from November 1982, Sekal himself writes: “*The meaning of living resides in how each, any life is from the outset, throughout its course, right up to the very end, a preparation and conditioning for the past – the past, after all, is what it proceeds out of, and the fact that it occurs is an enrichment to a future past, the past that is yet to come. It is not really then about the future, and the present its perhaps really just a point without extension, without duration, without dimension or scope. (...) Whatever struck me as worth saving, whatever I attached meaning to, I set to one side, as it were, for later time. This gave rise over time to a structure, which is now a rather dense work of construction, to which I can now simply add whatever I find along the way. I have not ruled out, however, that one day some find will come along that causes a reappraisal of the entire structure, and for that matter, this has already happened more than once.*”[16] The central point, the enigmatic nucleus standing above time and space which defines the substance of the *Shrines*, is thus in principle an open structure offering the world and the Self – meaning both the inside and the outside – an alternative stage, a structure, a home. This point, and by extension the entire structure, is variable, meaning that it is temporally dynamic and spatially flexible. Otherwise it could not reflect different life situations.

The found, the random, and the unassuming are interwoven in a spatial and temporal schema that allows an open view while nevertheless preventing free passage through the architectural unit. Open or closed, inside or outside, path or obstacle... This chain of associations can be further expanded to describe the polarity of Zbyněk Sekal's *Shrines*, and yet the message at its core refers to the complexity of the human condition, to the search for ourselves and our spiritual as well as physical home, and the search for a worldview that corresponds to our being. To conclude with Ivan Dubský: “*On this journey we are (...) ‘constantly returning home’ to the ‘origins of (our) rootedness in things.’*”[17]

15 Ivan Dubský, “*Svět, domov a cesta u Jana Patočky,*” Filozofický časopis 15, no. 5 (1967): 621.

16 Klimešová (note 2), 519–520.

17 Dubský (note 15), 623.

Das Gefundene, das Zufällige, das Unscheinbare wird in einem räumlichen und zeitlichen Schema verflochten, das zwar einen offenen Durchblick lässt, einen freien Zugang durch die architektonische Einheit aber untersagt. Offen oder geschlossen, innen oder außen, Weg oder Hindernis ... diese Assoziationskette kann weiter aufgebaut werden, um die Polarität der *Schreine* von Zbyněk Sekal zu beschreiben, und trotzdem verweist die Botschaft im Kern auf die Komplexität des Menschlichen, auf die Suche nach uns selbst und unserer seelischen aber auch körperlichen Heimat, und die Suche nach einem Weltbild, das unserem Wesen entspricht. Um mit Ivan Dubsky abzuschließen: *„Auf dieser Reise kehren wir (...) »immer nach Hause« zurück, wo »das Verwurzeln in den Dingen stattfindet«.“* [17]

17 Orig.: *„Na této cestě se vracíme, abychom užili Čapkových slov, »vždy domů«, tam kde se »odehrává zapouštění kořenů do věcí.“* In: wie Anm. 15, S. 623.

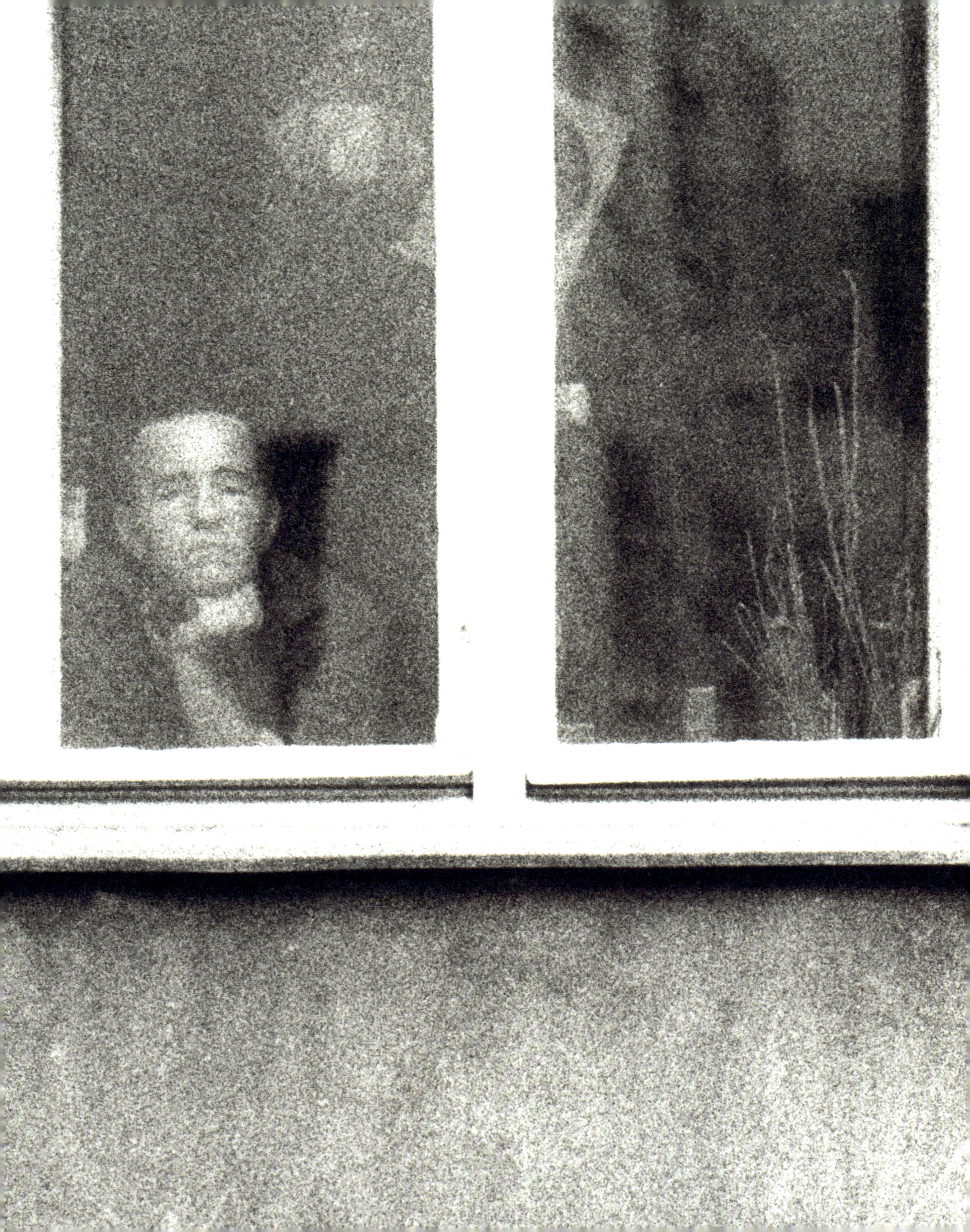

Ohne Titel | Bez názvu | Untitled – undatiert | nedatováno | undated

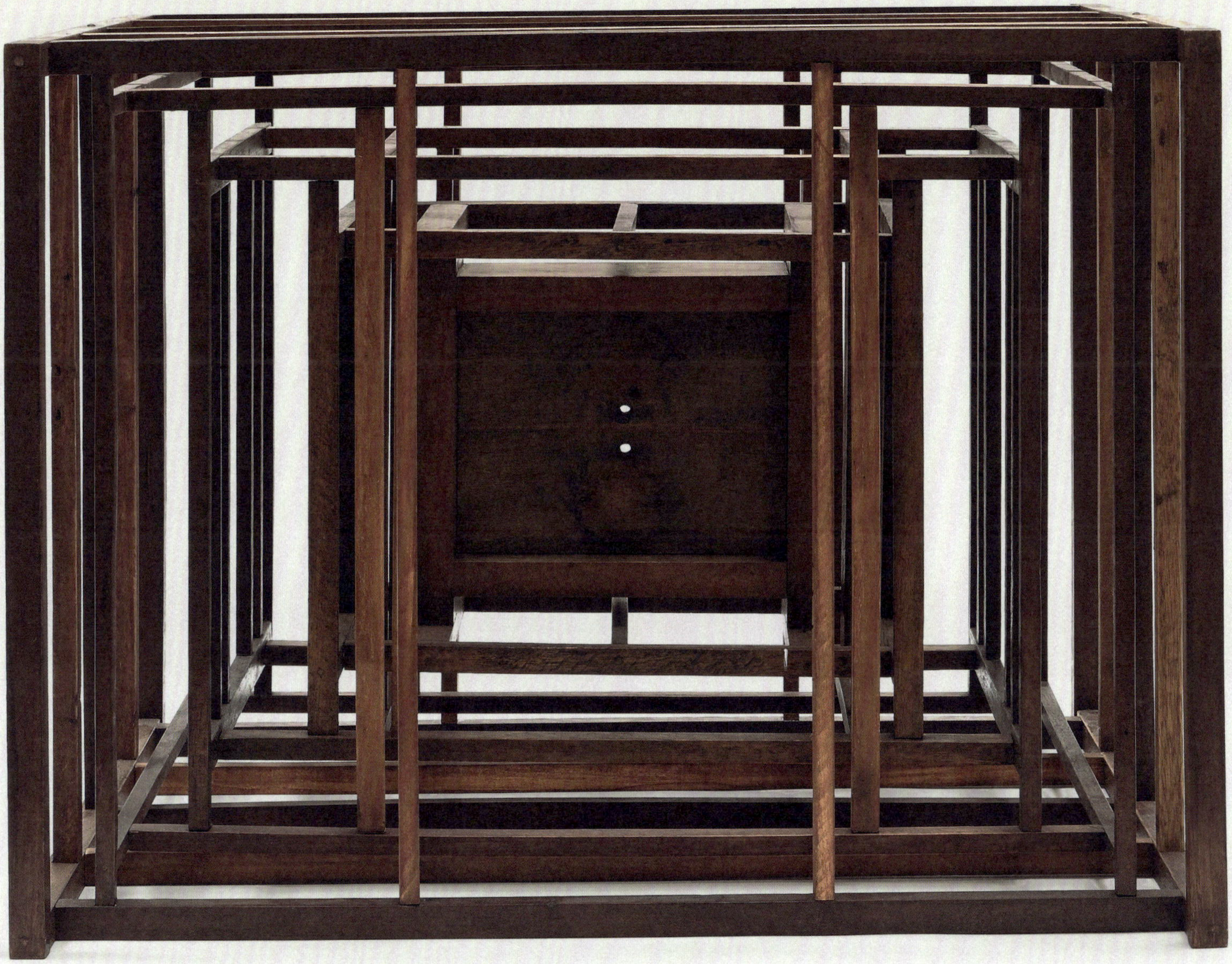

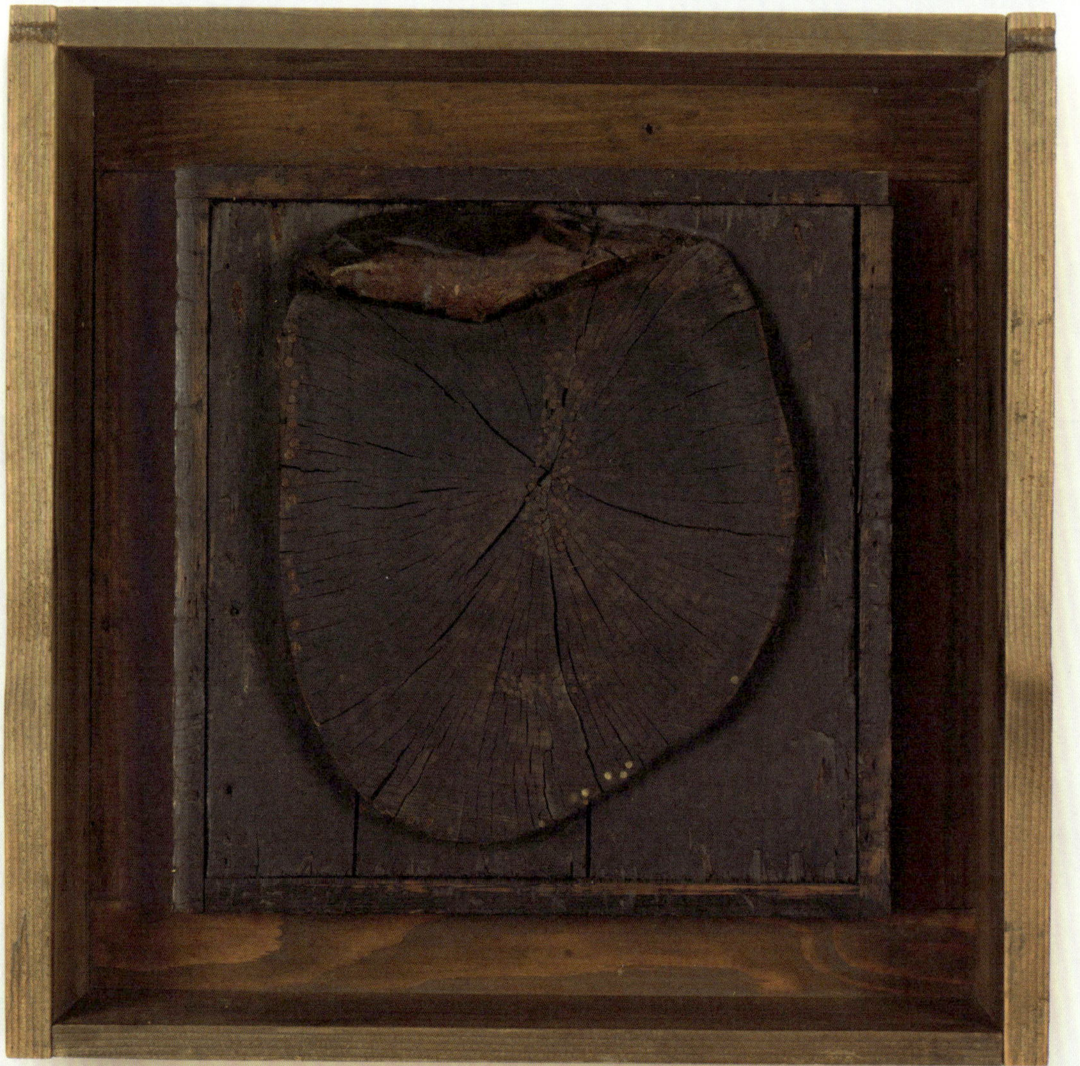

 Der Fesche | Fešák | Handsome – 1968

Ohne Titel | Bez názvu | Untitled – undatiert | nedatováno | undated

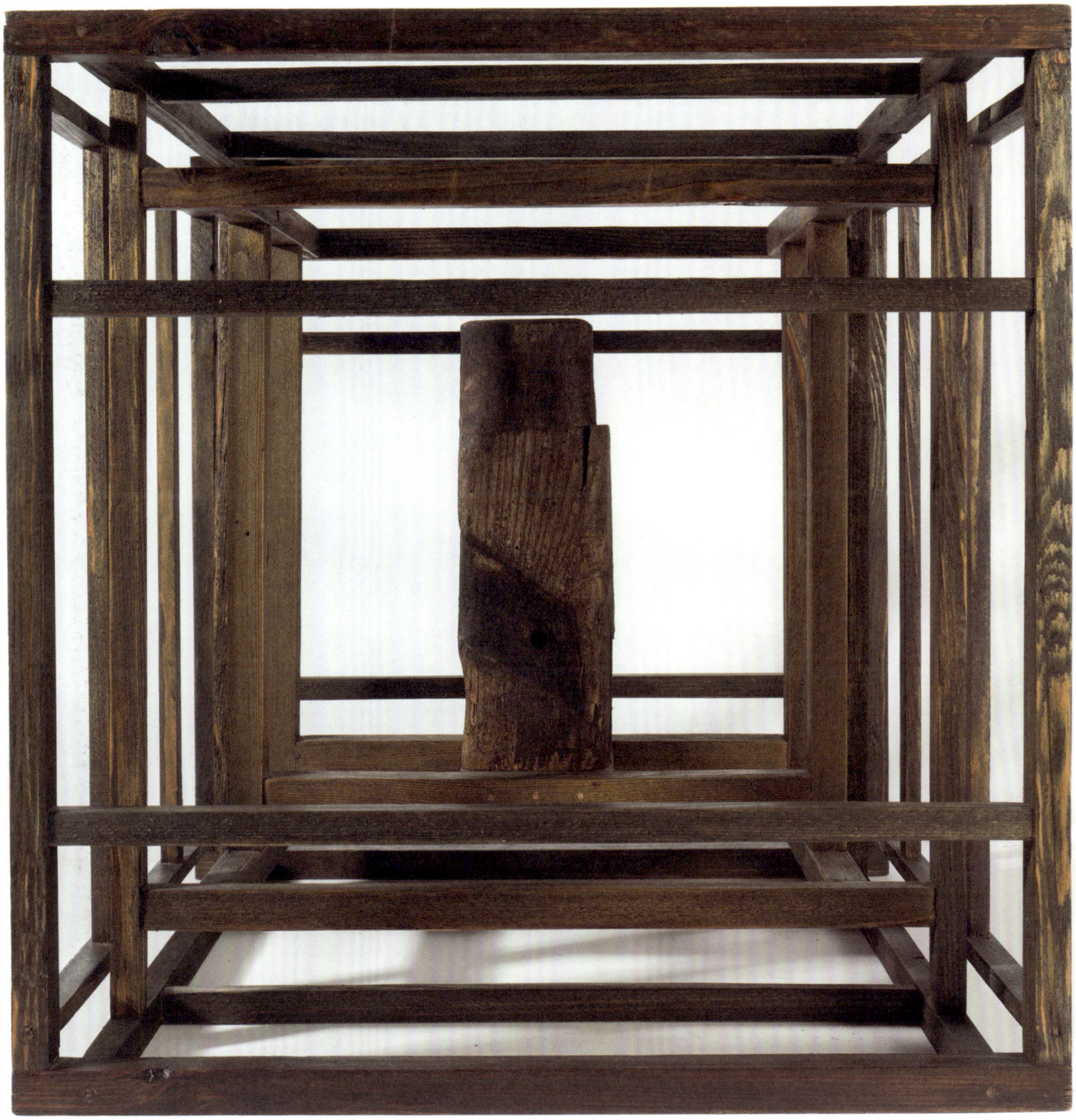

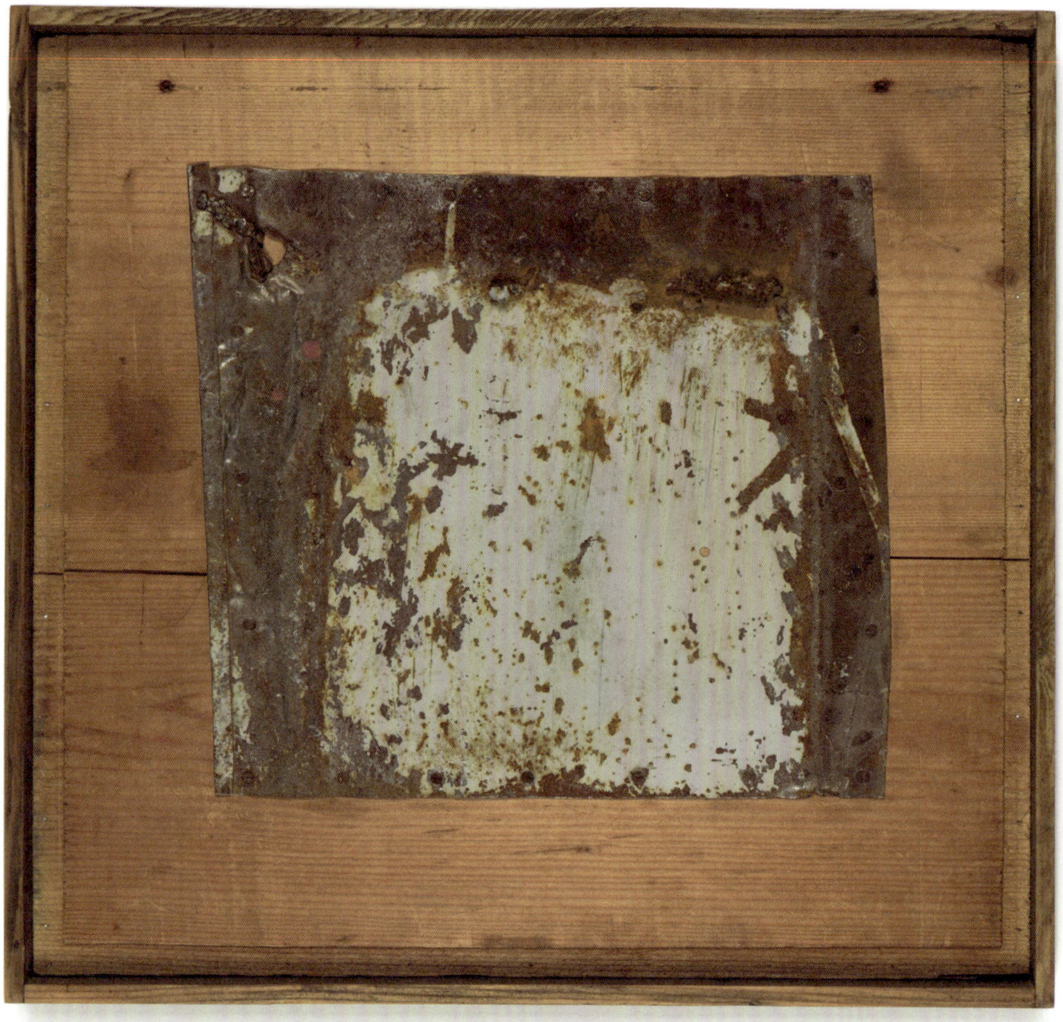

 Ohne Titel | Bez názvu | Untitled – 1995

Ohne Titel | Bez názvu | Untitled – undatiert | nedatováno | undated

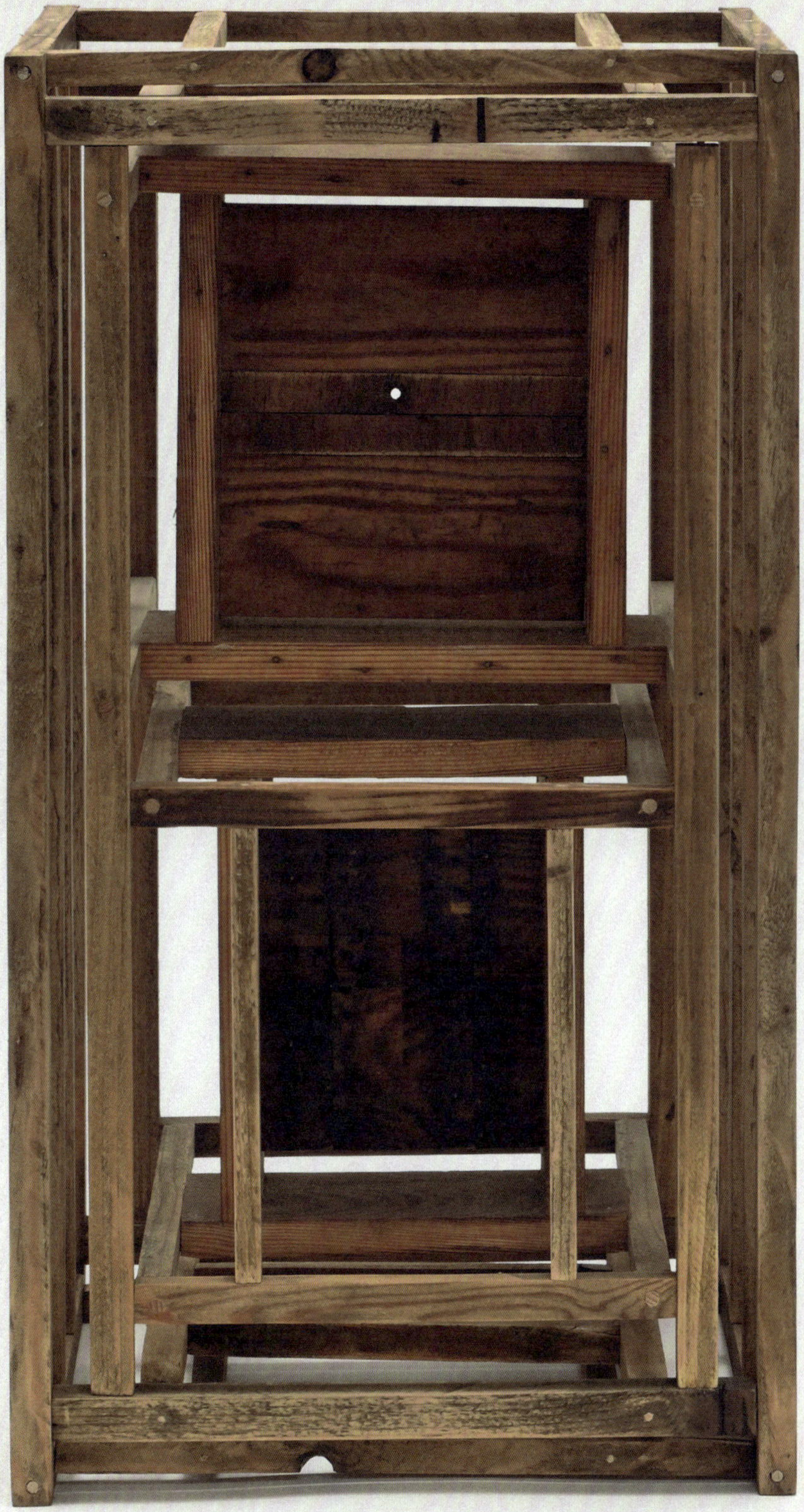

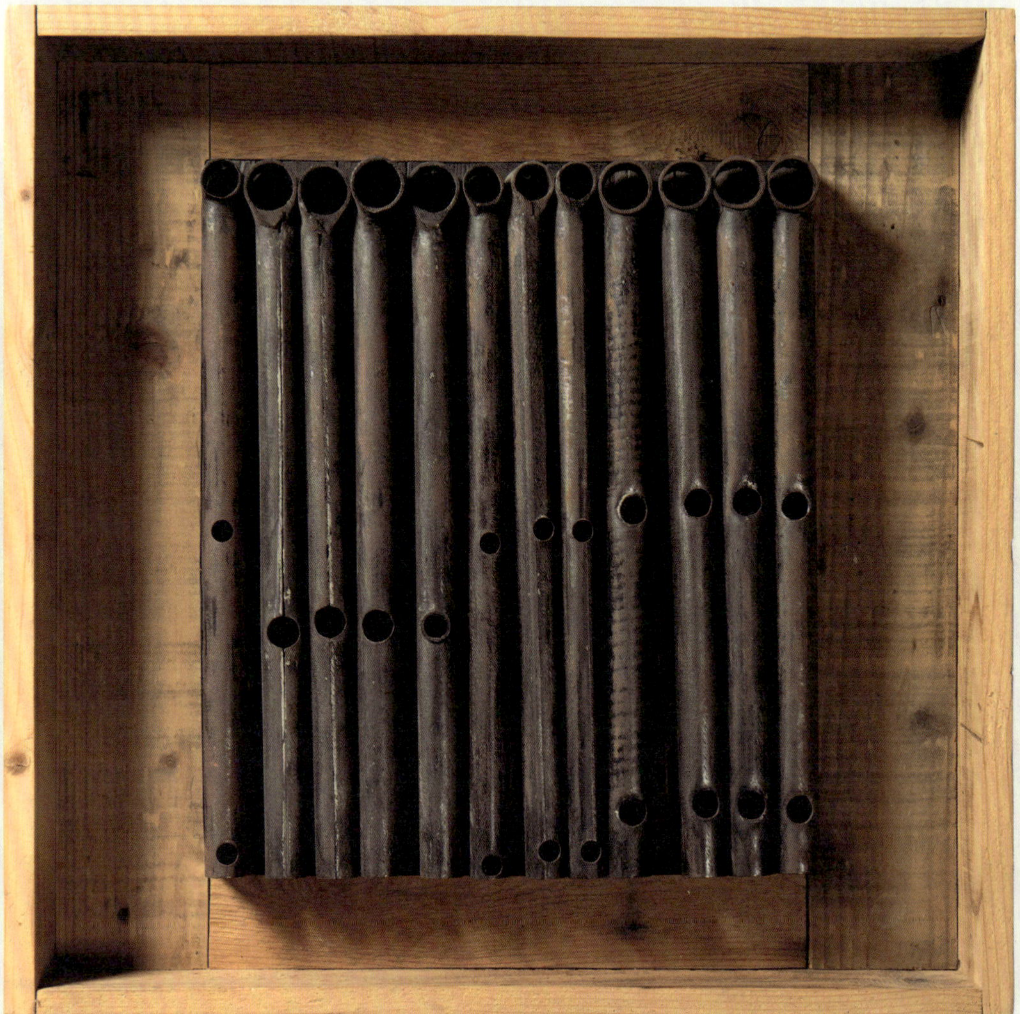

 Pfeifen | Píšťaly | Whistles – 1967

Schrein | Schránka | Shrine – undatiert | nedatováno | undated

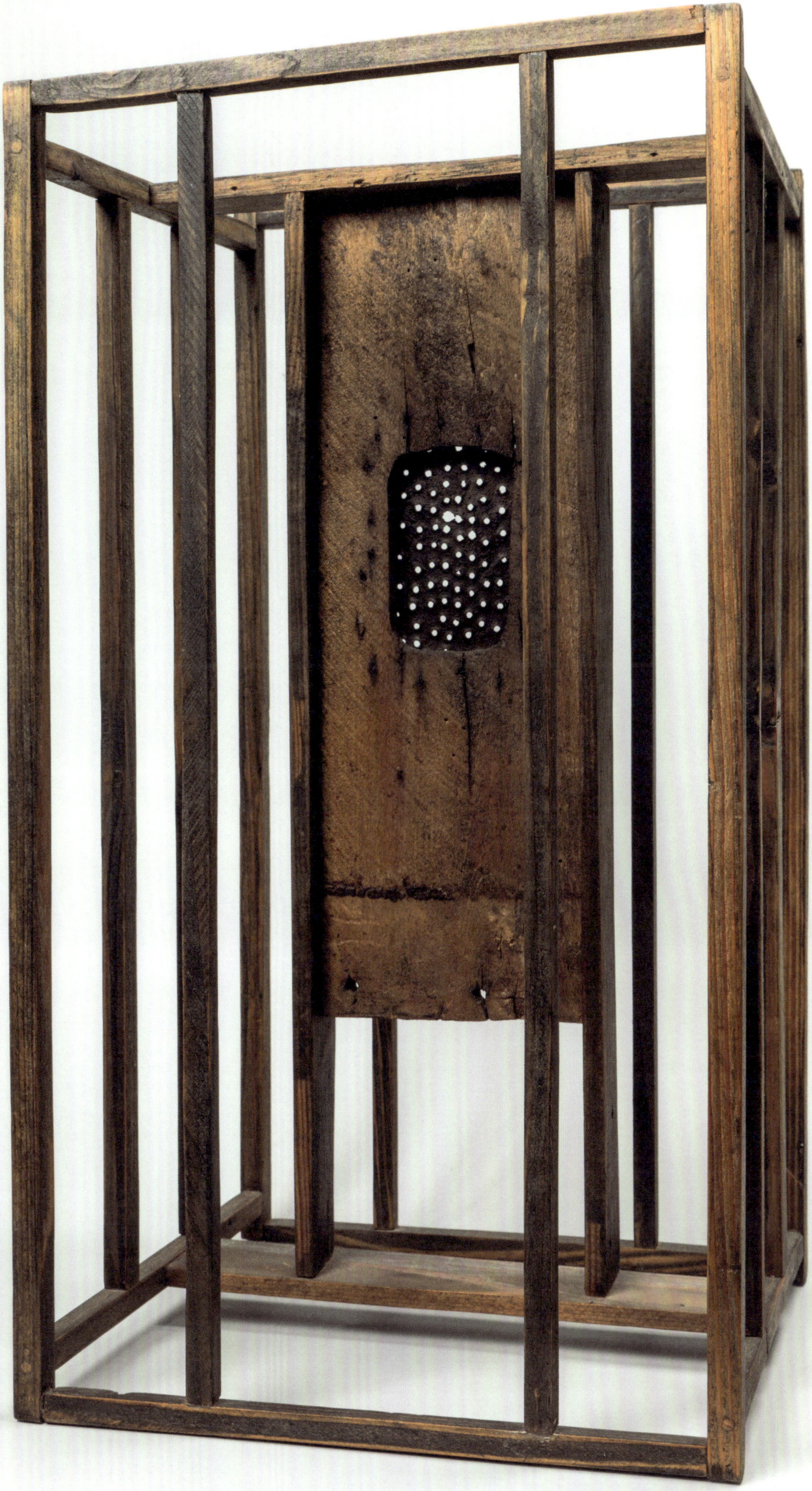

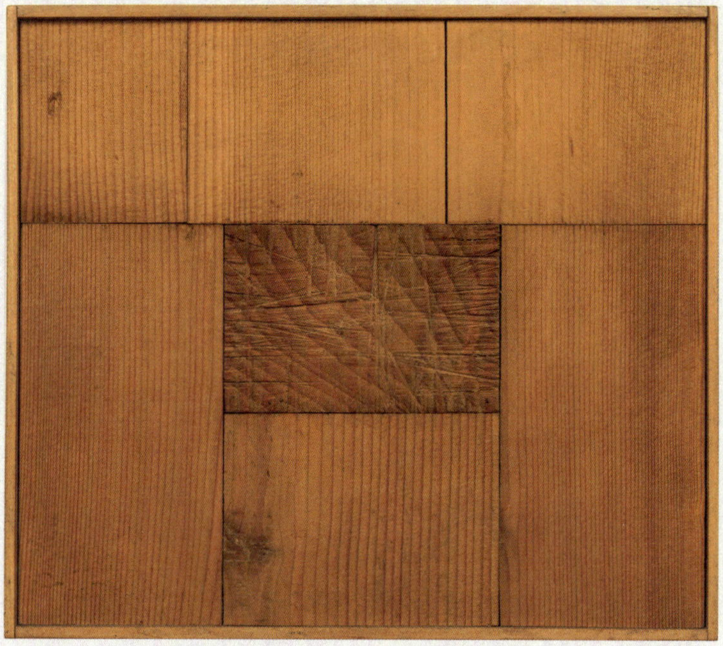

 Ohne Titel | Bez názvu | Untitled — 1986

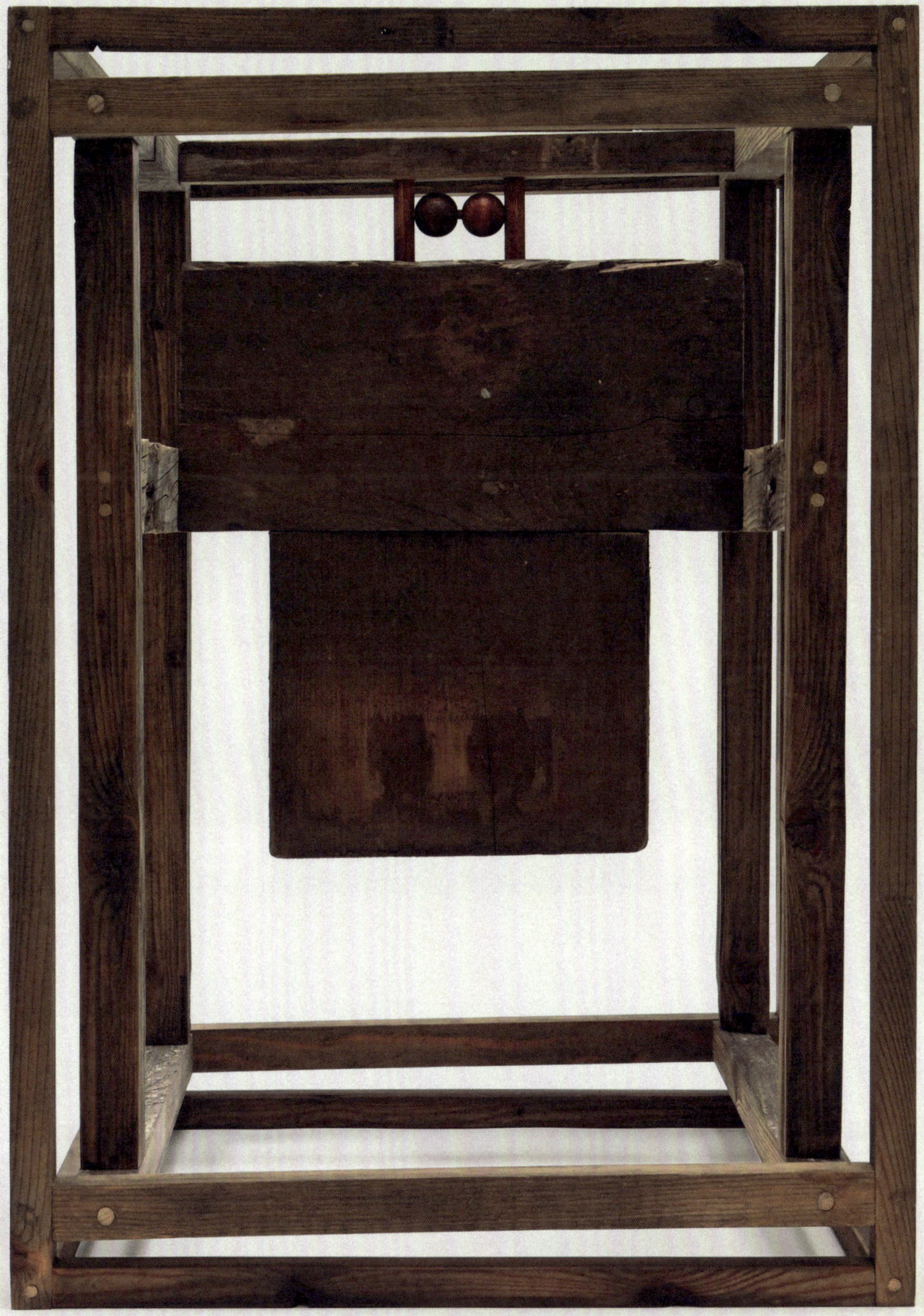

Ohne Titel (Schrein) | Bez názvu (Schránka) | Untitled (Shrine) – undatiert | nedatováno | undated

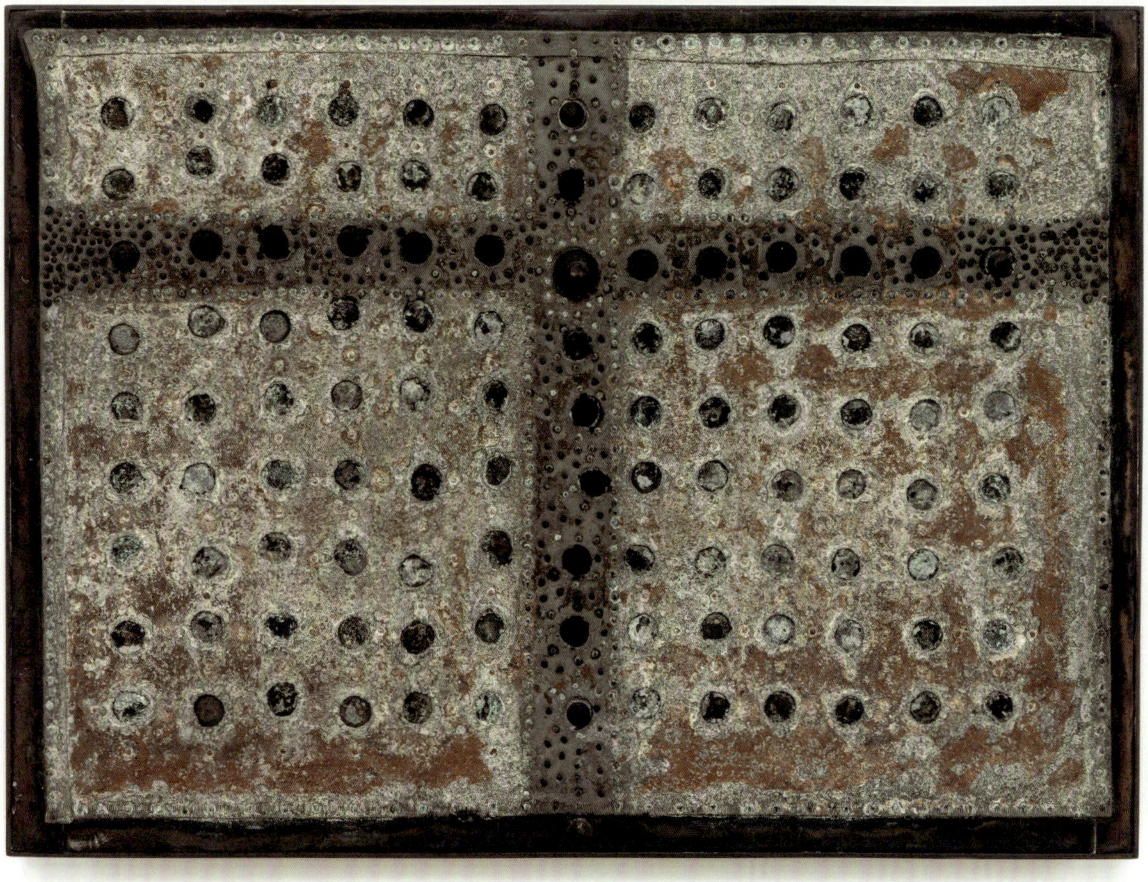

 Kreuz| Kříž | Cross – 1975–1977

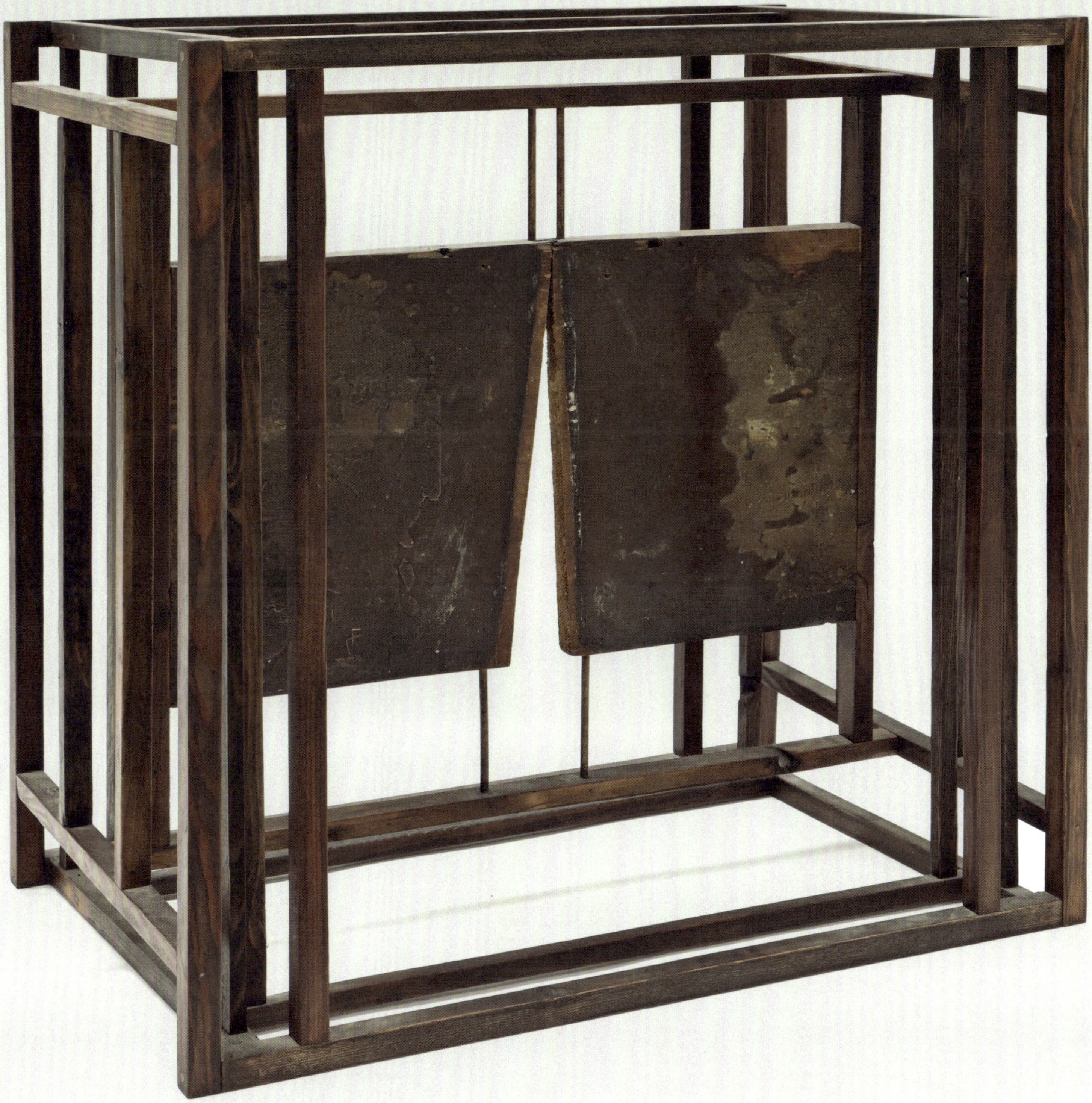

Ohne Titel | Bez názvu | Untitled – undatiert | nedatováno | undated

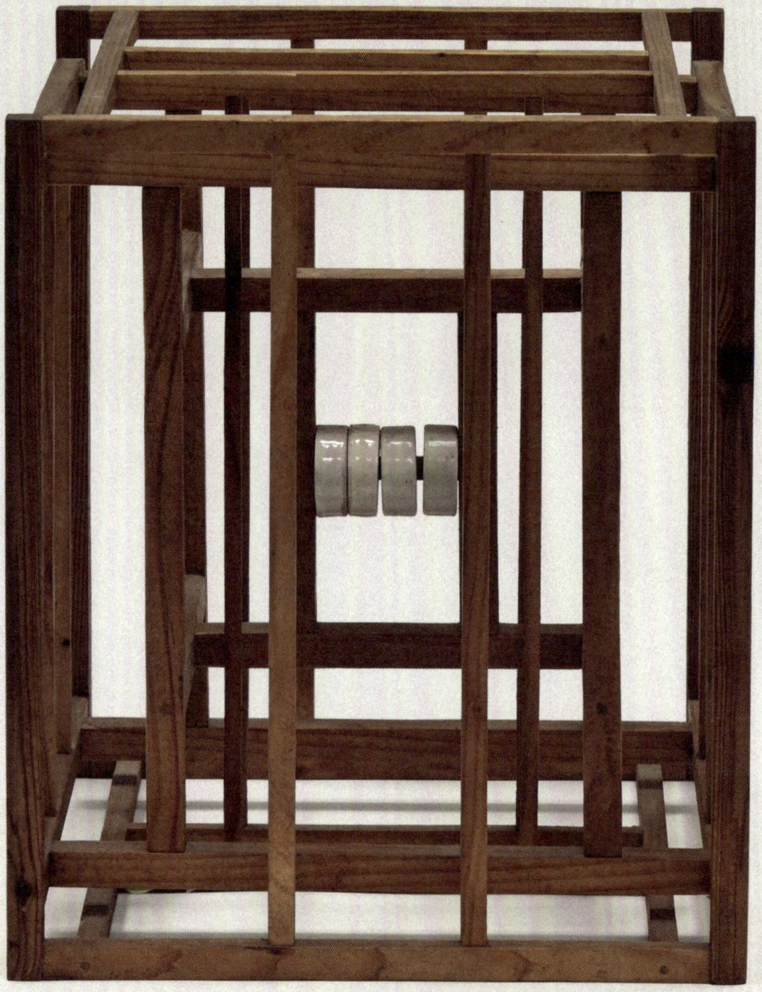

 Ohne Titel (Schrein)| Bez názvu (Schránka) | Untitled (Shrine) – undatiert | nedatováno | undated

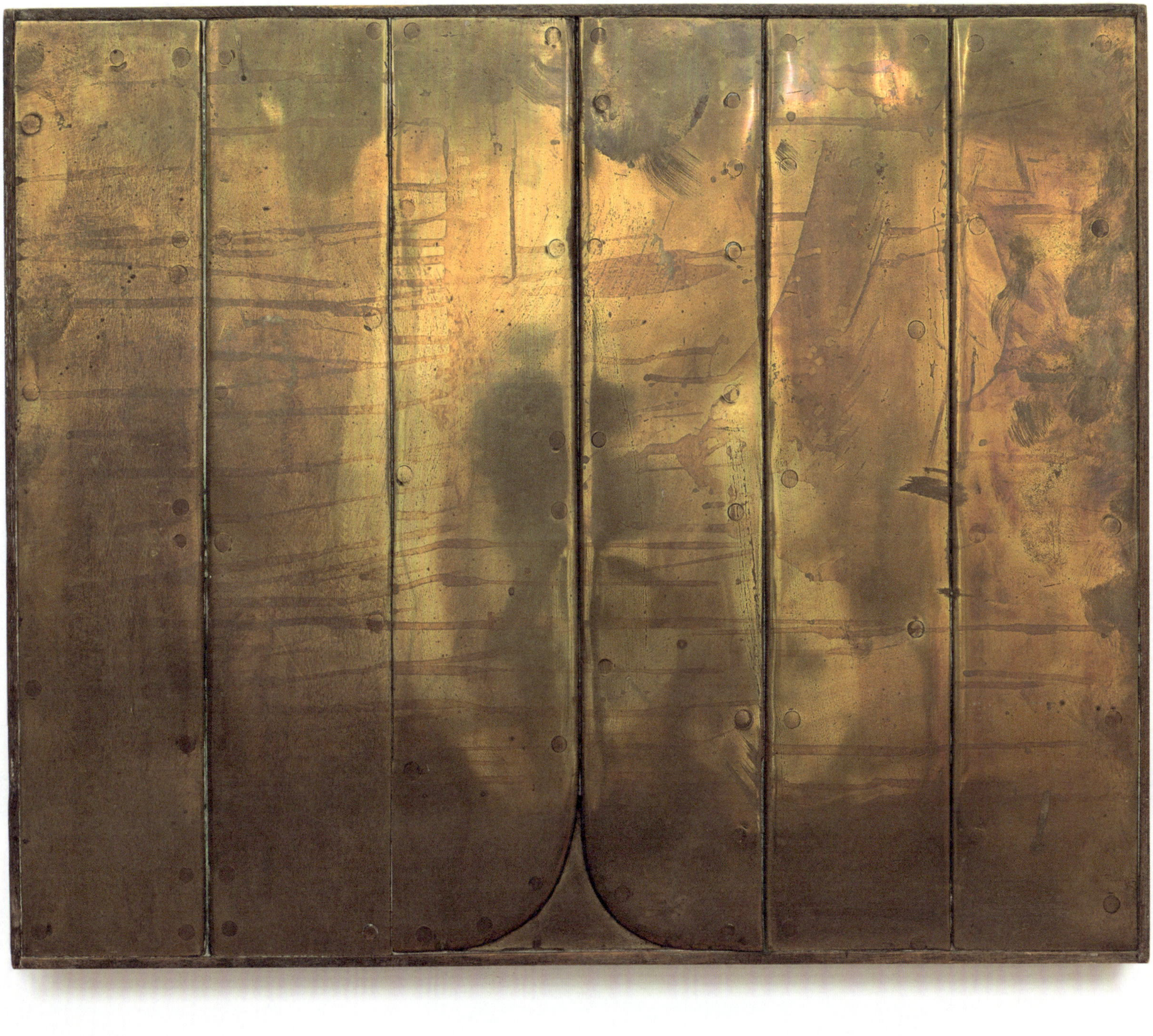

Klang I | Zvuk I | Sound I – 1971

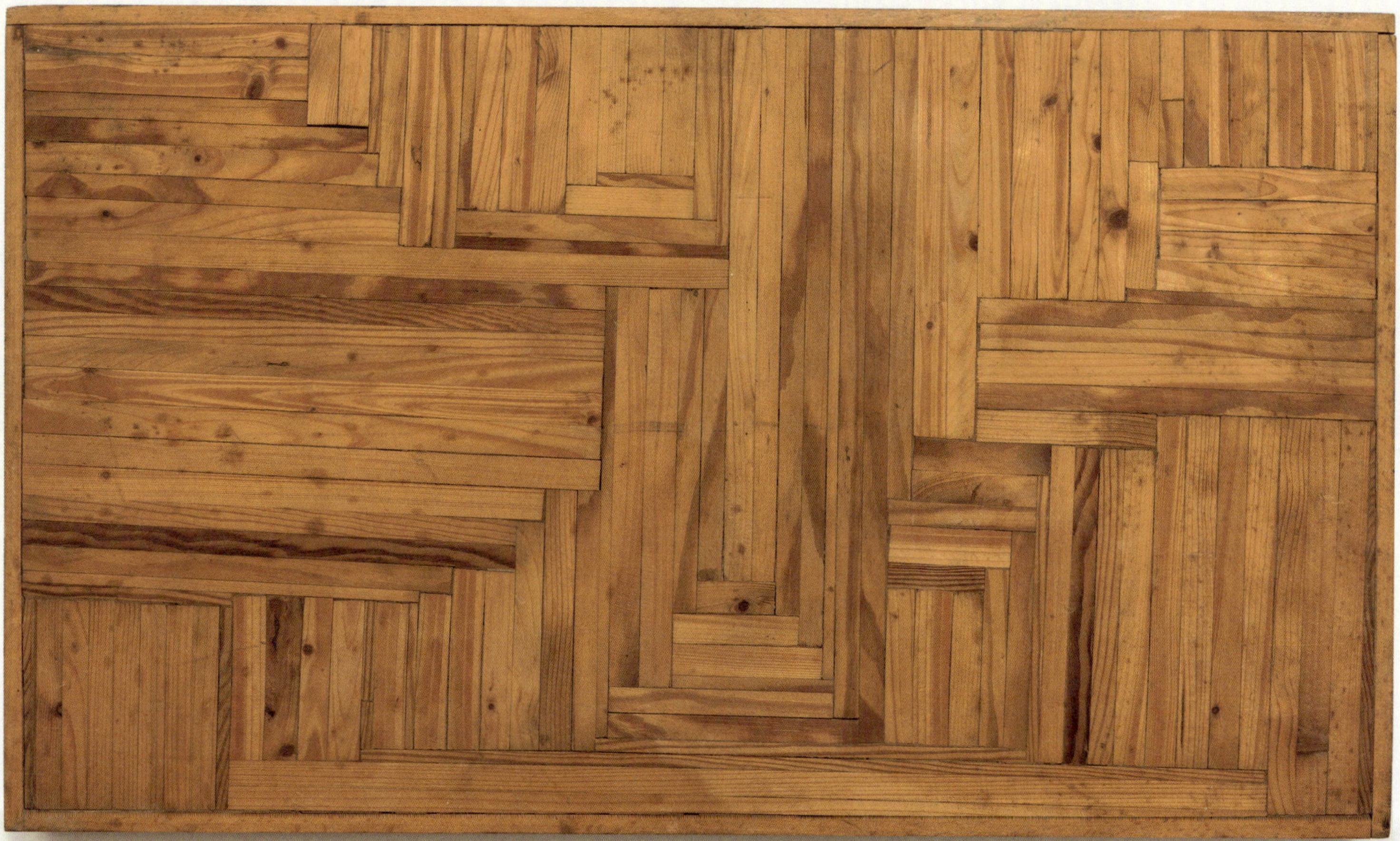

 Abseits der ausgetretenen Wege (Holzweg II/4) | Konce lesa II/4 | Off the beaten track II/4 – 1970

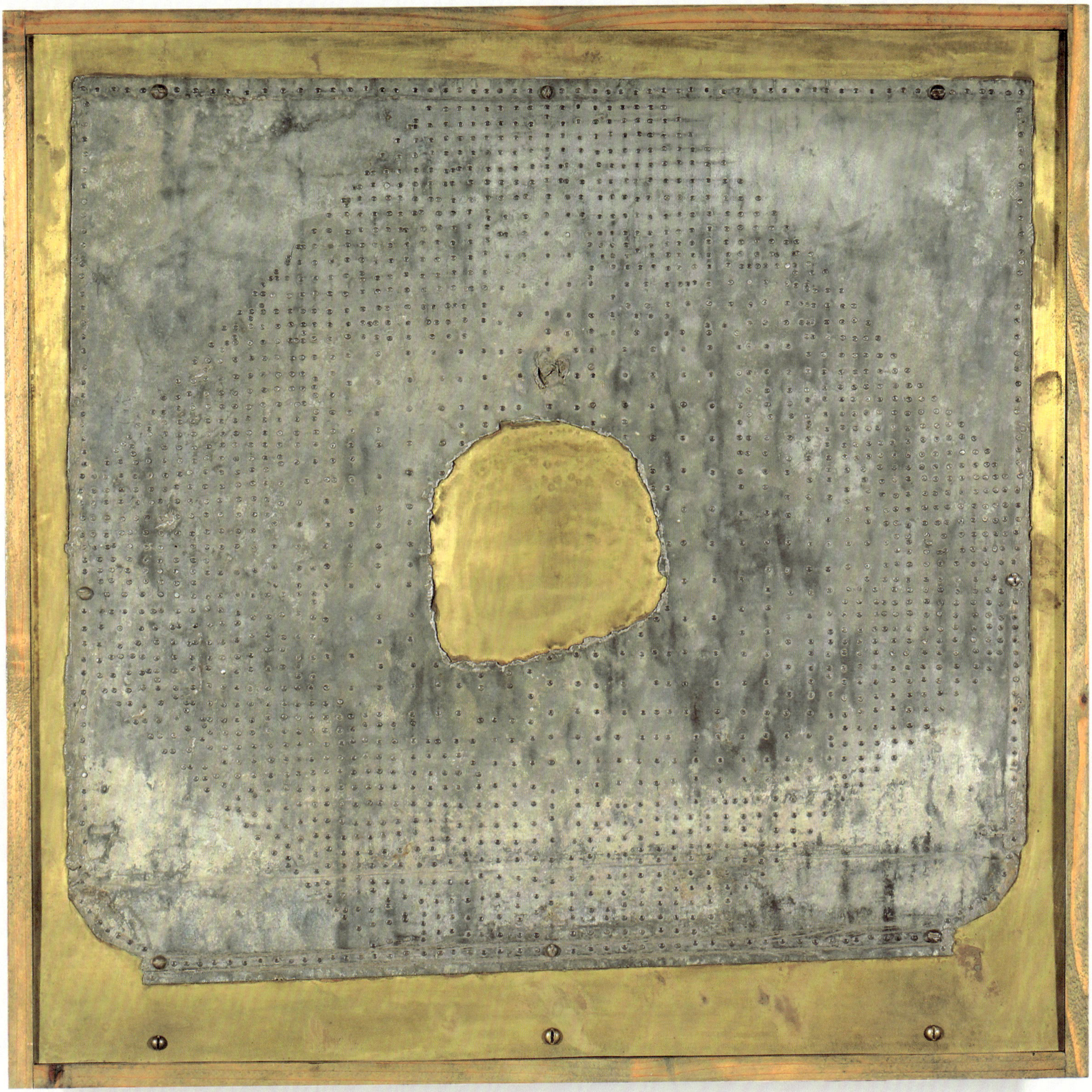

Ohne Titel | Bez názvu | Untitled – 1988

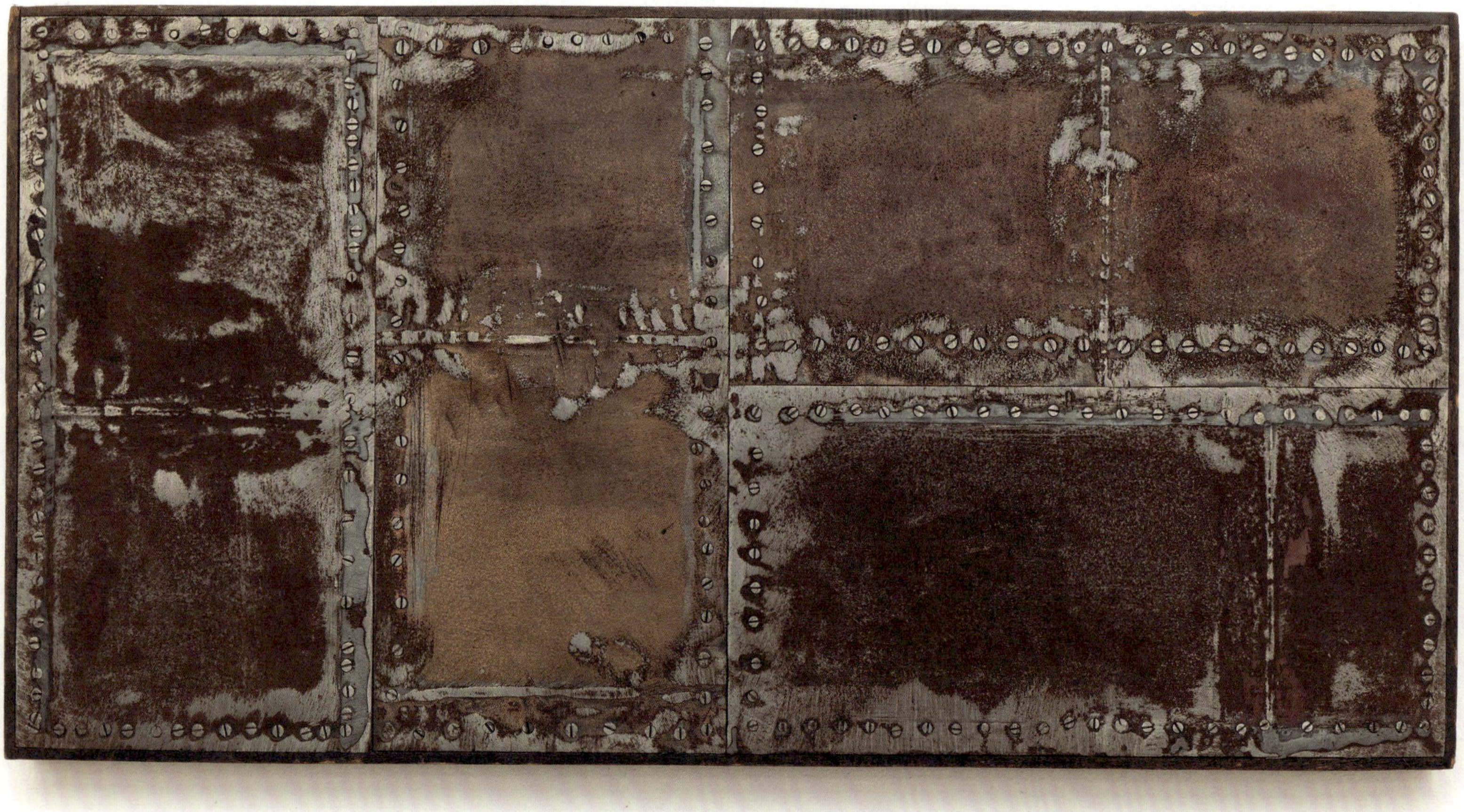

 Rüstung | Pancíř | Armouring – 1971

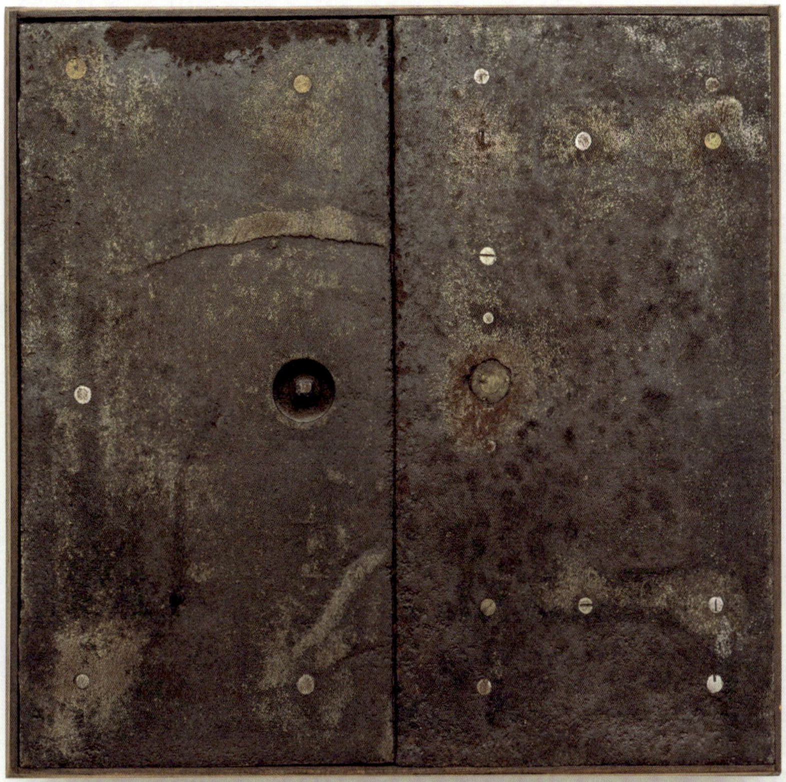

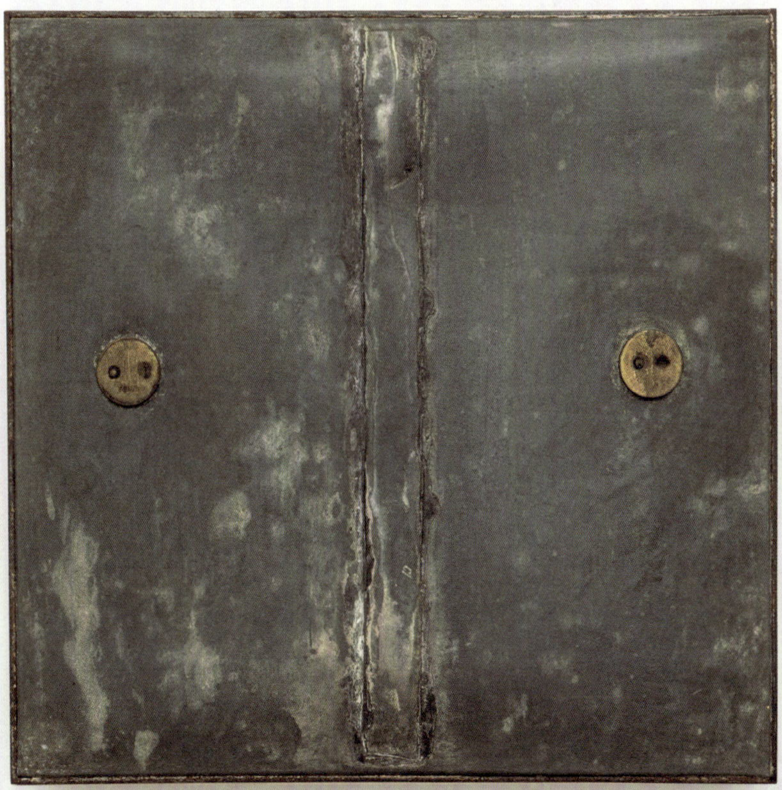

Ohne Titel | Bez názvu | Untitled – undatiert | nedatováno | undated

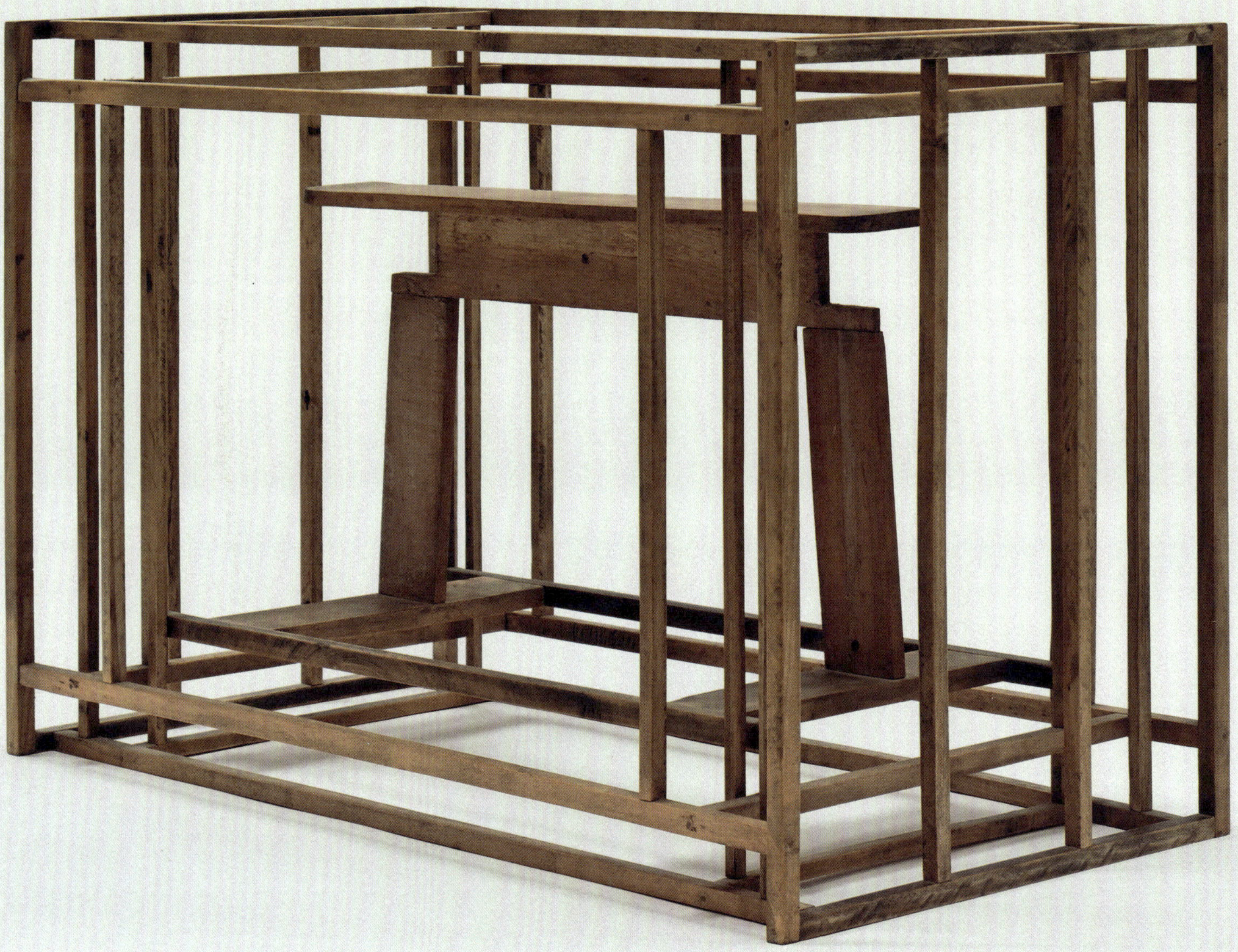

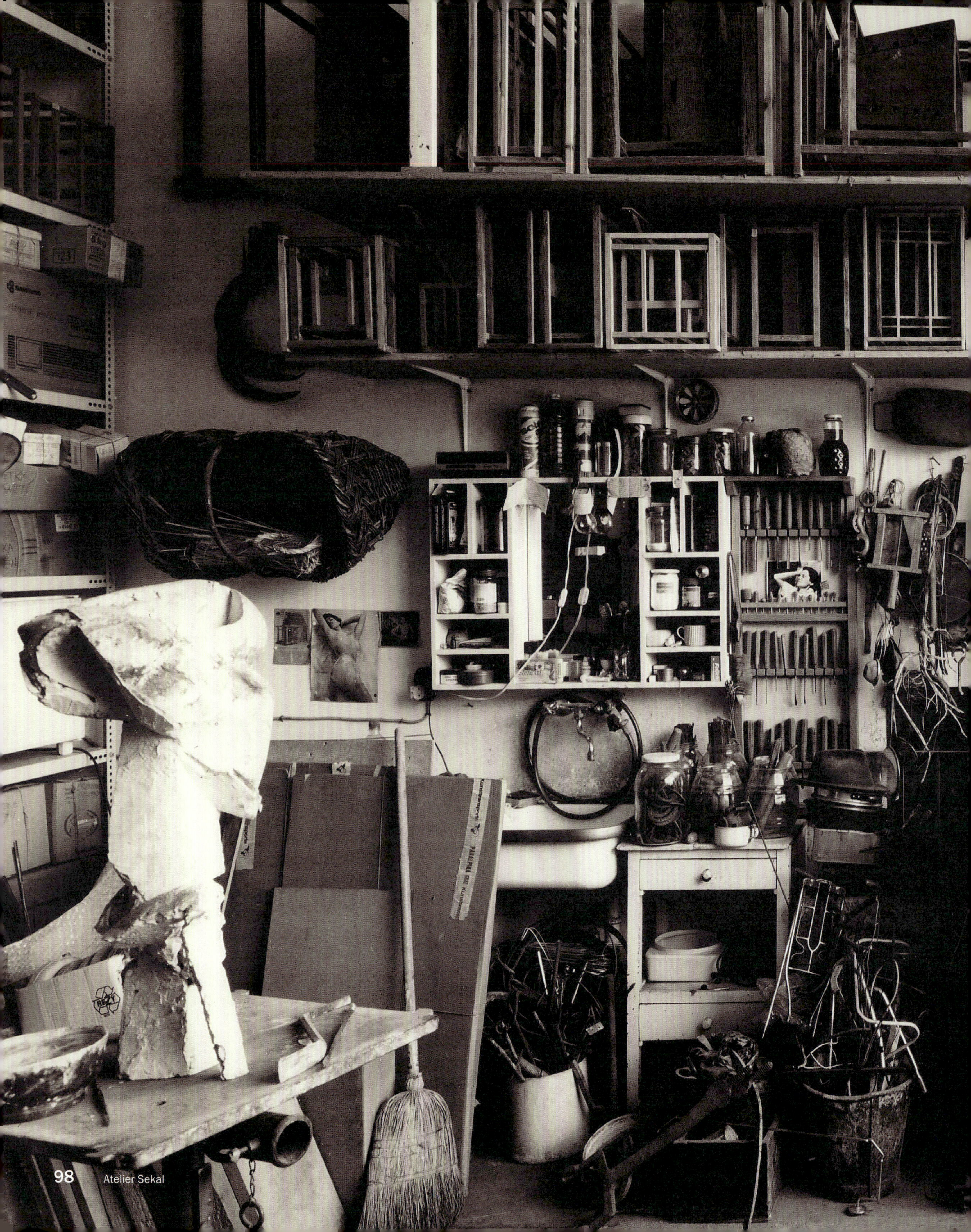

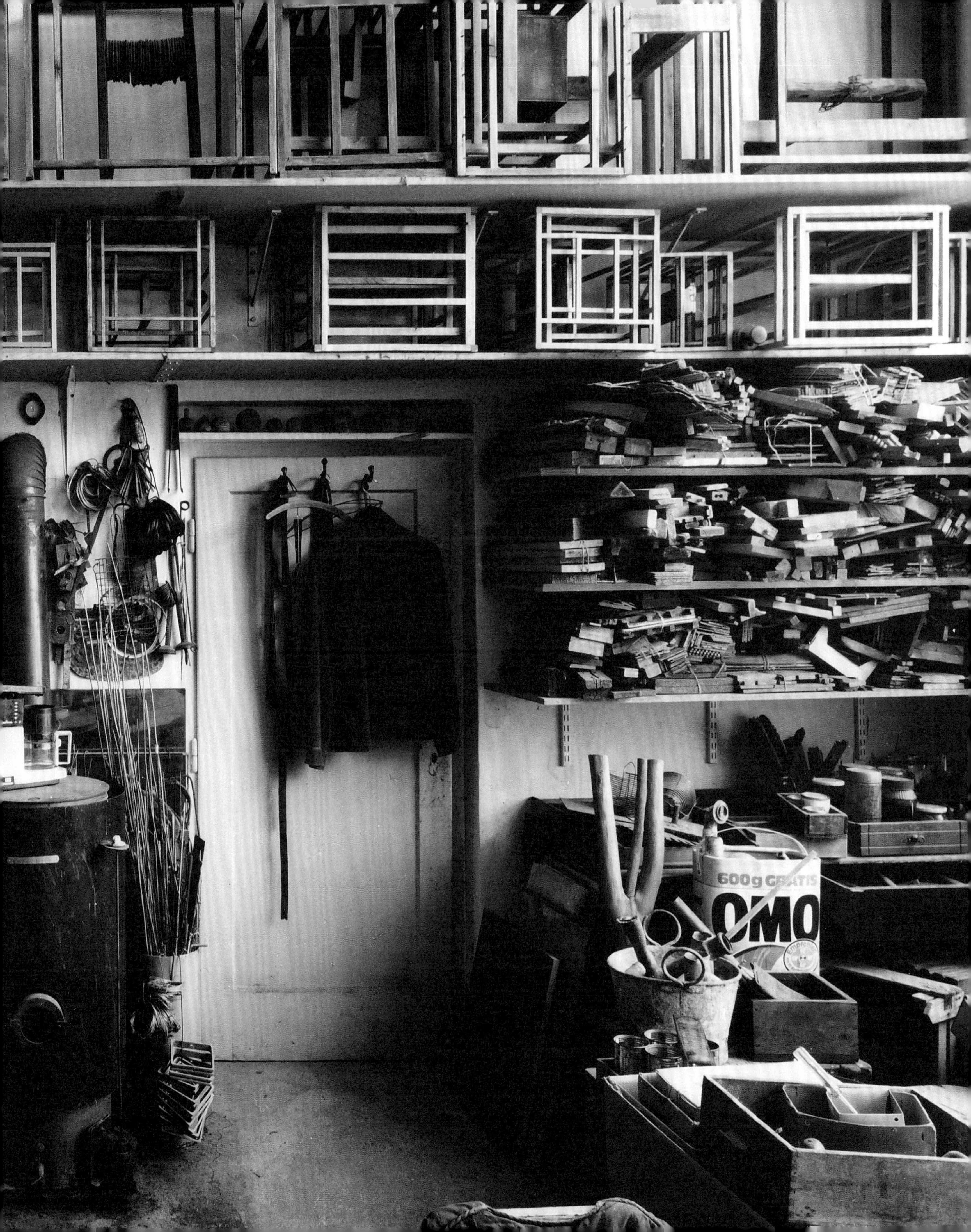
600g GRATIS
OMO

ALEXANDER LEINEMANN

ZBYNĚK SEKAL IM KONTEXT EINER SCHEINBAR UNÜBERSCHAUBAREN ZEIT – DER SCHREIN ALS GEGENWÄRTIGE ANALOGIE FÜR EINE KOLLEKTIV-INDIVIDUELLE PROBLEMSTELLUNG

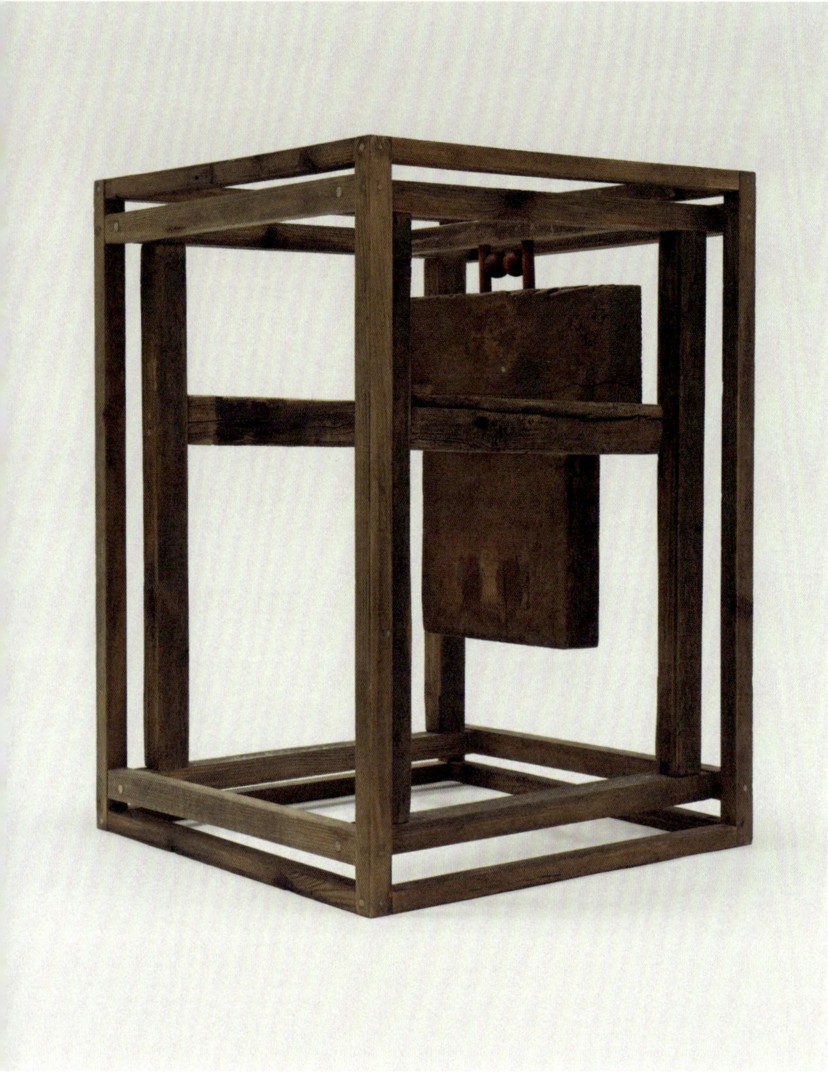

Ohne Titel (Schrein) | Bez názvu (Schránka) | Untitled (Shrine) – undatiert | nedatováno | undated

„Sind wir nicht alle im Umgang mit der Materie in einer Maßlosigkeit verfallen [sic!]*? Geht es im Gestaltungsprozess nicht darum, Materie zu durchdringen, mit ihr in einen gleichnisartigen Dialog zu gelangen?“*[1]

Die grenzenlose Selbstüberschätzung des Menschen ist ein Phänomen seiner allgemeinen Existenz. Ungeachtet jeglicher Konsequenzen richtet der Drang nach alleiniger Selbsterhaltung jedweden um Differenzierung bedachten Dialog mit der den Menschen umgebenden Umwelt unweigerlich zu Grunde. In unzähligen Debatten der Gegenwart ist das menschliche Individuum zu einem außerordentlichen Beispiel dafür geworden, dass ein ausgeprägtes Nutzungsvorhaben nicht sofortig impliziert, sich auch der Konsequenzen der dabei auftretenden Handlungsfolgen bewusst zu werden: Die Bezeichnung *Maßlosigkeit* – ein symptomatischer Begriff von eigentlich darauffolgend-möglicher Selbsterkenntnis – wurde zum bestehenden Übel und zugleich zum Initiator für ein Lösungsvorhaben von doch schwerwiegend-ausweichender Tendenz. Das, was über Jahrzehnte hinweg gedacht, vollzogen und durch Aspekte von Produktivität und Nutzen ermessen wurde und zu privilegierten Lebensumständen für einen Großteil der Menschheit führte, implementierte durch das Festhalten an nach Steigerung strebenden Formalismen eine gegenwärtig nun in drastischer Weise nicht zu übersehende Form der Separation.

Die durch den Menschen vollzogene Beugung der Natur zu einer ihm entsprechend zugeneigten Nutz- und Konsumierbarkeit, generierte, zunächst ungeachtet der Grenzen dieses formalen Irrweges, den Glauben an eine immerwährende durch den Menschen aufrechtzuerhaltende Ordnung innerhalb seines Handelns. Eine hierarchisch vorangestellte Ordnung, deren vehemente Intensität sich aus dem menschlich-zugehörigen Überlegenheitsgefühl speiste, fokussierte dabei fortwährend das Ziel, nicht aber die Umstände, die aus dem rücksichtslosen Prozess resultierten. Doch so deutlich vergangene und gegenwärtige Ereignisse in Form von Kriegshandlungen, Naturkatastrophen oder global ablaufenden Migrationsbewegungen vor Augen führen, dass ein maßloses Vorgehen in einer niemals formal zu fassenden Dynamik der Realität immer mit einem *Mehr* aus nicht kontrollierbaren Gegebenheiten kollidiert, so deutlich zeigt sich in den zahlreichen Lösungsansätzen ein chronisch verinnerlichtes Denken. Diese Reflexion wird dabei von einer separierenden Einfachheit geleitet: Der *Kern einer Sache* – eine Formulierung, die einer komplex ablaufenden und von diversen Aspekten bestimmten Dynamik einen zur Einfachheit strebenden Ursprung zuzuschreiben versucht – wurde zur allgemeinen Strategie, mit der eine kontextbefreite Ordnung hergestellt und als finalisiert propagiert werden sollte. Dieses Vorgehen verkennt jedoch auf grundsätzlicher Ebene, dass jede geschaffene Ordnung davon abhängig ist, von welchem Standpunkt aus sie formuliert wurde.[2] Jeder *Kern einer Sache* steht nicht allein für das jeweilige Ganze, sondern ist Teil einer es umgebenden und beeinflussenden Ganzheit, in der die Sache selbst schon vorweg eine bestimmte Position einnimmt. Das Vordringen zum denkbaren *Kern* einer Problemstellung ist somit nicht als allumfassende Lösung, sondern rein als im Denken impliziertes Indiz zu verstehen, wodurch eine zukünftige Aufrechterhaltung der angestoßenen Denkstruktur geschaffen werden kann: *„Revolutionäre Veränderungen*

1 Zbyněk Sekal zit. n.: Prague City Gallery (Hg.): *Zbyněk Sekal. Werke aus den letzten fünfundfünfzig Jahren* (Ausstellungskatalog Prague City Gallery, 11. Februar– 4. Mai 1997), Prag 1997, S. 154.

2 Vgl. Linde, Almut: *Radical Beauty. Form und Erkenntnis. Eine Künstlertheorie*, Hamburg 2018, S. 66.

ZBYNĚK SEKAL V KONTEXTU ZDÁNLIVĚ NEPŘEHLEDNÉ DOBY– SCHRÁNKA JAKO SOUDOBÁ ANALOGIE KOLEKTIVNĚ-INDIVIDUÁLNÍ PROBLEMATIKY

„Nepropadli jsme všichni při zacházení s hmotou jakési nezřízenosti? Nejde snad v procesu tvorby o pronikání hmotou a snaze vstupovat s ní do dialogu skrze podobenství?“[1]

Bezmezné přeceňování sebe sama je fenoménem doprovázejícím člověka po celou dobu jeho existence. Touha po výlučné sebezáchově nevyhnutelně utlačuje bez ohledu na jakékoli důsledky každý pomyslný dialog s prostředím, které jej obklopuje. V nesčetných debatách současnosti se lidský jedinec stal mimořádným příkladem toho, že vyhraněný záměr něco využít automaticky neobsahuje okamžité uvědomění si konsekvencí z něj plynoucích činů: Označení *nezřízenost* – symptomatický termín následně možného sebepoznání – se stalo existujícím zlem a zároveň spouštěčem záměru, jež vykazuje značně vybočující tendenci. To, o čem se po desetiletí přemýšlelo, co se zavádělo a měřilo prostřednictvím aspektů produktivity a užitku, a co vedlo k privilegovaným životním podmínkám velké části lidstva, ukotvilo separaci – lpěním na formalismu, usilujícím o zintenzivnění – jejíž forma je v současnosti až drastickým způsobem nepřehlédnutelná.

Pokořování přírody člověkem tak, aby mu přinášela jemu vyhovující užitkovost a konzumnost, stvořilo, zpočátku bez ohledu na hranice tohoto omylu, víru ve věčný řád ovládaný člověkem skrze jeho jednání. Hierarchicky privilegovaný řád, jehož vehementní intenzita byla živena lidským pocitem nadřazenosti, se přitom trvale zaměřoval na cíl, nikoli však na okolnosti, které z tohoto nelítostného procesu vyplynuly. Tak, jako nám minulé a současné události v podobě válečných činů, přírodních katastrof nebo globálních migračních pohybů jasně ukazují, že je nezřízenost postupu v dynamice reality, kterou nelze nikdy formálně uchopit, vždy příčinou kolize s ještě nekontrolovatelnějšími okolnostmi, ukazuje se i v četných řešeních jistá chroničnost prohloubeného myšlení. Tato reflexe přitom tkví v separující jednoduchosti: *jádro věci* – formulace, jejíž původ má být připsán, ve snaze o jednoduchost, dynamice, která se odehrává složitým způsobem a je určována různými aspekty – se stalo všeobecnou strategií, na jejímž základě byl vytvořen, a nakonec i propagován bezkontextový řád. Tento přístup však na základní úrovni popírá, že každý vytvořený řád závisí na úhlu pohledu, ze kterého byl formulován.[2] Každé *jádro věci* není zástupcem celku, ale je součástí celku, který jej obklopuje a ovlivňuje. Věc sama v něm tak již předem zaujímá určitou pozici. Proniknutí k myslitelnému *jádru* problému tedy nelze chápat jako všezahrnující řešení, ale čistě jako indicii implikovanou v myšlení, čímž lze vytvořit budoucí udržování započaté myšlenkové struktury: *„Revoluční změny (...) jsou vždy spojeny s vnímáním nového řádu a spojeny s rozvojem nového užití jazyka, který je pro zprostředkování takového řádu vhodný.“*[3] Na započaté cestě podmíněné změny představuje umění a jeho různé formy vyjádření prostředek k vytvoření řádu, který je podřízen dynamice reality. Pokud výsledná forma není chápána jako izolovaná, ale jako tvarový konstrukt, který je ve spojení s celkem, může se tento řád stát něčím, o čem se dosud neuvažovalo a vést k získání poznatku: *„Formu tedy nelze chápat jako izolovaný objekt, nýbrž jako lokální instanci většího celku, který sám o sobě nelze popsat či změřit.“*[4]

1 Zbyněk Sekal, citace dle.: Prague City Gallery (Hg.): *Zbyněk Sekal. Werke aus den letzten fünfundfünfzig Jahren* (Ausstellungskatalog Prague City Gallery, 11. Februar– 4. Mai 1997), Prag 1997, s. 154.

2 Srov. Linde, Almut: *Radical Beauty. Form und Erkenntnis. Eine Künstlertheorie*, Hamburg 2018, s. 66.

3 David Bohm, citace dle: Linde 2018, s. 65.

4 Tamtéž, s. 66.

ZBYNĚK SEKAL WITHIN THE CONTEXT OF A SEEMINGLY INCOMPREHENSIBLE TIME: THE SHRINE AS A CONTEMPORARY ANALOGY FOR A COLLECTIVE-INDIVIDUAL CONUNDRUM

“Have we not all succumbed to immoderation in our treatment of matter? Is not the goal of the creative process to penetrate matter in order to enter into an allegorical dialogue with it?”[1]

Man’s limitless capacity for his own overestimation is a phenomenon of his general existence. Without regard to any consequences, the drive for self-preservation inevitably undermines any attempt at a differentiated dialogue with our surroundings. In countless contemporary debates, the human individual has become an extraordinary example of how a well-defined plan does not necessarily imply an awareness of the consequences of the resulting actions: The term *immoderation* – a symptomatic expression of an actually subsequently possible self-awareness – has become an established malady while nevertheless initiating a solution of a profoundly avoidant tendency. By adhering to formalisms striving for intensification, that which for decades was contemplated, implemented, and measured for productivity and utility in order to produce privileged living conditions for a large portion of mankind has implemented a drastic form of separation that is impossible to overlook today.

Mankind’s transformation of nature into a suitably compliant form for his own use and consumption has generated – initially without any regard for the limits of this formal aberration – the belief in an eternal order maintained by man through his actions. As a result, a hierarchical order, its vehement intensity fed by people’s inherent sense of superiority, has perpetually focused our attention on the goal, but not on the conditions resulting from implementation. Nevertheless, just as past and present events in the form of wars, natural disasters, or globally felt waves of migration clearly remind us that immoderate actions within the never formally comprehensible dynamics of reality will always collide with a *multiplicity* of uncontrollable circumstances, so, too, do the numerous proposed solutions clearly reflect a chronically internalized way of thinking. At the same time, this very realization is guided by a distinguishing simplicity: The *core of a matter* – a formulation that attempts to ascribe an original search for simplicity to a complex dynamic determined by a number of different aspects – has become an overall strategy aimed at establishing and, once finalized, promoting a context-free order. This approach nevertheless fails to realize on a fundamental level that every created order is dependent on the position from which it has been formulated.[2] Every *core of a matter* does not stand alone for the particular whole, but is surrounded and influenced by a unity of which it is a part and within which the matter is capable of taking its own position. Penetrating to the conceivable *core* of an issue should thus be understood not as an all-encompassing solution but purely as a mentally implied indication whose insight can be used for the future preservation of the newly initiated thought structure: “*Revolutionary changes* (...) *have always been associated with the realization of a new order and the formation of a new use of language suitable for the transmission of such an order.*”[3] On the new path of an equally conditioned transformation, art and its diverse forms of expression represent precisely such a means for creating an order that is subject to the dynamics of reality. If the form

1 Zbyněk Sekal, cited from Galerie hlavního města Prahy, ed., *Zbyněk Sekal. Práce za posledních 55 let*, exhibition catalogue (Prague: Galerie hlavního města Prahy, 1997), 154. (Catalogue to exhibition at Prague City Gallery, 11 February – 4 May 1997).

2 Cf. Almut Linde, *Radical Beauty. Form und Erkenntnis. Eine Künstlertheorie* (Hamburg: Philo Fine Arts, 2018), 66.

3 David Bohm, cited from ibid., 65.

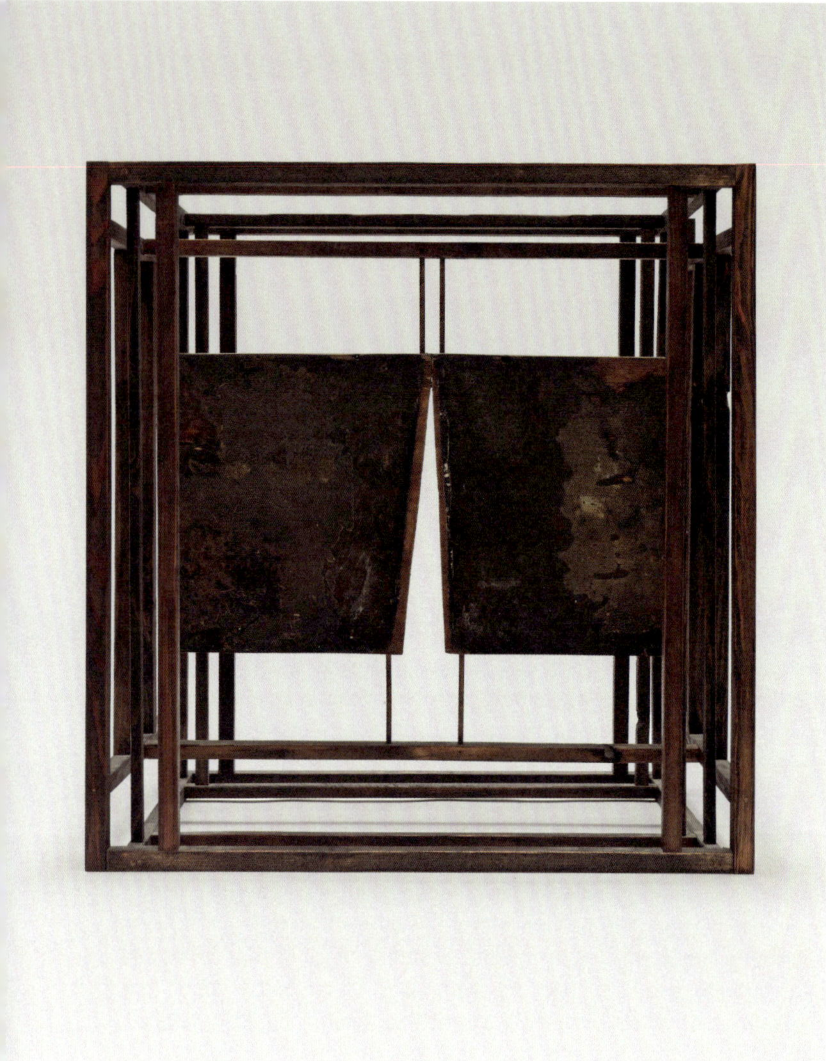

Ohne Titel | Bez názvu | Untitled – undatiert | nedatováno | undated

(...) sind immer mit der Wahrnehmung einer neuen Ordnung und der Ausbildung eines neuen Sprachgebrauchs verbunden gewesen, der für die Übermittlung einer solchen Ordnung geeignet ist.“[3] Auf dem initiierten Weg einer ebenso bedingten Veränderung stellt Kunst und ihre diversen Ausdrucksformen ein Mittel zur Schaffung einer der Dynamik der Realität unterstellten Ordnung dar. Wird die dabei entstandene Form nicht als isoliert, sondern als gesamtbedingt eingebundenes Formkonstrukt verstanden, kann diese Ordnung zu bisher nicht angedachten Erkenntnisgewinnen führen: *„So ist Form nicht als ein isoliertes Objekt, sondern als eine lokale Instanz eines größeren Ganzen zu verstehen, das selbst nicht beschreib- oder messbar ist.“*[4]

Auch wenn die Einführung in ihrem Umfang zunächst verwundern mag, stellt sie dennoch das Grundgerüst dar, mit dem der Fokus auf die Werkgruppe der *Schreine* (*„Schránky“*) des tschechischen Künstlers Zbyněk Sekal gelegt werden soll. Ebendiese Werke sind es, die mit Blick auf die während des Schaffensprozesses entstandenen Tagebucheinträge des Künstlers verdeutlichen, dass der *Kern* von jedem dieser Werke nicht als rezeptionsbedingtes Ziel, sondern eher als übergreifender Ausgangspunkt zu konkretisieren ist. Jeder *Kern* steht dabei allein für sich und befindet sich dennoch in einer korrespondierenden Beziehung mit anderen, den Künstler beeinflussenden Aspekten seiner spezifischen Wirklichkeit und der daraus entstandenen künstlerischen Verarbeitung: *„Vielmehr geht es darum, dass diese Bauten niemand anderer gebaut, ja errichtet hätte, und dass es also mein Auftrag ist mit allem, was ich bin, wesentlich und unausweichlich.“*[5]

Der *Schrein* – ein Kunstgegenstand mit eigener und zugleich verbindender Ordnung

Im Jahr 1993 formulierte Zbyněk Sekal die Bezeichnung der *„zwanghaften Unabwendbarkeit“*[6]. Der Künstler thematisierte mit diesem Begriff nicht nur seine ab den achtziger Jahren des vergangenen Jahrhunderts entstandene Werkgruppe der *Schreine*. Sekal verdeutlichte mit dieser Formulierung auch, dass ihm als menschliches Individuum eine unaufhaltsame Beständigkeit innewohnte, die ihn Tag für Tag dazu führte, sich mit seiner Umwelt durch die Wege der von ihm präferierten künstlerischen Ausdrucksmöglichkeiten auseinanderzusetzen.
Die *Schreine*, die in ihrem intentionellen Grundgedanken auf die Beschäftigung mit den wesentlichen kompositorischen Eigenschaften der Plastik zurückzuführen sind, lassen sich zunächst in ihren gewählten Materialien in eine umfangreiche Historie der Materialnutzung innerhalb des 20. Jahrhunderts eingliedern. Führten Kunsthistoriker wie Werner Hofmann (1928–2013) die materielle Nutzungsfokussierung Sekals bisweilen in die Nähe von Künstlern wie Marcel Duchamp (1887–1968) und dessen *Ready-Mades*,[7] so sind in Anbetracht der ausgeprägten Kategorisierungsabsicht, der sich Sekal widmete,[8] der amerikanische Künstler Joseph Cornell (1903–1972) und insbesondere der deutsche Künstler Kurt Schwitters (1887–1948) ergänzend beizufügen.
Insbesondere Schwitters schuf mit seinen Ausführungen bezüglich der materiellen Kunstrelevanz, für den der deutsche Künstler den Begriff *„Merz“* prägte, einen essenziellen Nährboden für Sekals Schaffen, der für die *Schreine* maßgeblich ist: *„Dabei ist es unwesentlich, ob die*

3 David Bohm zit. n.: Linde 2018, S. 65.

4 Ebd., S. 66.

5 Zbyněk Sekal zit. n.: Klimešová, Marie: *Zbyněk Sekal. Die Dinge gehen langsam voran* (Ausstellungskatalog Kunstmuseum Olmütz, 10. September 2015–14. Februar 2016, Galerie Mikoláš Aleš in Südböhmen, 13. März–12. Juni 2016), Řevnice 2015, S. 160.

6 Zbyněk Sekal zit. n.: Ausstellungskatalog Olmütz/Südböhmen 2015/16, S. 159.

7 Vgl. Werner Hofmann in: Ausstellungskatalog Prag 1997, S. 145–146, hier: S. 145.

8 *„Das Material im Atelier hat er jahrelang laufend umgeordnet, nicht nur um Platz zu gewinnen, sondern vor allem um sich dessen inneres Potenzial, dessen Möglichkeiten in Erinnerung zu rufen.“*, in: Ausstellungskatalog Olmütz/Südböhmen 2015/16, S. 165.

I když úvod možná zpočátku překvapí svou délkou, představuje základní rámec, s nímž je třeba se zaměřit na skupinu děl – *Schránek* – českého umělce Zbyňka Sekala. Právě tato díla, s ohledem na záznamy z umělcova deníku, pořízené během tvůrčího procesu, jasně ozřejmují, že *jádro* každého z těchto děl nemá být konkretizováno jako cíl recepce, ale spíše jako výchozí bod dalšího přesahu. Každé *jádro* je sebou samým, a přesto se nalézá i v odpovídajícím vztahu s dalšími aspekty, tedy s aspekty, které ovlivnily umělce v jeho specifické realitě a z ní plynoucího uměleckého zpracování: *„Jde spíše o to, že by tyto stavby nikdo jiný nepostavil, ani nevybudoval, a že je to tedy moje poslání se vším, čím jsem, zásadní a nevyhnutelné.“*[5]

Schránka – umělecký předmět s vlastním a zároveň spojujícím řádem

V roce 1993 Zbyněk Sekal formuloval termín *„nutkavá neodvratitelnost“*[6]. Tímto pojmem tematizoval umělec nejen svou skupinu děl, *Schránek*, vznikajících od 80. let minulého století. Sekal touto formulací rovněž ozřejmil, že uvnitř jeho lidského individua sídlí nezkrotná vytrvalost, která ho den za dnem vedla k tomu, aby se vyrovnával se svým prostředím skrze způsoby jím preferovaného uměleckého vyjádření. *Schránky*, které je možno na základě jejich intenční myšlenky spojovat se zaujetím podstatnými kompozičními vlastnostmi sochy, lze zprvu kvůli zvoleným materiálům začlenit do ucelené historie užití materiálů ve 20. století. Pokud byla historiky umění, jako byl Werner Hofmann (1928–2013), přisuzována Sekalovu zaměření při využití materiálů tvůrčí blízkost umělcům jako Marcel Duchamp (1887–1968) a jeho *Ready-Mades*,[7] je třeba uvést k charakteristické snaze o kategorizaci, které se Sekal věnoval,[8] amerického umělce Josepha Cornella (1903–1972) a obzvláště pak německého umělce Kurta Schwitterse (1887–1948). Zásadní živnou půdu pro Sekalovo dílo, která je pro *Schránky* určující, vytvořil zejména Schwitters svými komentáři k umělecké relevanci materiálu, pro kterou německý umělec vymyslel termín *„Merz“*: *„Nezáleží na tom, zda použité materiály byly již dříve zformovány pro jakýkoli účel nebo ne. (...) Malba stylu Merz se snaží o bezprostřední vyjádření tím, že zkracuje cestu od intuice ke zviditelnění uměleckého díla.“*[9]

Schwittersovy formulace umožňovaly začlenění původně neuměleckých předmětů do kánonu umění. Zejména však z jeho výroku o *„zkrácení cesty od intuice k zviditelnění uměleckého díla“*[10] vyplýval pro jeho umění podstatný aspekt, který měl později rozhodující vliv na *Schránky* Zbyňka Sekala: Schwittersovo materiálové zaměření bylo dáno zásadním obratem k celistvosti reality – a to způsobem tvůrčím, nikoliv však imitujícím. Byl to umělcův akt vnímání, jehož prostřednictvím dokázal vytvořit z potenciálně bezcenného reálného objektu předmět s potenciálem uměleckým. Tím, že se pak vybraný předmět stal součástí skutečného celku, byla zahájena cesta k jeho přesnějšímu pochopení. Toto zjištění lze doložit i výrokem Zbyňka Sekala: *„A proto každý předmět, jakkoli malý, jakkoli nepatrný, má přesný význam, který mi není vždy jasný, který musím často teprve uhodnout.“*[11]

5 Zbyněk Sekal citace dle: Klimešová, Marie: *Zbyněk Sekal. Die Dinge gehen langsam voran* (Ausstellungskatalog Kunstmuseum Olmütz, 10. September 2015–14. Februar 2016, Südböhmen Galerie Mikoláš Aleš, 13. März–12. Juni 2016), Řevnice 2015, s. 160.

6 Zbyněk Sekal citace dle: Ausstellungskatalog Olmütz/Südböhmen 2015/16, s. 159.

7 Srov. Werner Hofmann, v: Ausst. Kat. Prag 1997, s. 145–146, zde s. 145.

8 *„Po léta materiál v ateliéru třídil ne proto, aby získal prostor, ale především proto, aby sám sobě připomněl jeho vnitřní potenciál a možnosti.“*, v: Ausstellungskatalog Olmütz/Südböhmen 2015/16, s. 165.

9 Schwitters, Kurt: „Die Merzmalerei“, v: *Der Sturm*, Bd. 4 (1919), s. 61.

10 Tamtéž.

11 Zbyněk Sekal, citace dle: Ausstellungskatalog Olmütz/Südböhmen 2015/16, s. 164.

thus created is understood not as isolated but as a wholly integrated formal construct, an order acting in this manner may lead to previously unimagined gains in knowledge: *"Form should thus be understood not as an isolated object, but as a local instance of a larger whole that itself cannot be described or measured."*[4]

Although the above introduction may initially cause the reader to marvel at its scope, it represents the basic framework for focusing on Czech artist Zbyněk Sekal's series of works known as *Shrines* (*Schránky*). For these works clearly illustrate – in view of Sekal's diary entries made during the creative process – that the *core* of every such *Shrine* should be concretized not as a reception-dependent objective but rather as an overarching point of departure. Within this context, every *core* stands only for itself while nevertheless existing in a corresponding relationship with other aspects of the artist's specific reality that influence him and the resulting artistic execution: *"It is more that nobody else would erect these structures, would not even begin to do it, and therefore it has a connection with everything I am, essential and inevitable."*[5]

The *Shrine* – an art object of its own, and simultaneously a unifying, order

In 1993, Zbyněk Sekal formulated the concept of *"compulsive persistence,"*[6] which he applied, among other things, to the series of *Shrines* he had begun making in the 1980s. With this formulation, Sekal made it clear that he as a human individual was imbued with an unstoppable persistence that led him, day in and day out, to engage with his surroundings using his preferred artistic forms of expression. His *Shrines*, whose basic intentional idea is to be found in the fundamental compositional qualities of sculpture, can, by the choice of materials, be initially incorporated into a comprehensive history of the use of material during the twentieth century. Although art historians such as Werner Hofmann (1928–2013) tended to associate Sekal's choice of materials with artists such as Marcel Duchamp (1887–1968) and his *Ready-Mades*,[7] in view of Sekal's pronounced tendency towards categorization,[8] any comparison should also include the American artist Joseph Cornell (1903–1972) and especially the German artist Kurt Schwitters (1887–1948). With his remarks on the relevance of material to art, the latter in particular provided fertile ground for Sekal's *Shrines*: *"It is irrelevant whether the materials used for Merz painting were once made for a specific purpose or not. (...) Merz painting strives for expressive immediacy by shortening the path from intuition to the visible realization of the artwork."*[9]

Schwitters's reflections deserve credit for the fact that the integration of initially non-artistic objects into the artistic canon was accepted as a possibility. But especially his statement regarding the *"shortening* [of] *the path from intuition to the visible realization of the artwork"*[10] implied an essential aspect for his art, one that would later also be of decisive meaning for Zbyněk Sekal's *Shrines*: Schwitters's focus on material benefited, in an educational and non-mimetic manner, from the

4 Ibid., 66.

5 Zbyněk Sekal, cited from Marie Klimešová, *Zbyněk Sekal. A věci se zvolna berou před se / And Things Are Moving Forward Slowly*, exhibition catalogue (Řevnice: Arbor vitae, 2015), 506. (Catalogue to exhibition at the Olomouc Museum of Art, 10 September 2015 – 14 February 2016, and Aleš South Bohemian Gallery, 13 March – 12 June 2016).

6 Ibid., 505.

7 Cf. Werner Hofmann, in Galerie hlavního města Prahy 1997, 145.

8 *"Over the years, Sekal constantly rearranged the material in the studio, not only to make more space but above all to remind himself of its inner potential, its possibilities."* Klimešová 2015, 508.

9 Kurt Schwitters, "Die Merzmalerei," in *Der Sturm* 4, 1919, 61. Cited from Megan R. Luke, ed., *Myself and My Aims: Writings on Art and Criticism*, translated by Timothy Grundy (Chicago: The University of Chicago Press, 2021), 24.

10 Ibid.

verwendeten Materialien schon für irgendwelchen Zweck geformt waren oder nicht. (...) Die Merzmalerei erstrebt unmittelbaren Ausdruck durch die Verkürzung des Weges von der Intuition bis zur Sichtbarmachung des Kunstwerkes.“[9]

Schwitters Formulierungen gebührte zwar, dass die Integration zunächst kunstferner Objekte in den Kanon der Kunst in Aussicht gestellt wurde. Insbesondere seine Aussage der *„Verkürzung des Weges von der Intuition bis zur Sichtbarmachung des Kunstwerkes“*[10] implizierte jedoch einen für seine Kunst essenziellen Aspekt, der später für Zbyněk Sekals *Schreine* von entscheidender Bedeutung sein würde: Schwitters materielle Fokussierung war in ausbildender und nicht nachbildnerischer Art und Weise die grundsätzliche Hinwendung zur ganzheitlichen Realität gegeben. Dabei war es der Wahrnehmungsakt des Künstlers, der aus dem vermeintlichen Nichtwert des realen Gegenstandes das kunstrelevante Potential hervorbrachte. Indem somit eine Akzeptanz geschaffen und das jeweilige Objekt als Bestandteil der realbefindlichen Ganzheit anerkannt wurde, konnte der Weg zu einem präziser werdenden Verständnis initiiert werden. Dieser Befund lässt sich auch anhand einer Aussage Zbyněk Sekals konkretisieren: *„Und deshalb hat jedes noch so kleines, noch so unbedeutendes Objekt* [sic!] *eine präzise Bedeutung, die mir nicht immer klar ist, die ich häufig erst erraten muss.“*[11]

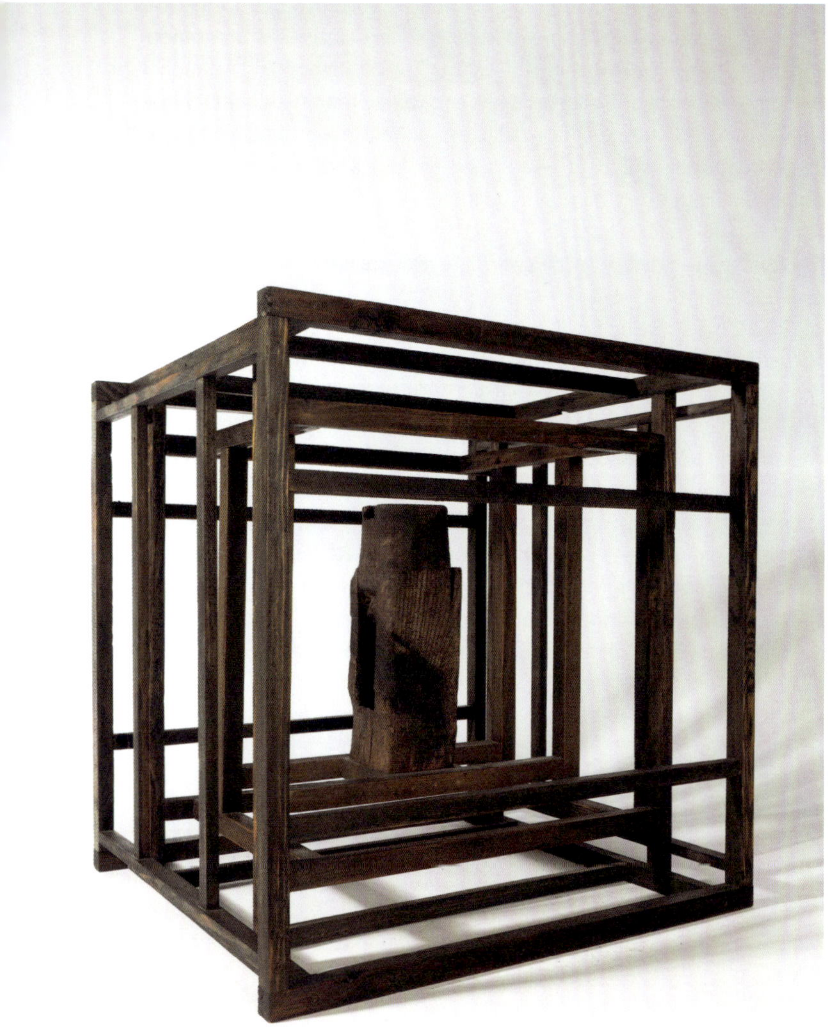

Ohne Titel | Bez názvu | Untitled – undatiert | nedatováno | undated

Sekals Worte zeugen davon, dass der Künstler in der kategorischen Auswahl seiner Materialen nicht alleinig nach einer zuvor festgelegten Intention agierte, sondern vom kernspezifischen Ausgangspunkt der *Schreine* eine gewisse Form der Offenheit als werkimmanenten Aspekt billigend in Kauf nahm. Der *Schrein* – in seiner Visualität grundsätzlich durch euklidisch-geometrische Faktoren bestimmt – kann somit stellvertretend für eine allgemein dem Menschen innewohnende und im Falle Sekals künstlerisch spezifizierte Prozessualität stehen: Nicht in final definierten Grenzen denkend, sondern hauptsächlich durch das Schaffen einer von Rändern definierten variablen Rahmung generierte Sekal mit jeder weiteren Arbeit der Werkgruppe eine in den *Schreinen* verinnerlichte Denkstruktur von diskrepanter Anpassungsform. Das bedeutet, dass Sekals *Schreine* mit jeder vom *Kern* expansiv sich in den realen Raum erstreckenden Ausformung eine werkimmanent gebannte Auseinandersetzung des Künstlers mit der wahrnehmungsbedingten Bewältigung seiner Wirklichkeit darstellen:

„Kürzlich ist mir eingefallen, dass dieser Raum schon als solcher so ein Objekt ist. Jede Bemühung, jeder Versuch, aus dieser Menge einen geringen Teil herauszunehmen und ihn zu einem selbstständigen, nur aus diesem Gesichtspunkt teilweisen Ganzen zusammenzustellen, ist notwendigerweise widersprüchlich. Mit diesem Elend werde ich mich lange auseinandersetzen müssen, wenn nicht für immer.“[12]

Die Limitierung als Möglichkeit

Die Künstlerin Almut Linde (geb. 1965) schrieb in ihrem Buch *Radical Beauty*, dass alle Materie einen universellen Fluss ausbildet, der in seinem Detail nicht exakt konkretisiert, aber auf implizierende Weise ausgemacht werden kann.[13] Indem Sekal von einem *„gleichnisartigen Dialog“*[14] mit ebendieser Materie schrieb, sie vollends zu durchdringen,

9 Schwitters, Kurt: „Die Merzmalerei“, in: *Der Sturm*, Bd. 4 (1919), S. 61.

10 Ebd.

11 Zbyněk Sekal zit. n.: Ausstellungskatalog Olmütz/Südböhmen 2015/16, S. 164.

12 Zbyněk Sekal zit. n.: Ebd.

13 Vgl. Linde 2018, S. 63.

14 Zbyněk Sekal zit. n.: Ausstellungskatalog Prag 1997, S. 154.

Sekalova slova svědčí o tom, že umělec při kategorickém výběru svých materiálů nepostupoval pouze podle předem stanoveného záměru, ale spíše akceptoval určitou formu otevřenosti jako inherentní aspekt *Schránek* a jejich základního *jádra*. *Schránka* – ve své vizualitě v podstatě určená faktory eukleidovské geometrie – tak může představovat procesualitu, která je člověku obecně vlastní a v případě Sekala umělecky specifikovaná: Jelikož neuvažoval v definitivně vymezených hranicích, ale především prostřednictvím tvorby definované okraji proměnlivého rámce, vytvářel Sekal každou novou prací ze skupiny *Schránek* v nich zosobněnou strukturu myšlení s diskrepantní formou ztvárnění. To znamená, že Sekalovy *Schránky* s každou formou, která se šíří z *jádra* do reálného prostoru, představují v dílech sevřenou konfrontaci umělce s jeho vyrovnáváním se s vlastní realitou, podmíněnou vnímáním:

„Nedávno mě napadlo, že tento prostor už je taky takovým objektem sám o sobě. Jakákoli snaha, jakýkoli pokus vzít z této masy malou část a učinit ji v tomto ohledu samostatným celkem, je nutně protichůdná. S tímto utrpením se budu muset potýkat ještě dlouho, ne-li navždy."[12]

Omezení jako možnost

Umělkyně Almut Linde (nar. 1965) ve své knize *Radical Beauty* napsala, že veškerá hmota tvoří univerzální tok, který nelze přesně do detailu specifikovat, ale lze jej implicitně rozeznat.[13] Tím, že Sekal psal o *„dialogu podobenství"*[14] právě této hmoty, skrze kterou je nutné prostoupit, u které apeloval na to, aby s ní nebylo nezřízeně nakládáno a usiloval o dosažení odpovědi na téměř nemyslitelné formou svých specifických uměleckých děl, ozřejmil tento umělec konkrétně prostřednictvím *Schránek* zásadní obsažený poznatek, který má až dodnes obrovskou váhu:

„Děsí mě gigantismus, který se v sochařství obecně rozšířil. Co znamenají tyto gigantismy o rozměrech 30 × 15 m, před kterými stojí diváci v úžasu a ptají se na váhu, na druh hmoty, její původ, jak se přepravovala a kolik to všechno stojí? (...) Má být takovými rozměry demonstrována síla, nebo to souvisí se soutěživým myšlením?"[15]

Sekalovy *Schránky* nikdy neprostoupily prostor tak, aby to odpovídalo umělcem tematizovanému *„gigantismu"*[16]. Myšlenkovými pochody a vyrovnáním se s nimi, které Sekal řešil až do své smrti skrze pečlivé včleňování hmoty do vlastní skupiny děl – *Schránek* – vysvětlil umělec nezaměnitelným, a přesto naléhavým způsobem problém, který ovlivnil nejen recepci jeho děl, ale i současný nesoulad v odpovědi na globálně probíhající krize. Stejně jako neúprosná materiálová expanze sochy, odsuzovaná Sekalem, který v ní přesto lineárním způsobem hledal smysl a relevanci, přinášejí i současné diskurzy obvykle poněkud posunutý požadavek mono-perspektivního řešení záměru: Dle tohoto je pouze sama velikost schopna vyřešit problémy ohrožující existenci v jejich domnělém *jádru*, i když je koneckonců i tato myšlenka konfrontována s faktem, že rovněž obsáhlé problematiky sestávají z nezměrného množství drobných součástí. Ani *Schránky* Zbyňka Sekala nedávají svým *jádrem* odpověď na otázku neohraničeného celku. Jsou to díla, která prostřednictvím

12 Zbyněk Sekal, citace dle: Tamtéž.

13 Srov. Linde 2018, s. 63.

14 Zbyněk Sekal citace dle: Ausstellungskatalog Prag 1997, s. 154.

15 Zbyněk Sekal, citace dle: Tamtéž.

16 Zbyněk Sekal, citace dle: Tamtéž.

fundamental turn towards comprehensive reality. It was the artist's act of perception that, from the presumed non-value of a real object, brought its art-relevant potential to the fore. Once such acceptance had been established and the object was recognized as a component element of a real-existing unity, it became possible to follow the path towards a more precise understanding and multiplication of meaningfulness. This conclusion can be further concretized through statements made by Zbyněk Sekal: *"And therefore every slightest object, in itself insignificant, has a precise meaning which is not always clear to me, which I often have to guess at."*[11]

Sekal's words indicate that, in the categorical selection of his working materials, he did not act solely on the basis of a previously conceived intention or with a particular outcome in mind; rather, from the *Shrines'* core-specific starting point, he accepted a certain form of openness as immanent to his work. The *Shrine* – in its exhibition-dependent visuality fundamentally determined by factors of Euclidean geometry – can thus stand in for a (in Sekal's case artistically specified) processuality generally inherent to man: Thinking in terms not of finalized boundaries but primarily of creating a variable frame defined by its edges, with each new piece in the series Sekal incorporated into his *Shrines* a thought structure of discrepant adaptive form. This means that each *Shrine*, extending expansively from the *core* into real space, immanently involves a confrontation between the artist and his perception-dependent mastery of reality:

"Not long ago it occurred to me that this place is itself already such an object. Any effort, any attempts to select a negligible part of many and assemble it in a separate – but from this point of view, partial – whole is necessarily contradictory. I will have to struggle with this hardship for a long time, maybe forever. But it's the only way."[12]

Limitation as possibility

In her book *Radical Beauty*, the artist Almut Linde (born 1965) wrote that all matter forms a universal flow that cannot be precisely concretized in detail but can be implicitly made out.[13] In writing of a preferential *"allegorical dialogue"*[14] with this very matter while trying to fully penetrate it, appeal against its immoderate handling, and ultimately obtain possible answers in the form of his specific works of art, Sekal demonstrated, especially within his *Shrines*, a fundamentally implicit realization that remains of profound importance to this day:

"I am frightened by the grandiosity that is flourishing throughout sculpture. What is the meaning of these giant creations measuring 30 × 15 m? Audiences marvel at it; they ask how much it weighs, what material it is, where it came from, how it was transported, and how much it cost. (...) Are such dimensions supposed to demonstrate power, or is it about outdoing everybody else?"[15]

Sekal's *Shrines* never gave themselves over to an expansion into space that might correspond to the concept of *"grandiosity,"*[16] a theme he addressed as well. In the thought processes and the processes of examination that Sekal spent the rest of his life implementing with the carefully considered use of matter in his *Shrines*, he unmistakably

11 Zbyněk Sekal, cited from Klimešová 2015, 508.

12 Ibid.

13 Cf. Linde 2018, 63.

14 Zbyněk Sekal, cited from Galerie hlavního města Prahy 1997, 154.

15 Ibid.

16 Ibid.

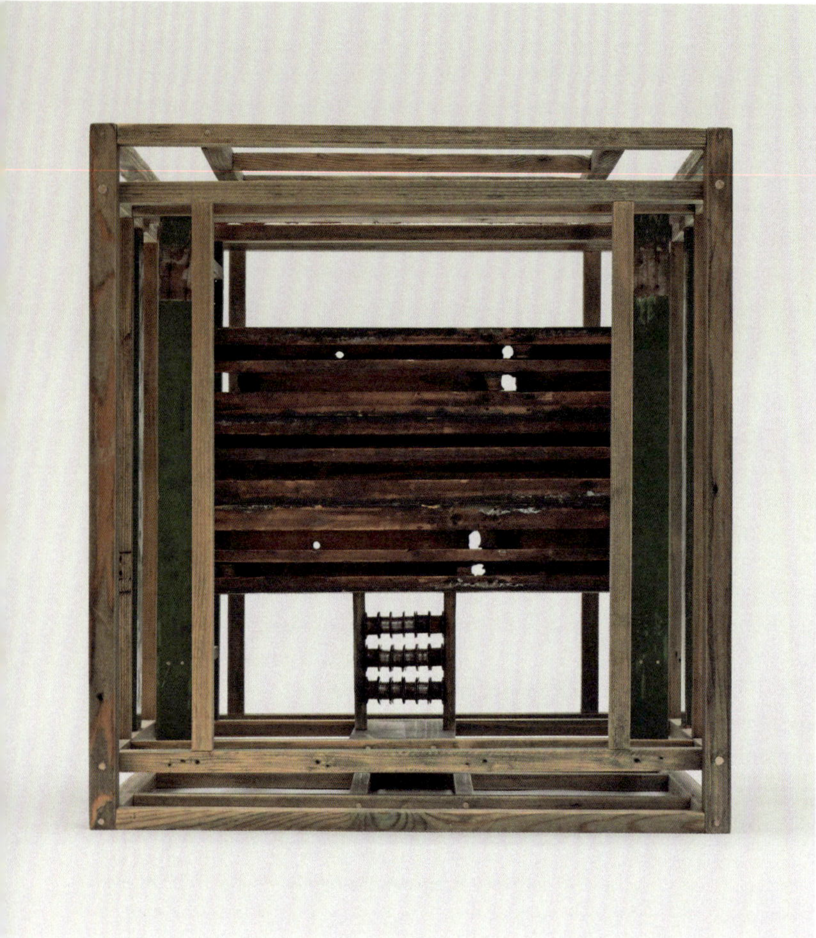

Ohne Titel | Bez názvu | Untitled – undatiert | nedatováno | undated

gegen den maßlosen Umgang mit ihr zu appellieren und letztendlich mögliche Antworten in Form seiner spezifischen Kunstwerke auf das nicht vollends Denkbare zu erhalten bemüht war, verdeutlichte der Künstler insbesondere innerhalb der *Schreine* eine grundsätzlich implizierte Erkenntnis von bis heute schwerwiegender Tragweite:

„Mich erschreckt der Gigantismus, der sich allgemein in der Skulptur ausbreitet. Was bedeuten diese Gigantismen mit Ausdehnung von 30 × 15 m, vor denen die Betrachter staunend stehen, nach dem Gewicht fragen, nach der Art der Materie, woher sie kommt, wie sie transportiert wurde und was das Ganze kostet? (...) *Soll mit solchen Abmessungen Macht demonstriert werden oder hat das mit Wettbewerbsdenken zu tun?“*[15]

Sekals *Schreine* gaben sich nie einer Ausdehnung in den Raum hin, die dem vom Künstler thematisierten *„Gigantismus“*[16] entsprechen würde. In den Denk- und Auseinandersetzungsprozessen, die Sekal bis zu seinem Tod mit der bedachtsamen Implementierung von Materie in seine Werkgruppe der *Schreine* führte, verdeutlichte der Künstler vielmehr auf unmissverständliche und doch eindringliche Weise eine Problemstellung, die nicht nur die Rezeption seiner Werke, sondern auch die aktuelle Diskrepanz in der Beantwortung global ablaufender Krisenherde bestimmen sollte. Wie in der von Sekal angeprangerten unerbittlichen materiellen Ausdehnung der Skulptur, die darin dennoch Bedeutsamkeit und Relevanz auf lineare Weise suchte, liefern auch gegenwärtig geführte Diskurse meist den verstellten Anspruch eines monoperspektivischen Lösungsvorhabens: So ist diesbezüglich alleinig Großes dazu in der Lage, existenziell-bedrohliche Probleme in ihrem vermeintlichen *Kern* zu lösen, auch wenn dieses Denken letztendlich damit konfrontiert wird, dass umfassende Problematiken aus unzähligen Kleinteiligkeiten resultierten. Auch Zbyněk Sekals *Schreine* geben keine in ihrem *Kern* befindliche Antwort für das unermessliche Ganze. Es sind Werke, die bei ihrer Rezeption darauf aufmerksam machen, dass selbst die kleinste, eigenspezifisch gegebene und mit dem offenkundigen Credo des Unfertigen versehene Ordnung dazu in der Lage ist,[17] einen Menschen in seinem Drang der realbefindlichen Auseinandersetzung widerzuspiegeln. Die *Schreine* materialisieren sich dabei nicht als Pilgerzentren sofortiger Erkenntnisgewinnung. Es sind kunstspezifisch geformte Ordnungen eines Künstlers, der am Ende des vergangenen Jahrhunderts erkannte, dass seine Werke das Konzentrat eines wahrnehmungs- sowie erkenntnisreich aktiven Lebens darstellen. In werkimmanent-währender Weise legt Sekals Kunst den Fokus auf gegenwärtige und zukünftige Problemstellungen des Menschen. Der rezeptionsbedingte Blick in das Innere der *Schreine* stellt dabei keine assoziative Verbindung mit den Eindeutigkeiten des Lebens dar, sondern führt vielmehr unweigerlich eine von weitreichender Tragweite bedingte Gegebenheit vor Augen: Ein tiefergehendes Verständnis für die eigenspezifische Umwelt des Menschen kann nur dadurch gewonnen werden, indem das Denken zwar konzentriert und Schicht um Schicht mit neuen Ansätzen bekleidet wird. Alleinig der immer wieder von neuem anzustrebende Drang, eine neue Ordnung in abzuschätzender Weise auszubilden und in die Realität zu platzieren, lässt einen dezidierten Wandel erst zu. In diesem Prozess des fortschreitenden Neubeginns eigens geschaffener Ordnung liegt das Potential zugrunde, um dem linearen Formalismus eines alleinig um Wachstum gewillten Strebens entgegenzuwirken: „(...) *jede Abweichung, jede Modifizierung muß innen geschehen, muß sich aus dem Inneren dieses Gefüges ergeben und darf nicht von außen in es eingefügt werden.“*[18]

15 Zbyněk Sekal zit. n.: Ebd.

16 Zbyněk Sekal zit. n.: Ebd.

17 Für Zbyněk Sekal stellte das Unfertige letztendlich einen Zustand seines Schaffens dar, den er jedoch als dem Leben innewohnende Gegebenheit titulierte: *„Deshalb werden auch so viele Sachen nicht fertig. Das ist eine Plage, aber diese Plagen machen schließlich mein Leben aus.“*, Zbyněk Sekal zit. n.: Ebd., S. 151.

18 Zbyněk Sekal zit. n.: Ebd., S. 147

jejich recepce upozorňují na to, že i sama ta nejmenší, sebou specificky daná struktura, opatřená zřejmým krédem nedokončeného, dokáže odrážet[17] nutkání člověka vypořádat se se skutečnou situací. *Schránky* se současně ani nezhmotňují jako poutní centra, v nichž lze dosáhnout bezprostředního poznání. Jsou to uměleckým způsobem specificky utvářené struktury umělce, který na konci minulého století zjistil, že jeho díla představují jakýsi koncentrát vnímavého a aktivního života, naplněného poznáním. Způsobem, který je dílu vlastní, se Sekalovo umění zaměřuje na současné i budoucí problémy člověka. Vjemem podmíněný pohled do nitra schránky nepředstavuje asociativní spojení s jednoznačností života, ale nevyhnutelně připomíná skutečnost, která má dalekosáhlé důsledky: Hlubšího porozumění specifickému lidskému prostředí lze dosáhnout pouze tím, že je myšlení koncentrováno a pokrývá se vrstvu po vrstvě novými přístupy. Jedině stále znova se opakující usilovné nutkání, vytvořit hodnotitelným způsobem nový řád a vměstnat jej do reality, připouští rozhodující změnu. V tomto procesu postupujícího nového začátku speciálně vytvořeného řádu spočívá potenciál, jak čelit lineárnímu formalismu výlučné snahy o růst: „(...) *každá odchylka, každá modifikace se musí odehrát uvnitř, musí vyplynout z vnitřku této konstrukce a nesmí se do ní vkládat zvenčí.*“[18]

yet forcefully elaborated a question that would determine not only the reception of his works but also the current discrepancy in responding to globally unfolding trouble spots. As with Sekal's criticism of developments in sculpture, which in a nonetheless linear manner sought its own significance and relevance in relentless material expansion, the contemporaneous discourse usually offered false claims to a monoperspective solution, according to which only something truly grand is capable of resolving existentially threatening problems at their presumed *core*, even though this way of thinking is eventually confronted with the fact that comprehensive problems result from an endless division into ever smaller parts. Similarly, at their *core* Sekal's *Shrines* offer no answer for the immeasurable whole. They are works that, in their reception, draw attention to the fact that even the smallest order, abandoned in the most specific manner and imbued with the self-evident motto of the unfinished, is capable[17] of reflecting a person's drive for real confrontation. In this sense, the *Shrines* are not pilgrimage sites offering immediate enlightenment. These orders have been formed specifically with a view to art, created by an artist who realized, towards the end of the last century, that his works are the concentrated product of a perceptually and experientially rich and active life. Sekal's art consistently and immanently focuses on contemporary and future questions faced by mankind. Within this context, a reception-dependent view of the inside of his *Shrines* does not represent any associative connection with the unambiguous aspects of life. Instead, it inevitably presents us with a fact of far-reaching implications: A deeper understanding of mankind's surroundings can only be achieved if the mind concentrates and dresses layer upon layer in new ways of thinking. A decisive change is only possible if we strive again and again to develop a new order in an estimable manner and to place it within reality. This process of the progressive new beginning of an independently created order possesses the potential to counter the linear formalism of a quest focused solely on growth: "(...) *every deviation, every modification must be inside, must flow from within this organized system, must not be introduced from the outside.*"[18]

17 Pro Zbyňka Sekla představovalo „*nedokončené*“ takový stav tvorby, který označoval jako danost obsažená v životě: „*Proto také zůstává spousta věcí nedokončených. Je to lopota, ale lopocením je ostatně i můj život.*“, Zbyněk Sekal, citace dle: Ausstellungskatalog Prag 1997, s. 151.

18 Zbyněk Sekal, citace dle: Tamtéž, s. 147.

17 For Zbyněk Sekal, the unfinished ultimately represented a state of his creative work, which he nevertheless called an inherent part of life: "*That is also why so many things remain unfinished. It's a torment, but this torment is what keeps me alive.*" Ibid., 19.

18 Ibid., 16.

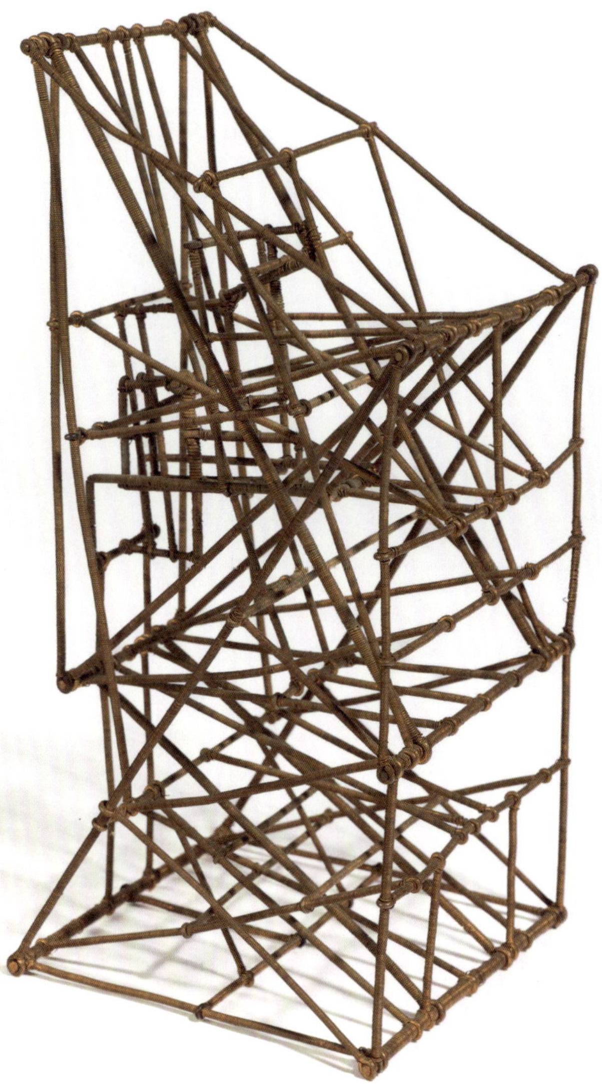

 Kupferschrein | Měděná schránka | Copper shrine – 1991

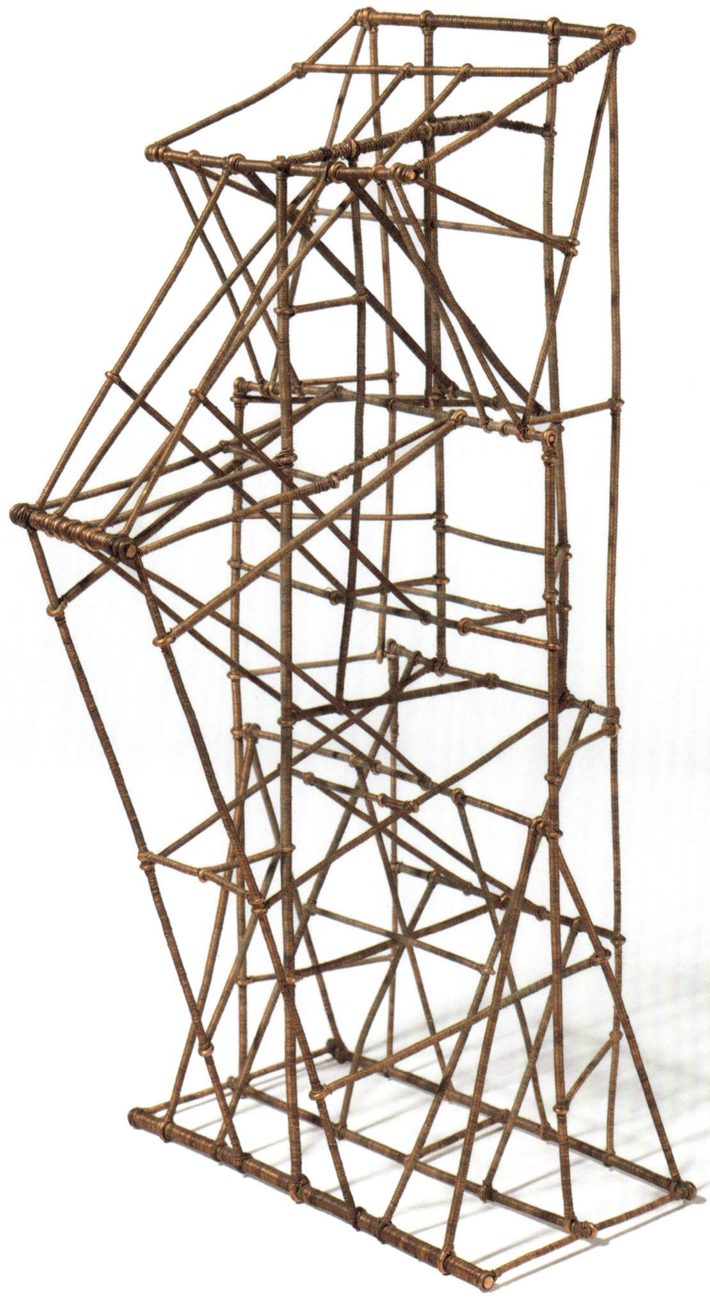

Kupferschrein | Měděná schránka | Copper shrine – 1991

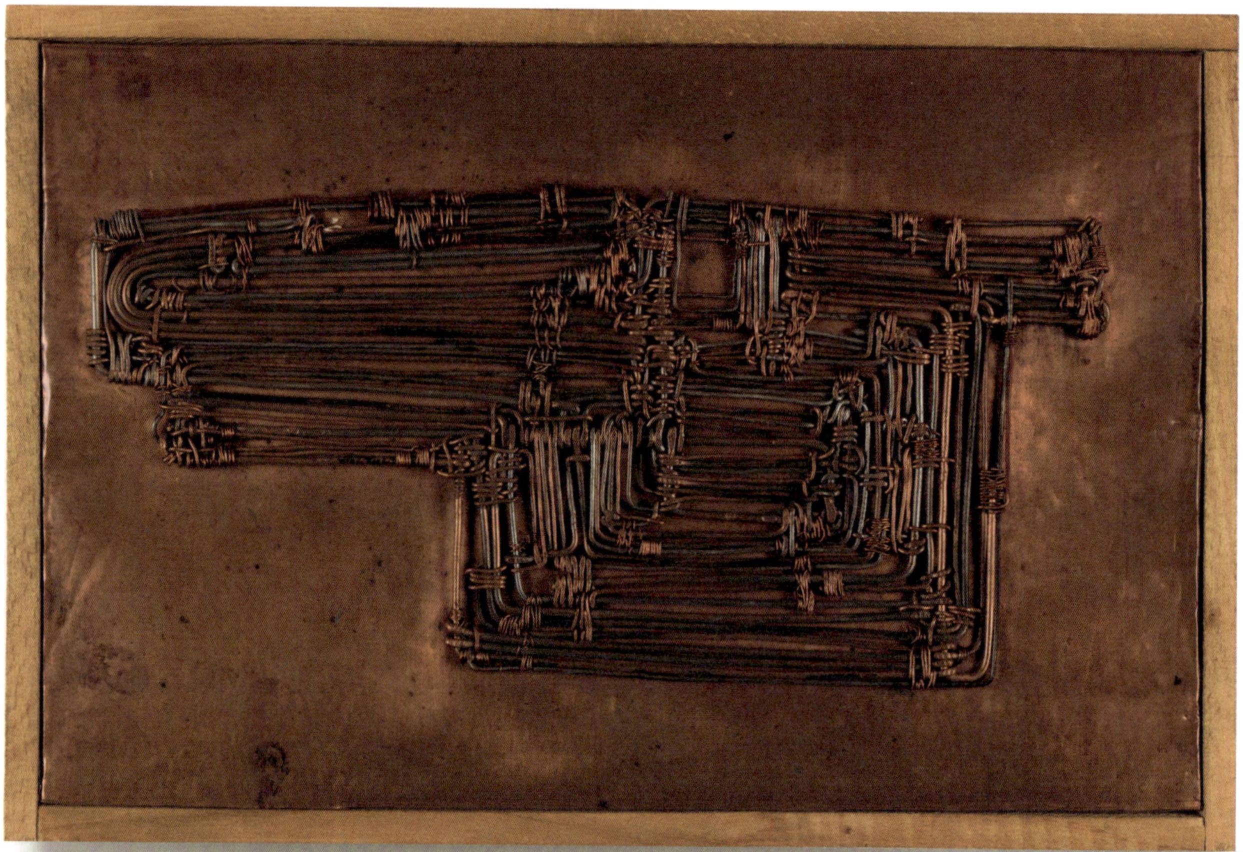

 Schema eines zweckgemäßen Betriebs | Schéma účelného provozu | Scheme of a purposeful operation – 1964

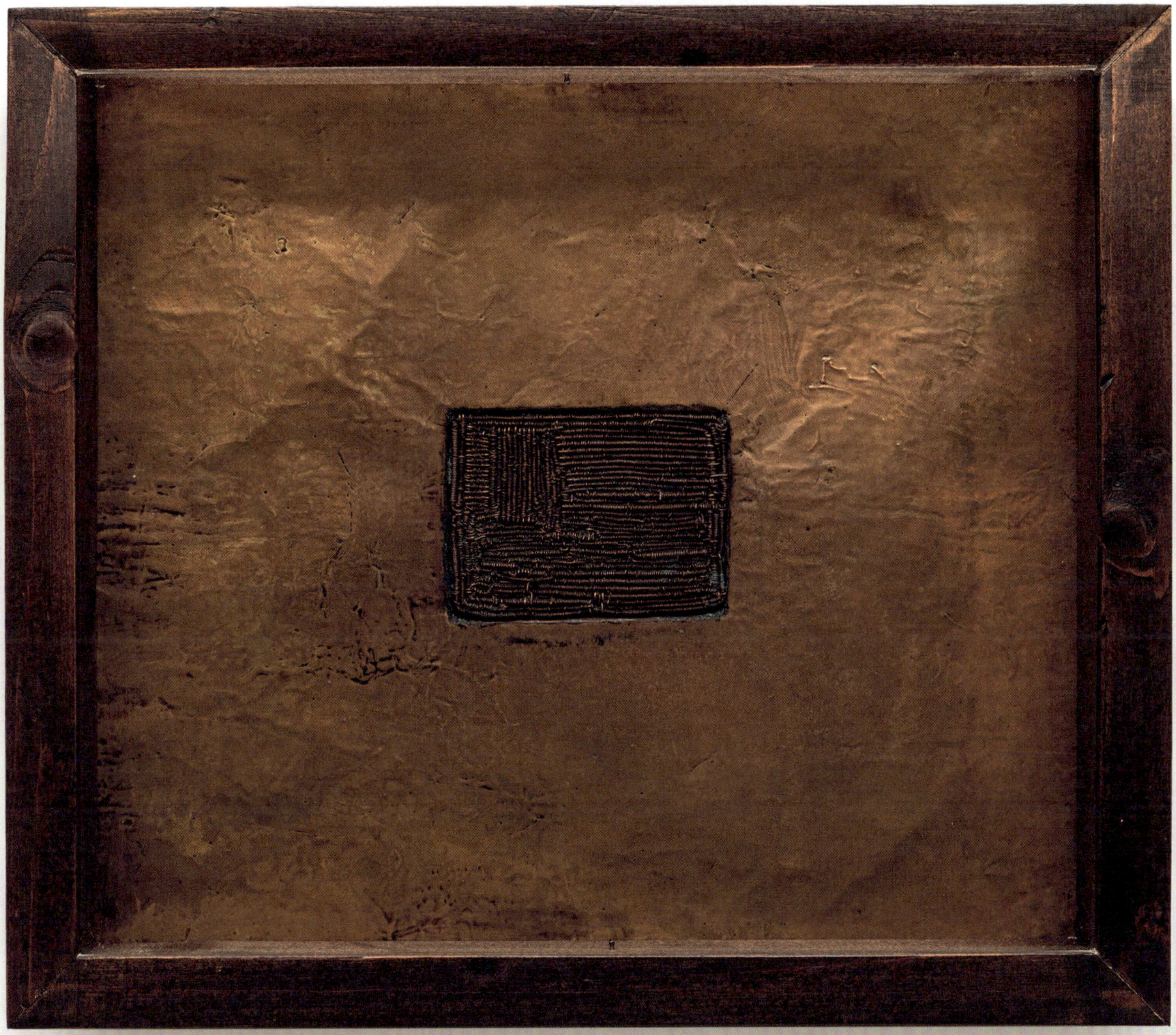

Ohne Titel | Bez názvu | Untitled – undatiert | nedatováno | undated

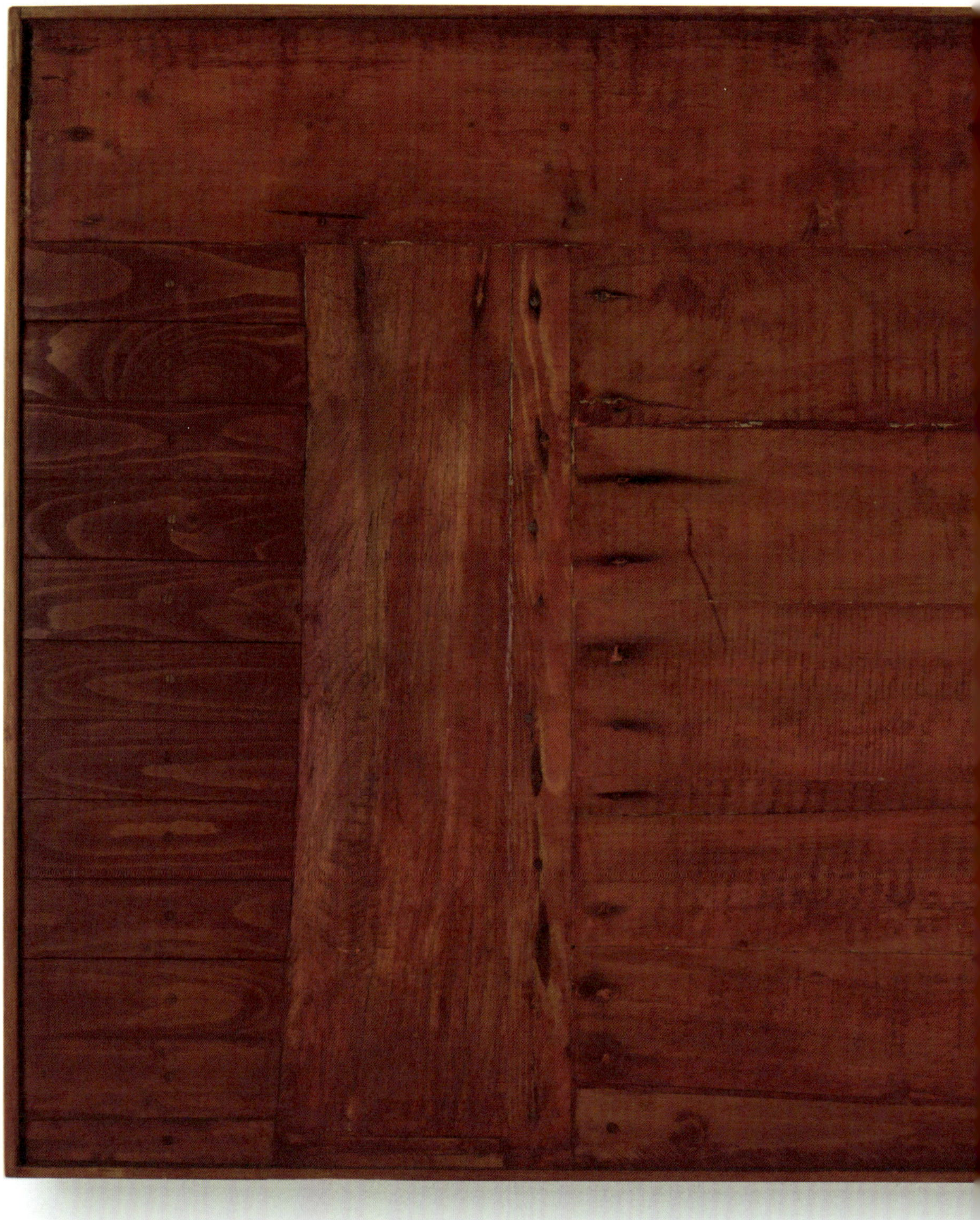

 Chinesisches Tor | Čínská brána | Chinese Gate– 1968

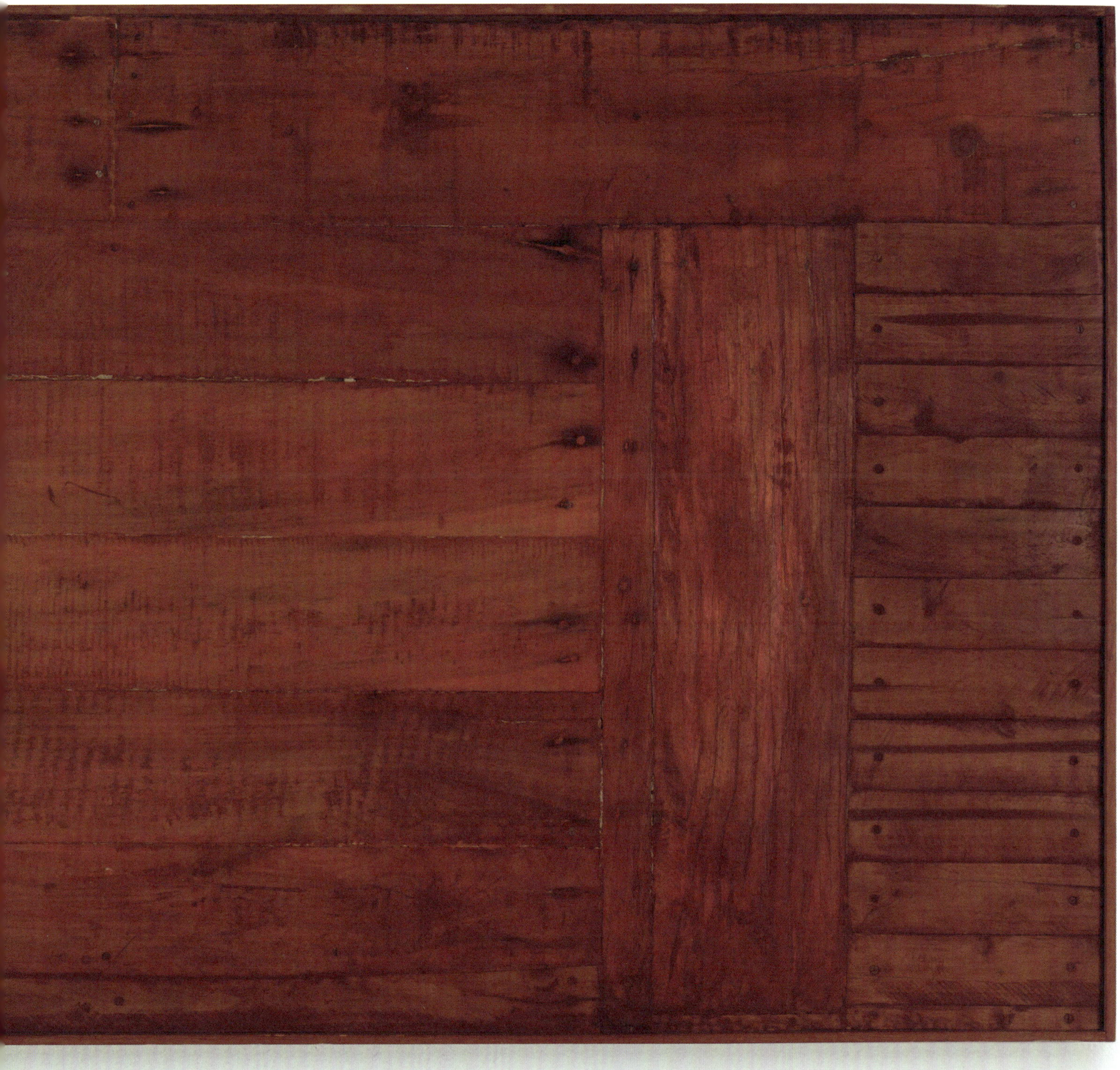

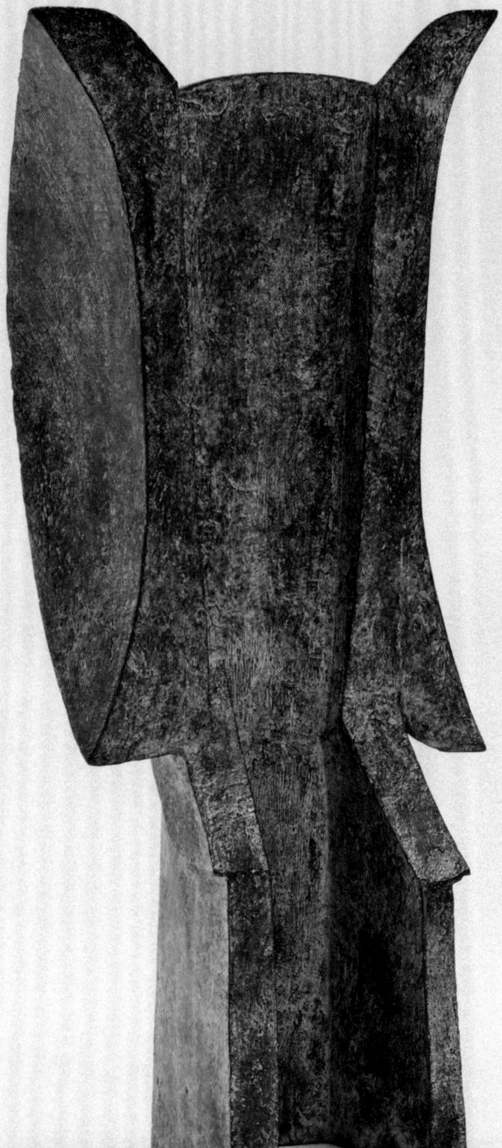

 Ohne Titel | Bez názvu | Untitled – 1988

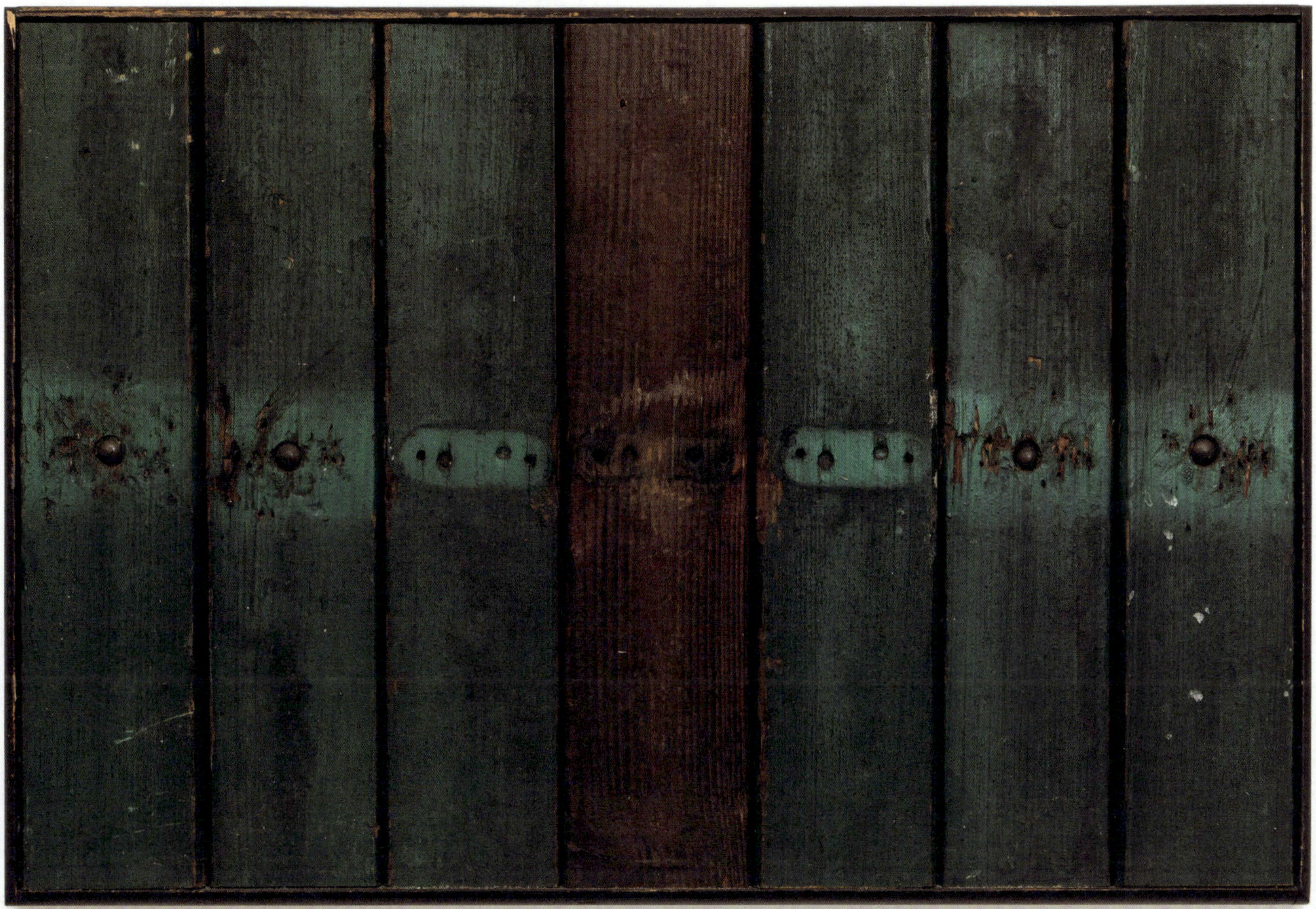

Ohne Titel | Bez názvu | Untitled – undatiert | nedatováno | undated

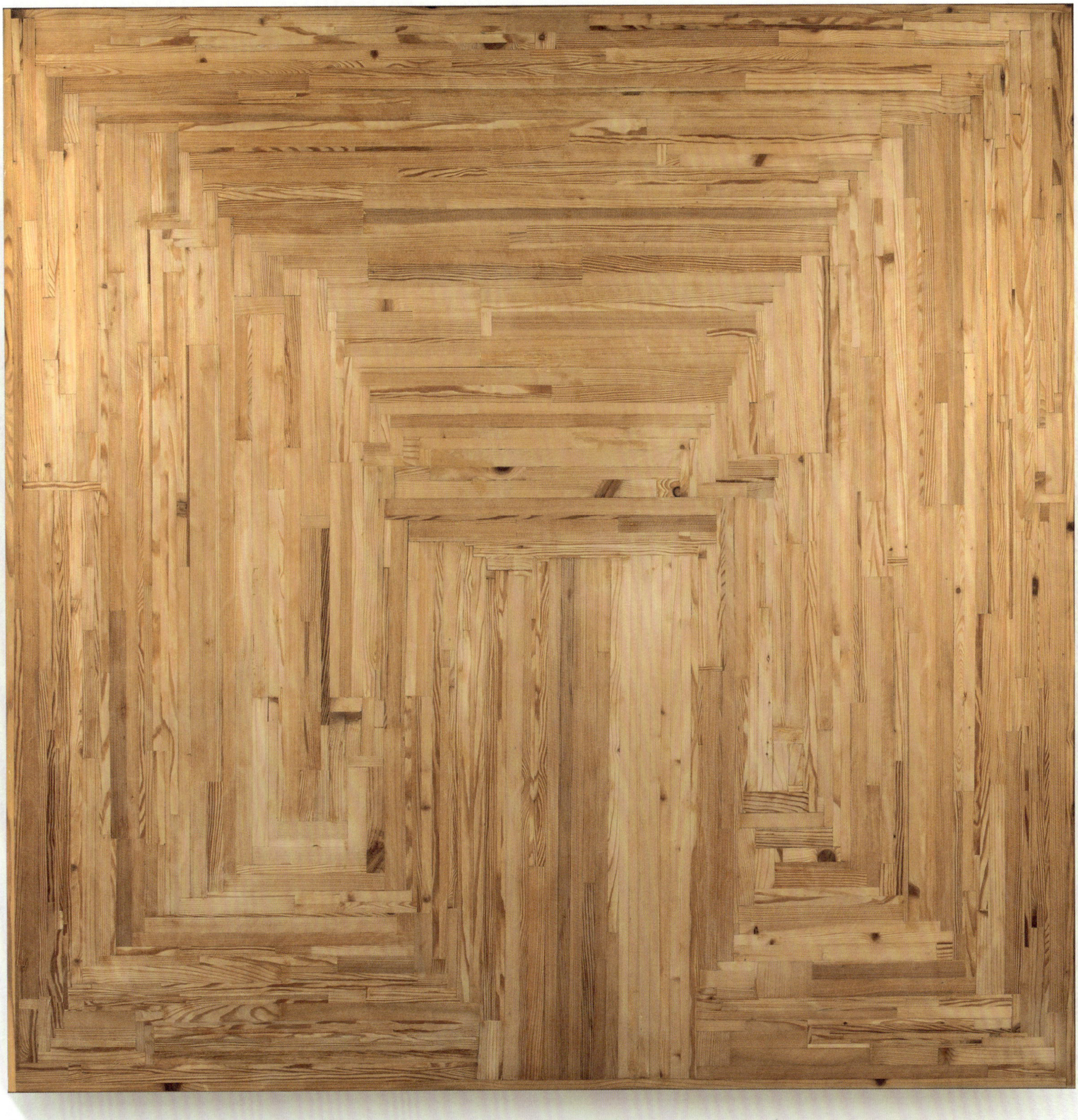

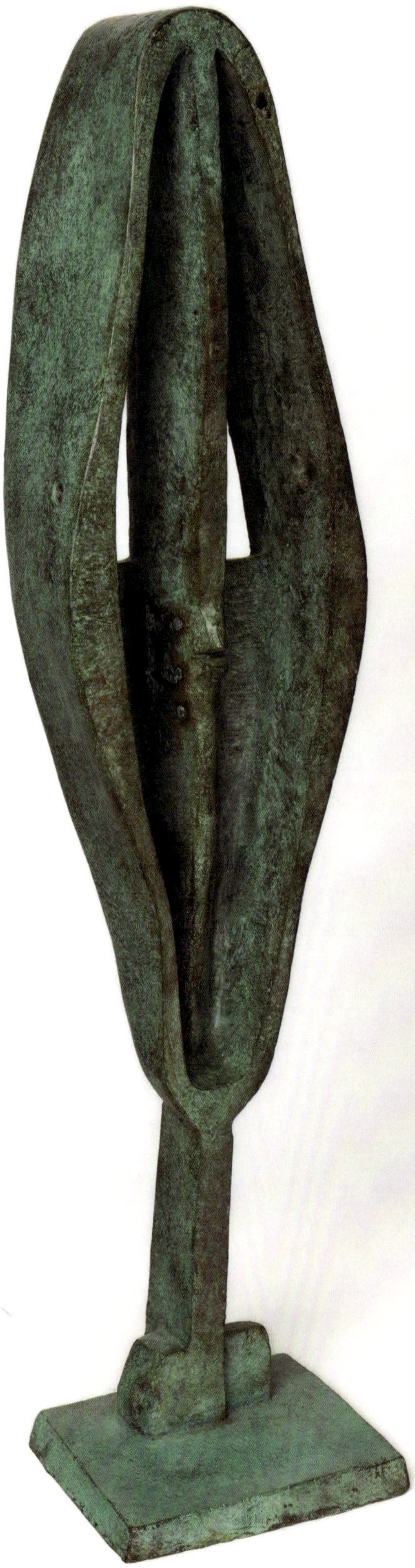

 Figur | Postava | Figure – 1964

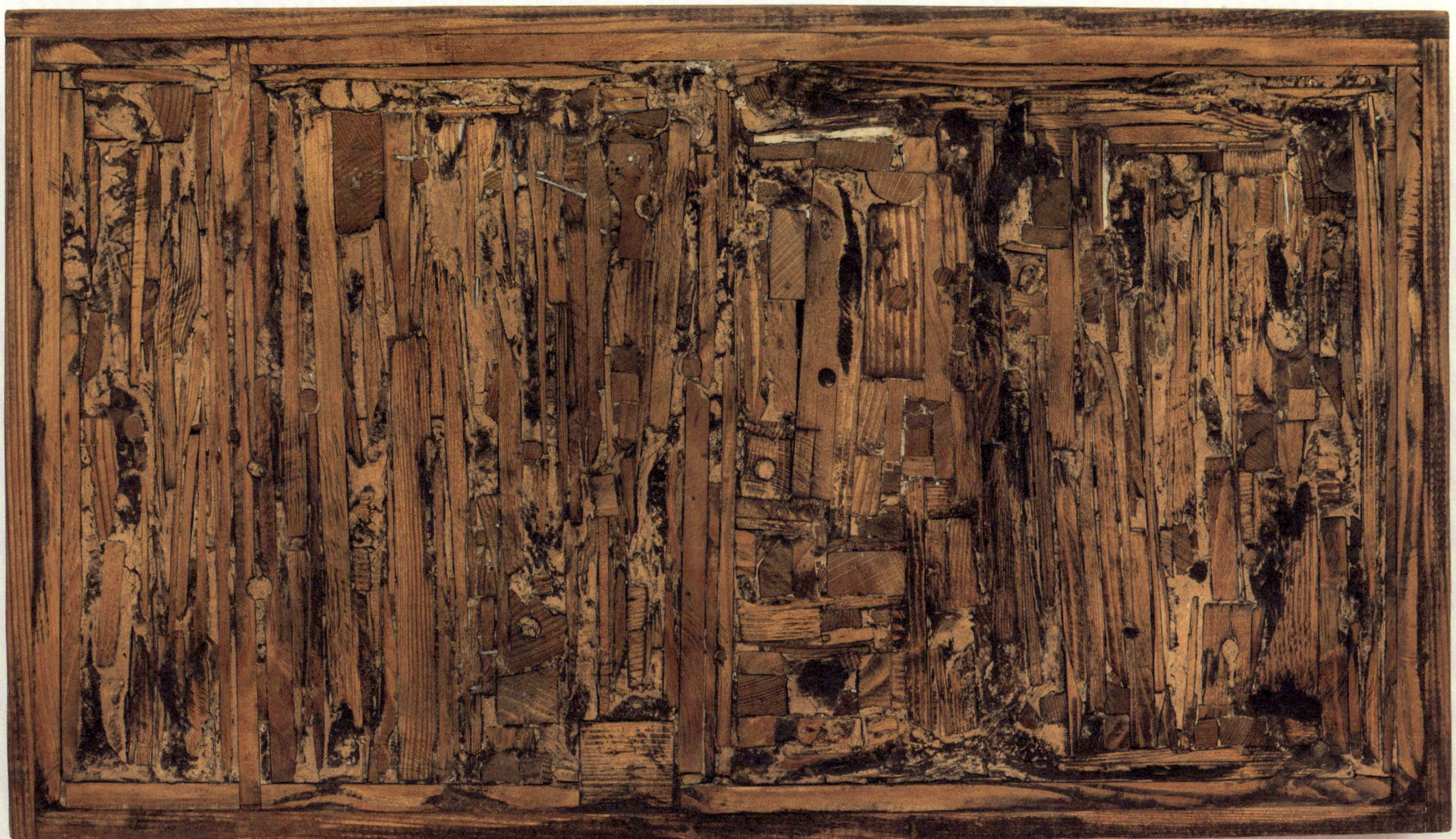

Das Ende des Waldes | Konce lesa | The end of the forest – 1965–1967

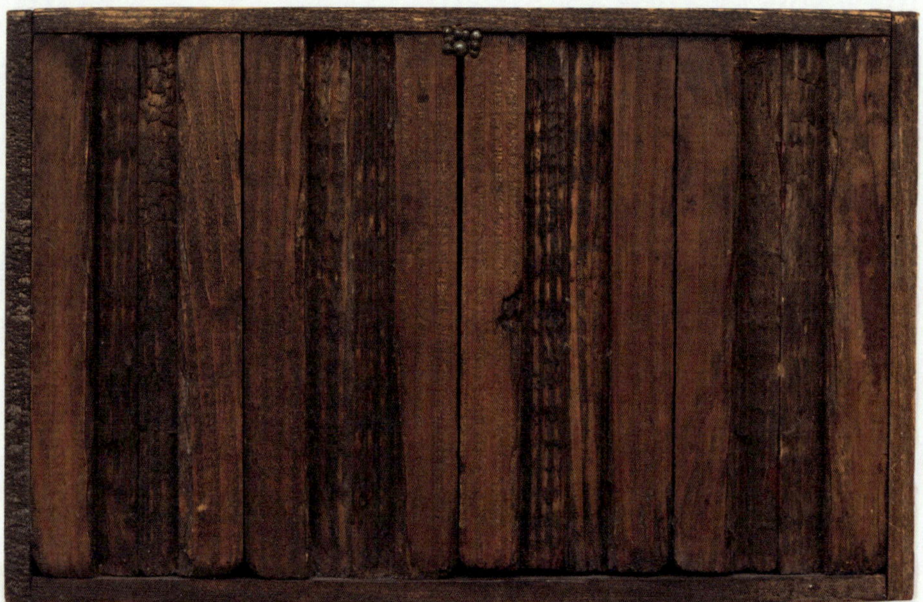

Ohne Titel | Bez názvu | Untitled – undatiert | nedatováno | undated

 Ohne Titel | Bez názvu | Untitled – undatiert | nedatováno | undated

Ohne Titel | Bez názvu | Untitled – undatiert | nedatováno | undated

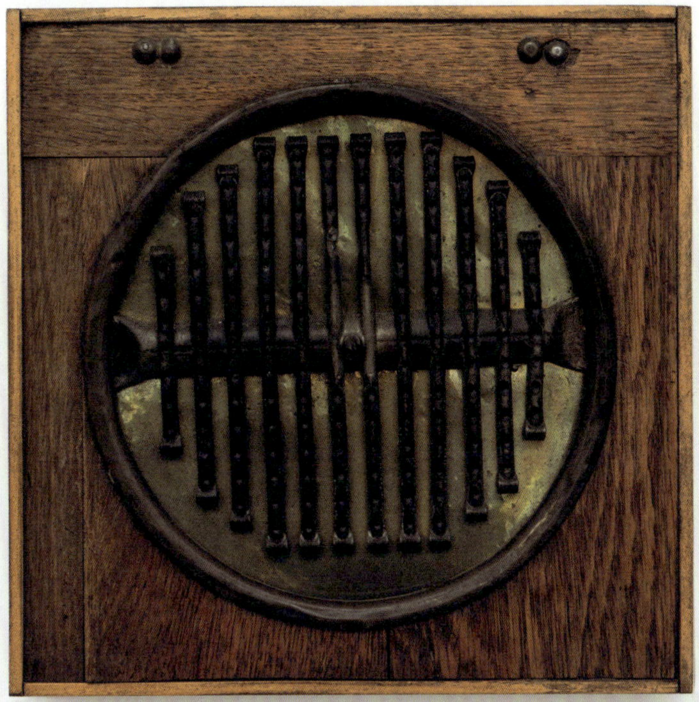

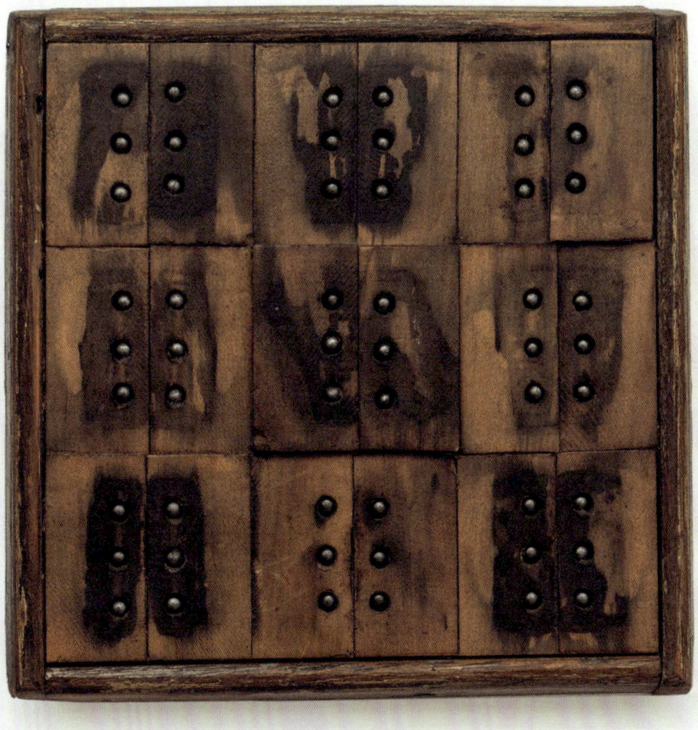

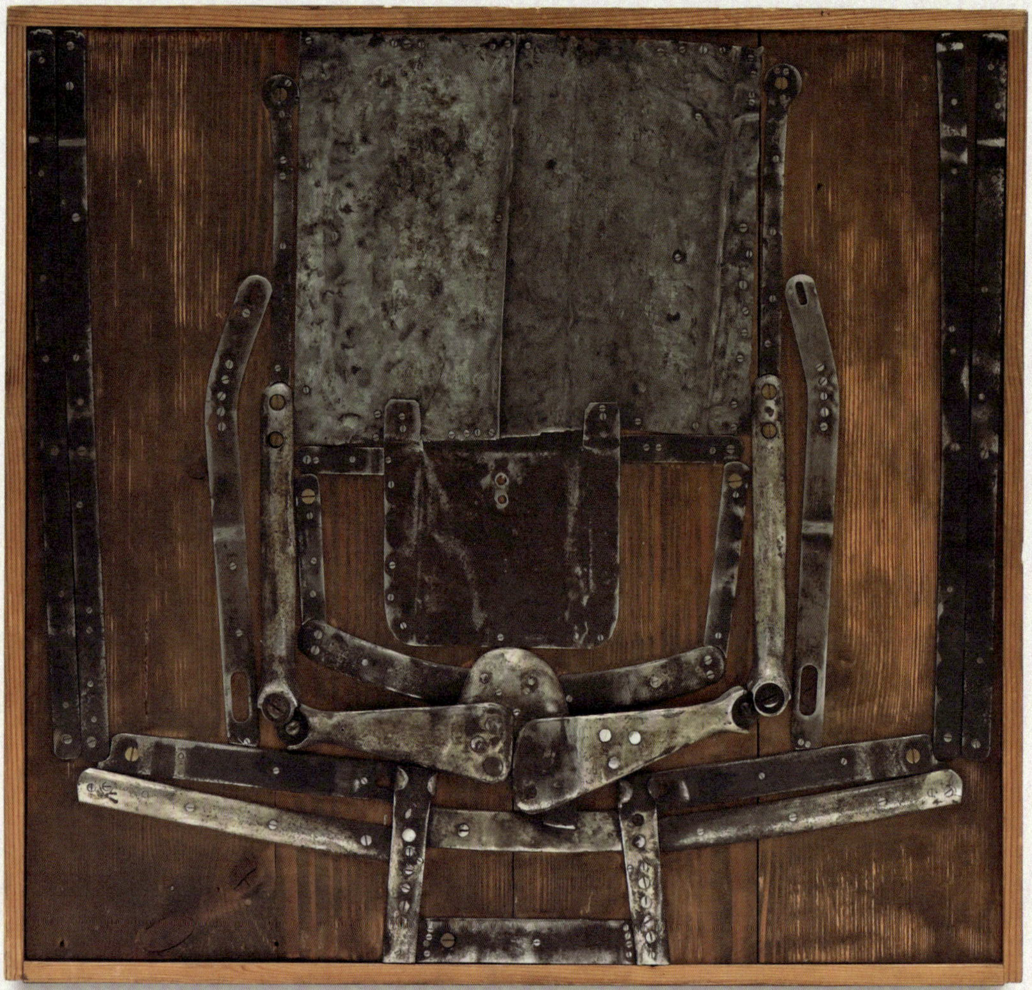

 Waffenstillstand | Příměří | Ceasefire – 1966 / 1972

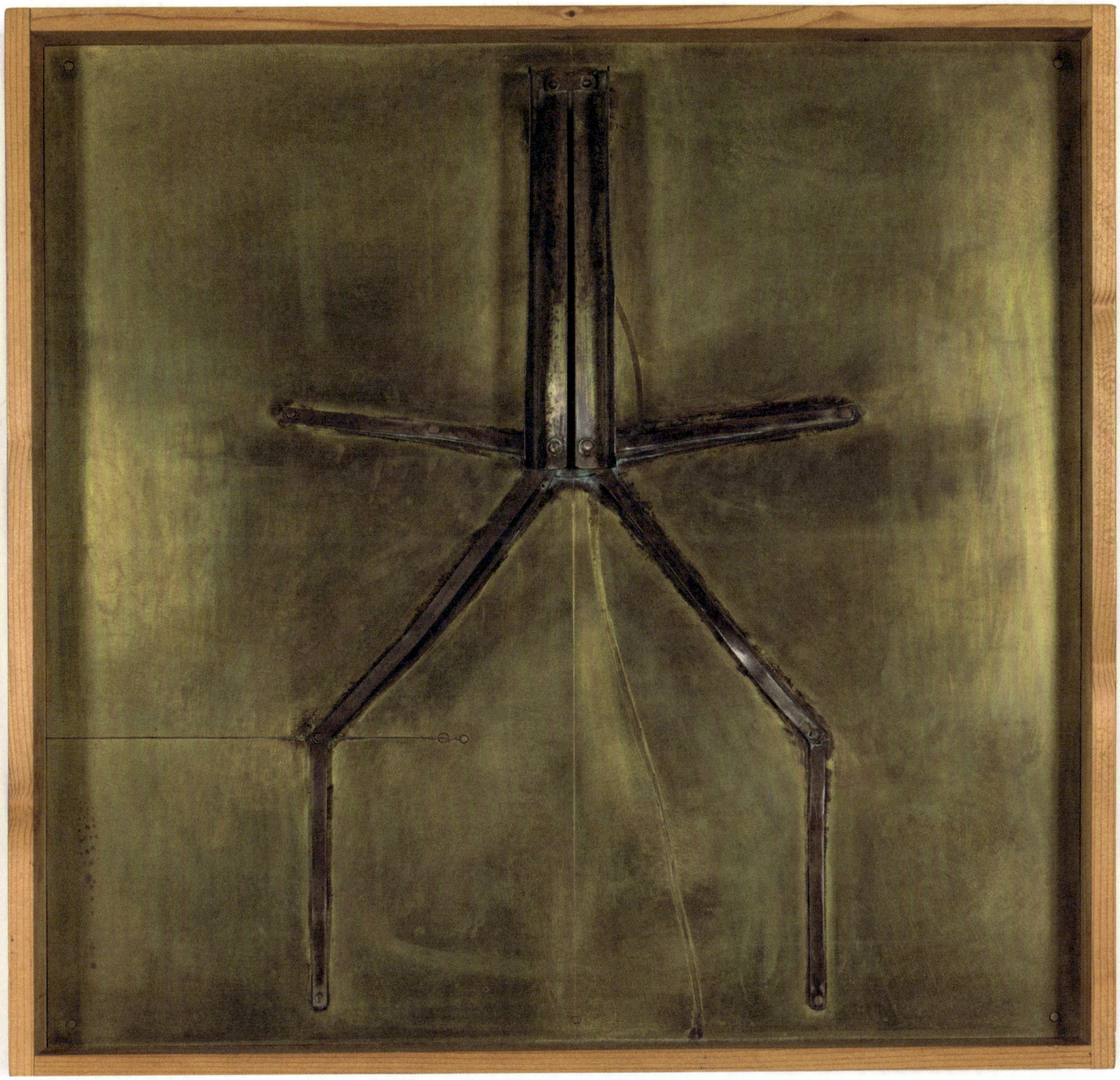

In Grätschstellung Arme seitwärts strecken | Rozkročmo upažit | Astride Hands Low – 1966–1967 / 1992

Neunzehn mal Neunzehn ist Dreihunderteinundsechzig | Devatenáct krát devatenáct je tři sta šedesát jedna |
Nineteen times nineteen is three hundred and sixty-one – 1989

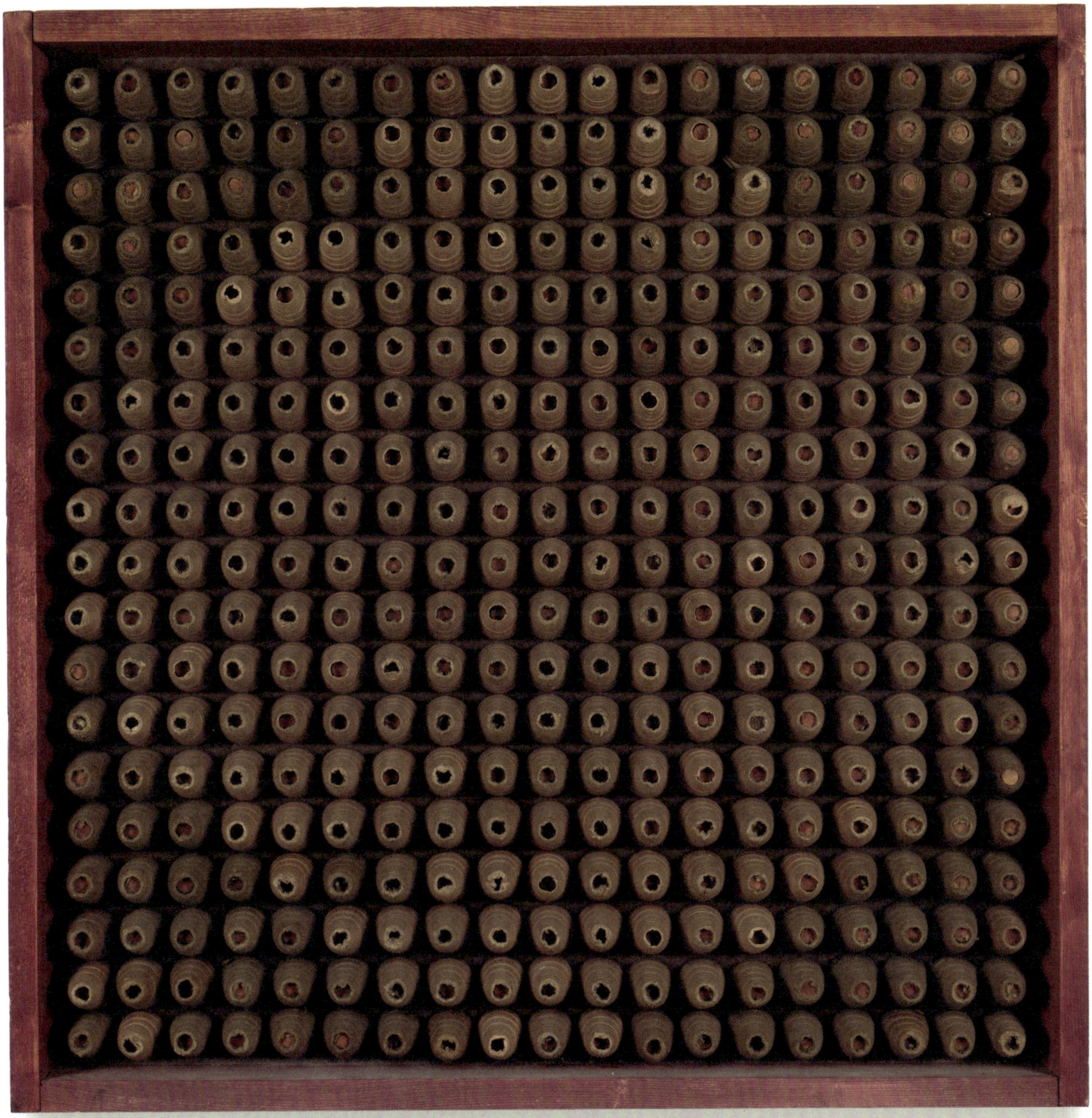

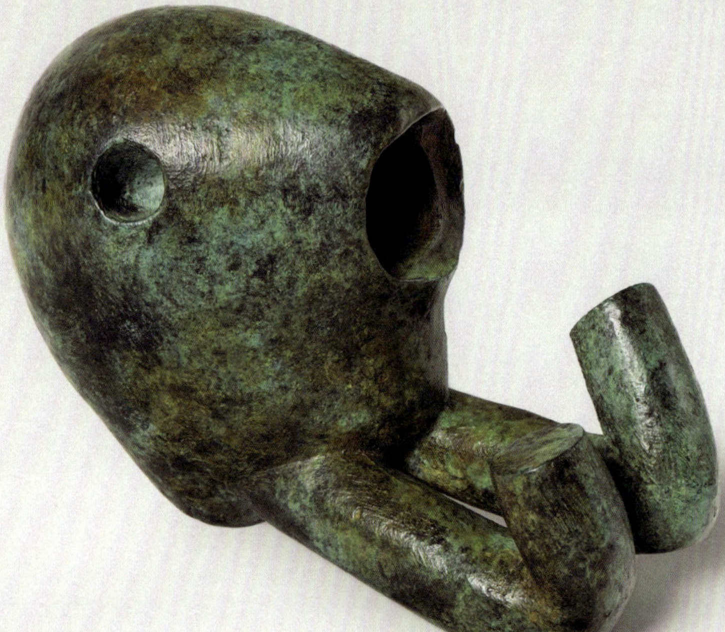

 Embryo – 1967

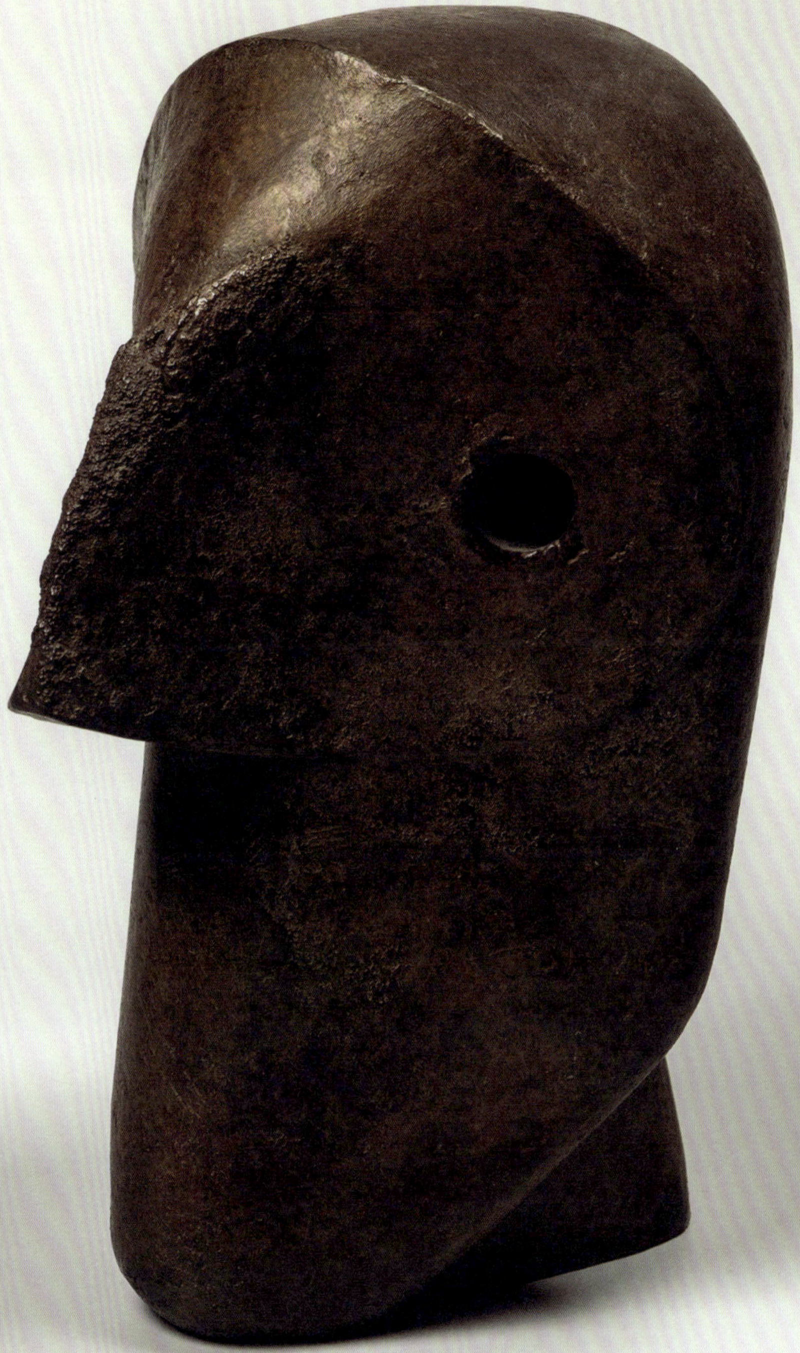

Maskierte Maske | Maskovaná maska | Masked mask – 1990

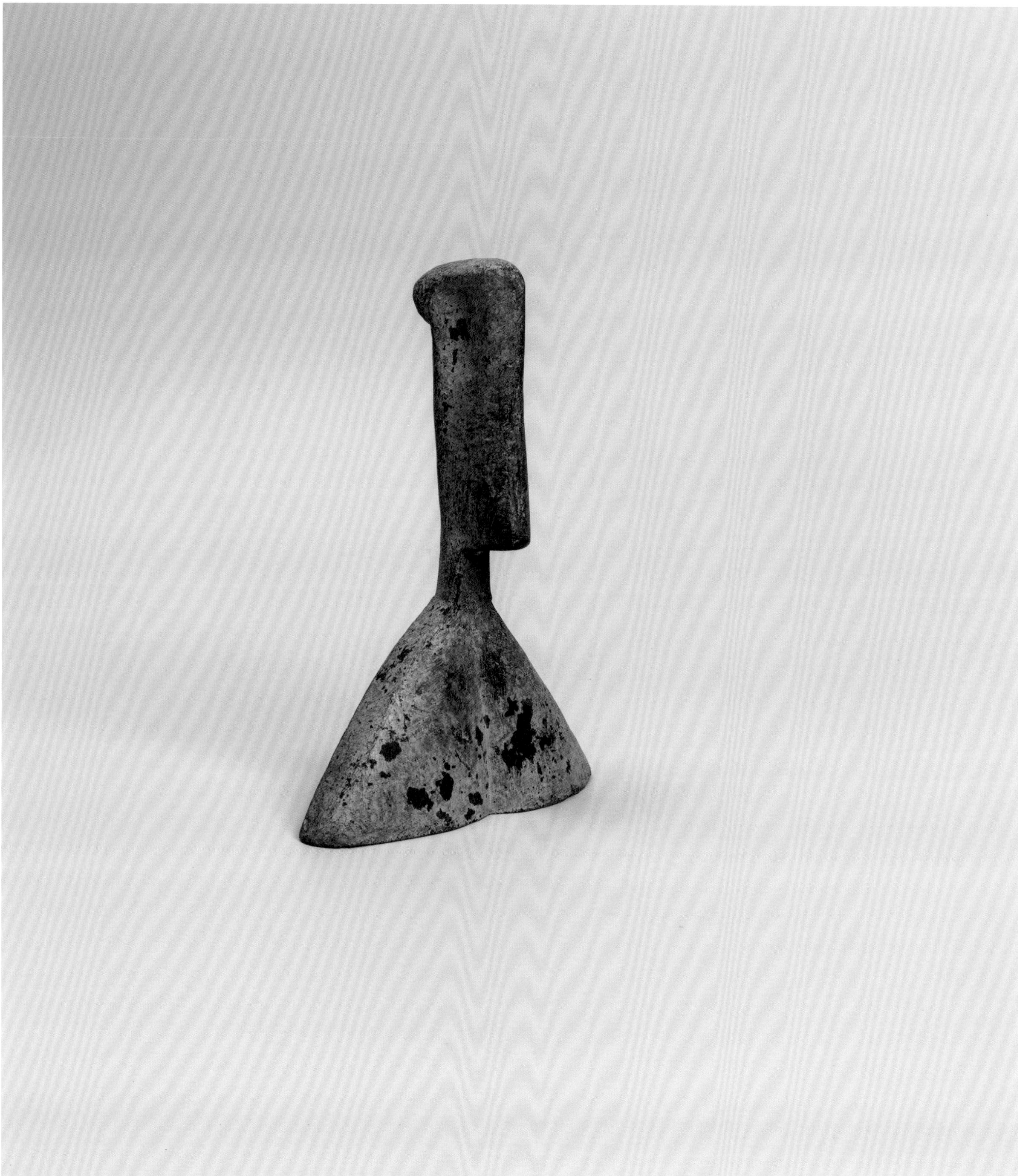

 Büste | Busta | Bust – 1973

Der große Kopf | Velká hlava | Big Head – 1979–1982

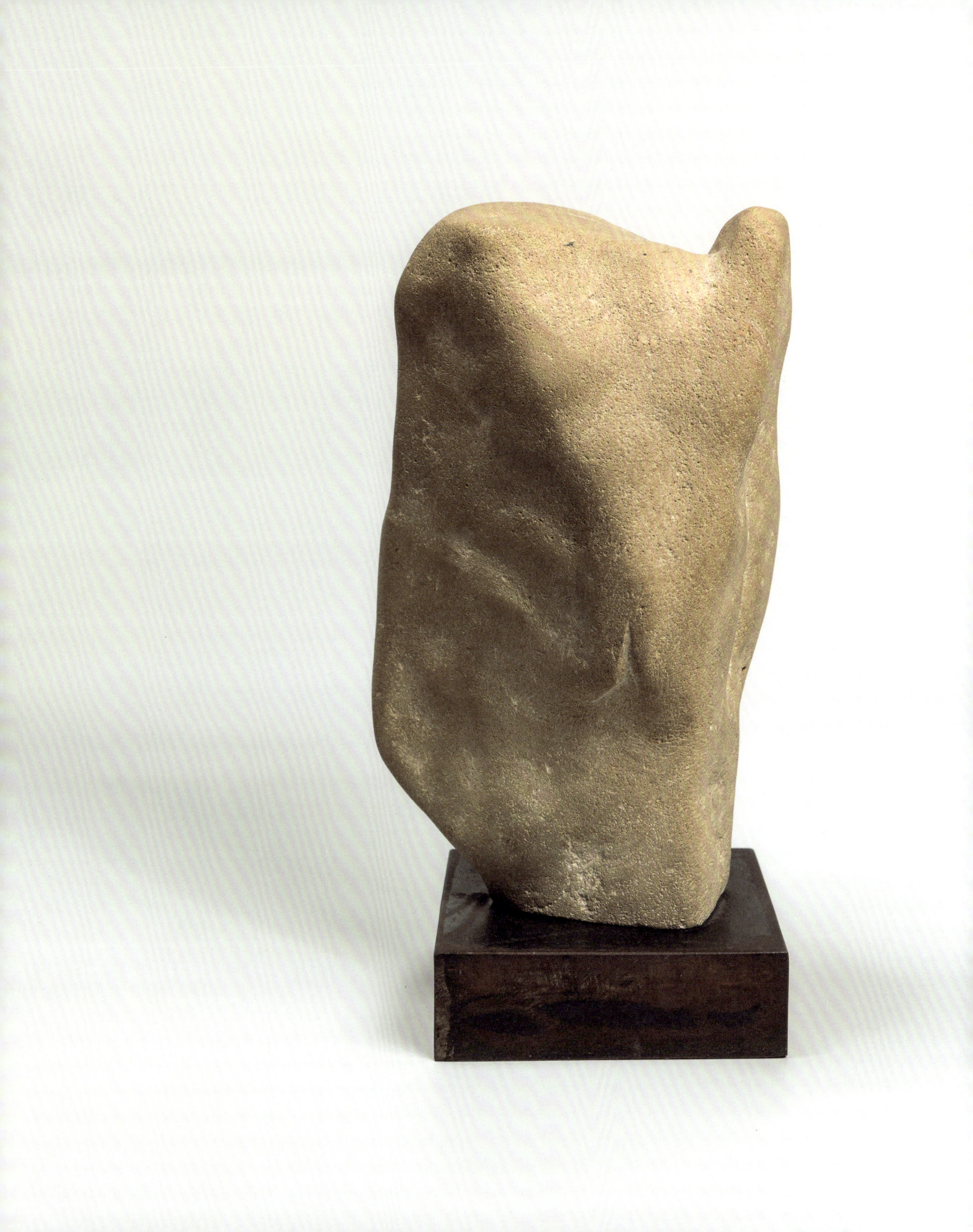

Biografie | Životopis | Biography

1923	Zbyněk Sekal wird am 12. Juli in Prag geboren.
1934–1941	Schulzeit an der Realschule, dem Realgymnasium und der Wirtschaftsakademie.
1941	Er wird am 17. November verhaftet und im Gefängnis Prag-Pankrác sowie in den Konzentrationslagern Theresienstadt und Mauthausen inhaftiert.
1945–1950	Studium an der Hochschule für Angewandte Kunst in Prag bei František Tichý und Emil Filla.
1952–1953	Arbeitet als Verlagsredakteur im Verlag für politische Literatur (später Svoboda). Militärdienst.
1952–1959	Umzug nach Bratislava.
1957–1964	Mitglied der Gruppe Máj 57.
1958	Rückkehr nach Prag.
1959–1961	Reisen nach Moskau, Leningrad (heute St. Petersburg), Warschau und Danzig.
1961	Erste Einzelausstellung in der Galerie am Karlsplatz in Prag.
1961–1968	Arbeitet in seinem Atelier in der Bělohorská Straße in Prag.
1965	Einzelausstellung in der Galerie Václav Špála in Prag und im Haus der Herren von Kunštát in Brünn.
1969	Einzelausstellung in der Galerie Václav Špála in Prag.
1969	Am 13. September Ausreise nach West-Berlin mit einem DAAD-Stipendium.
1970	Gestaltung eines großen Wandreliefs im David-Hansemann-Haus in Düsseldorf.
1970	Im September Umzug nach Wien, wo er bis zum Ende seines Lebens arbeitet.
1970–1974	Lehrtätigkeit an der Staatlichen Akademie der Bildenden Künste in Stuttgart.
1974	Heirat mit Christine Pullitzer.
1984	Preis der Stadt Wien für Bildhauerei.
1989	Erste Reise nach Japan.
1995	Die Nationalgalerie in Prag gibt Zbyněk Sekal zuvor beschlagnahmte Werke zurück.
1998	Am 24. Februar stirbt Zbyněk Sekal in Wien.

Zbyněk Sekal se narodil v Praze 12. července.

Studoval na reálném gymnáziu, reálce a na obchodní akademii.

17. listopadu zatčen a internován na Pankráci a v koncentračních táborech Terezín a Mauthausen.

Studoval na Vysoké škole uměleckoprůmyslové v Praze (František Tichý a Emil Filla).

Pracoval jako redaktor Nakladatelství politické literatury (později Svoboda). Vykonával vojenskou službu.

Pobýval v Bratislavě.

Členem skupiny Máj 57.

Vrátil se do Prahy.

Podnikl cestu do Moskvy, Leningradu (dnes Petrohrad), Varšavy a do Gdaňsku.

První samostatná výstava v Galerii na Karlově náměstí v Praze.

Byl činný ve svém ateliéru v Bělohorské ulici v Praze.

Samostatná výstava v Galerii Václava Špály v Praze a v Domě pánů z Kunštátu v Brně.

Samostatná výstava v Galerii Václava Špály v Praze.

13. září odjel na stipendium DAAD do západního Berlína.

Realizoval velký reliéf v domě Davida Hansemanna v západoněmeckém Düsseldorfu.

V září se trvale usadil ve Vídni, kde působil až do konce života.

Pedagogicky působil na Staatliche Akademie der Bildenden Künste ve Stuttgartu.

Oženil se s Christine Pullitzerovou.

Získal cenu města Vídně za sochařství.

Podnikl první cestu do Japonska.

Národní galerie v Praze vrátila Zbyňku Sekalovi díla, která byla součástí záboru.

Zbyněk Sekal zemřel ve Vídni 24. února.

Zbyněk Sekal is born in Prague on 12 July.

School days at high school, secondary school and business academy.

On 17 November he is arrested and imprisoned in the Prague-Pankrác prison and in the Theresienstadt and Mauthausen concentration camps.

Studies at the Academy of Arts, Architecture and Design in Prague under František Tichý and Emil Filla.

Works as an editor in the Publishing House for Political Literature (later Svoboda). Military service.

Moves to Bratislava.

Member of the Máj 57 group.

Returns to Prague

Travels to Moscow, Leningrad (now St. Petersburg), Warsaw and Gdansk.

First solo exhibition at the Gallery on Charles Square in Prague.

Works in his studio on Bělohorská Street in Prague.

Solo exhibition at the Václav Špála Gallery in Prague and at the House of the Lords of Kunštát in Brno.

Solo exhibition at the Václav Špála Gallery in Prague.

Leaves for West Berlin on 13 September with a DAAD scholarship.

Designs a large mural relief in the house of David Hansemann in Dusseldorf.

In September relocates to Vienna, where he works until the end of his life.

Teaching activity at the State Academy of Fine Arts in Stuttgart.

Marries Christine Pullitzer.

Prize of the City of Vienna for sculpture.

First journey to Japan.

The National Gallery in Prague returns previously seized works to Zbyněk Sekal.

Zbyněk Sekal dies in Vienna on 24 February.

Ausstellungen | Výstavy | Exhibitions

Auswahl | Selekce | Selection

Die ausgewählten Einzel- und Gruppenausstellungen bis zum Jahr 2015 wurden dem im Katalog *Zbyněk Sekal. A věci se zvolna berou před se* publizierten Ausstellungsverzeichnis entnommen (Marie Klimešová, Arbor Vitae 2015, S. 417–421).

Vybrané samostatné a skupinové výstavy do roku 2015 byly převzaty ze seznamu výstav publikovaného v katalogu *Zbyněk Sekal. A věci se zvolna berou před se* (Marie Klimešová, Arbor Vitae 2015, s. 417–421).

The list of selected solo and group exhibitions up to 2015 was taken from the list of exhibitions published in the catalogue *Zbyněk Sekal. A věci se zvolna berou před se / And Things Are Moving Forward Slowly* (Marie Klimešová, Arbor Vitae 2015, 417–421).

Ausgewählte Einzelausstellungen | Vybrané samostatné výstavy | Selected solo exhibitions

2024 *Zbyněk Sekal 100.* Sprengel Museum Hannover, Hannover
2023 *Zbyněk Sekal 100.* Museum Kampa, Praha
Zbyněk Sekal 100. Museum Liaunig, Neuhaus/Suha
Zbyněk Sekal: aus dem Inneren eines Jahrhunderts,. artmark galerie, Wien
2020/2021 *Zbyněk Sekal.* Belvedere 21, Wien
2018 *Zbyněk Sekal 95.* Galerie Závodný, Mikulov
2017 *Mladý Sekal / Kresby z lágru a jiné....* Památník Terezín, Terezín
2015/2016 *Zbyněk Sekal: A věci se zvolna berou před se.*
Muzeum umění Olomouc, Olomouc (K | C)
Alšova jihočeská galerie, Hluboká nad Vltavou
2015 *Ateliér Sekal.* Národní galerie v Praze, Veletržní palác, Praha
Zbyněk Sekal.
The Museum of Modern Art, Kamakura & Hayama (K | C)
2013/2014 *Zbyněk Sekal.* Gallery TOM, Tokyo (K | C)
2012 *Zbyněk Sekal: Skládané obrazy a schránky.* Topičův salon, Praha (K | C)
2010 *Zbyněk Sekal: Skládané obrazy, sochy a schránky.* Brno Gallery CZ, Brno (K | C)
2007 *Zbyněk Sekal.* Tschechisches Zentrum Wien, Wien
2002 *Zbyněk Sekal.* Kunsthalle Krems, Krems an der Donau (K | C)
2001 *Zbyněk Sekal: Engaged in Kafka.* Gallery TOM, Tokyo
1997 *Zbyněk Sekal: Práce za posledních pětapadesát let.* Galerie hlavního města Prahy, Městská knihovna, Praha (K | C)
1993 *Zbyněk Sekal: Sochy a skládané obrazy.* Vysoká škola výtvarných umení v Bratislave. Galéria Médium, Bratislava (K | C)
1992 *Zbyněk Sekal: Skulpturen, Materialbilder, Zeichnungen, Gerüste 1967–1991.* Künstlerhaus Klagenfurt, Klagenfurt (K | C)
Zbyněk Sekal: Některé práce z let 1940–1992. Dům umění města Brna, Brno (K | C)
1991 *Zbyněk Sekal.* Museum der Moderne Rupertinum, Salzburg
1988 *Zbyněk Sekal.* Studio Toni de Rossi, Verona (K | C)
1982 *Zbyněk Sekal: Geflechte Anwendungen eines Verfahrens.*
Neue Galerie Wien, Wien (K | C)
1977 *Zbyněk Sekal: Zusammengesetzte Bilder, Zeichnungen.*
Neue Galerie des Landesmuseum Joanneum in Graz, Graz (K | C)
Museum Bochum, Bochum (K | C)
Museum des 20. Jahrhunderts, Wien (K | C)
1971 *Zbyněk Sekal: Bilder und Skulpturen.* Galerie im Griechenbeisl, Wien (K | C)
1969 *Zbyněk Sekal: Skládané obrazy a sochy.* Galerie Václava Špály, Praha (K | C)
1968 *Zbyněk Sekal: Skládané obrazy.* Divadlo Za branou, Praha (K | C)
1965 *Zbyněk Sekal.* Galerie im Griechenbeisl, Wien
Zbyněk Sekal. Galerie Václava Špály, Praha (K | C)
Zbyněk Sekal: Sochy – reliéfy. 1948–1965. Dům umění města Brna, Dům pánů z Kunštátu, Brno (K | C)
1961 *Zbyněk Sekal.* Galerie na Karlově náměstí, Praha

Ausgewählte Gruppenausstellungen | Vybrané společné výstavy | Selected group exhibitions

2021 *Walls & Bridges – Touching the World, Living the World,* Tokyo Metropolitan Art Museum, Tokyo
2020/2021 *Spuren und Masken der Flucht,* Landesgalerie Niederösterreich, Krems
2019 *Vrcholení – Nejvyšší polohy českého výtvarného umění.* Zdeněk Sklenář Gallery, Praha
2015 *Die achtziger Jahre in der Sammlung des MUSA.* MUSA Museum Start Gallery Artothek, Wien
2013 *Zbyněk Sekal & Jindřich Zeithammi.* Galerie Závodný, Mikulov
2012/2013 *Grayscale Imprints. Emila Medková, Zbyněk Sekal, Bill Morrison.* Czech Center, New York
2012 *Im Fokus.* galerie artmark, Wien
2010 *New Sensitivity.* National Art Museum of China, Beijing (K | C)
2007 *Skupina Máj 57.* Správa Pražského hradu, Císařská konírna, Praha, (K | C)
2004 *World of Stars and Illusions. Gems of the Czech Film Poster Tradition.* Consulate General of the Czech Republic, Los Angeles (K | C)
2003 *World of Stars and Illusions. Gems of the Czech Film Poster Tradition.* Czech Centre New York, New York (K | C), Czech Centre London, London (K | C)
2003/2004 *Umění je abstrakce. Česká vizuální kultura 60. let.* Muzeum umění Olomouc, Olomouc (K | C)
1996 *Mahnmal und Gedenkstätte für die jüdischen Opfer des Naziregimes in Österreich 1938–1945.* Kunsthalle Wien, Wien (K | C)
Judenplatz Vienna 1996. AA Gallery, London
Slavnostní otevření galerie Bayer & Bayer. Galerie Bayer & Bayer, Praha
Aspekte imaginativer Kunst im 20. Jahrhundert. Museum Bochum, Bochum (K | C)
Das tschechische Plakat der sechziger Jahre. Rosengartenmuseum, Konstanz (K | C)
1994 *Wotruba und die Folgen. Österreichische Plastik seit 1945 im Besitz der Salzburger Landessammlungen Rupertinum.* Museum der Moderne Rupertinum, Salzburg (K | C)
1992 *Mask, Face, Expression.* Gallery TOM, Tokyo (K | C)
1990 *Wien, Wien 1960–1990.* Museo d'Arte Moderna e Contemporanea, Bolzano (K | C)
Výběr z fondů galerie. Šedesátá léta. Galerie umění Karlovy Vary, Karlovy Vary
Polymorphie: Kunst als subversives Element, Tschechoslowakei, 1939–1990. Martin-Gropius-Bau, Berlin (K | C)
1989 *Idiomi della scultura contemporanea 2.* Villa Fiocco, Sommacampagna, Verona (K | C)
1987 *Seit 1970. Österreichische Kunst im Museum.* Museum des 20. Jahrhunderts, Wien (K | C)
1983/1984 *Das Prinzip Hoffnung. Aspekte der Utopie in der Kunst und Kultur des 20. Jahrhunderts.* Museum Bochum, Bochum (K | C)
1982 *Künstler die kamen und blieben.* Wiener Secession, Wien (K | C)
1981 *Christusbild im 20. Jahrhundert.* Neue Galerie der Stadt Linz, Wolfgang-Gurlitt-Museum, Linz (K | C)
1976 *Parallelaktion. Neue Kunst aus Österreich.* Von der Heydt-Museum, Wuppertal (K | C)
1974 *Neue Mitglieder der Wiener Secession.* Wiener Secession, Wien (K | C)
1970 *Berliner Künstlerprogramm Ausstellung,* Daadgalerie (DAAD), Goethe-Institut Berlin, Berlin
1969 *L'art tchèque actuel.* Renault Champs-Élysées, Paris (K | C)
Arte contemporanea in Cecoslovacchia. Galleria Nazionale d'Arte Moderna e Contemporanea, Roma (K | C)
1968/1969 *Art tchécoslovaque.* Maison des Jeunes et de la Culture, Orléans
1968 *Sculpture tchécoslovagque de Myslbek à nos jours.* Musée Rodin, Paris (K | C)
1967 *Tjeckoslovakisk nutidskonst.* Sveagalleriet, Stockholm
Mostra d'arte contemporanea cecoslovacca. Castello del Valentino, Torino (K | C)
17 *tsjechische kunstenaars.* Galerie Orez, Den Haag
1966 *Tschechoslowakische Kunst der Gegenwart.* Akademie der Künste, Berlin (K | C)
Tschechoslowakische Plastik von 1900 bis zur Gegenwart. Museum Folkwang, Essen (K | C)
1965 *Tschechoslowakische Kunst heute. Profile 5.* Städtische Kunstgalerie, Bochum (K | C)
Zbyněk Sekal a Jiří Valenta. Dům umění města Brna, Dům pánů z Kunštátu, Brno
Miloslav Chlupáč, Zbyněk Sekal. Galerie im Griechenbeisl, Wien (K | C)
Keramik aus 12 Ländern. Internationaler Künstlerclub IKC, Wien (K | C)
1964 *Internationales Sommerseminar für Keramik.* Gmunden (K | C)
1963 *Josef Istler, Jan Koblasa, Mikuláš Medek, Zbyněk Sekal.* Dům spojů, Praha
Umění 1900–1963. Alšova jihočeská galerie v Hluboké nad Vltavou, Hluboká nad Vltavou (K | C)
1958 *2. výstava Skupiny Máj 57.* Palác Dunaj, Praha (K | C)
1957 *Mladé umění. Tvůrčí skupina Máj 57.* Obecní dům, Praha (K | C)

Abbildungsverzeichnis | Seznam obrázků | List of figures

Seite | Stránka | Page

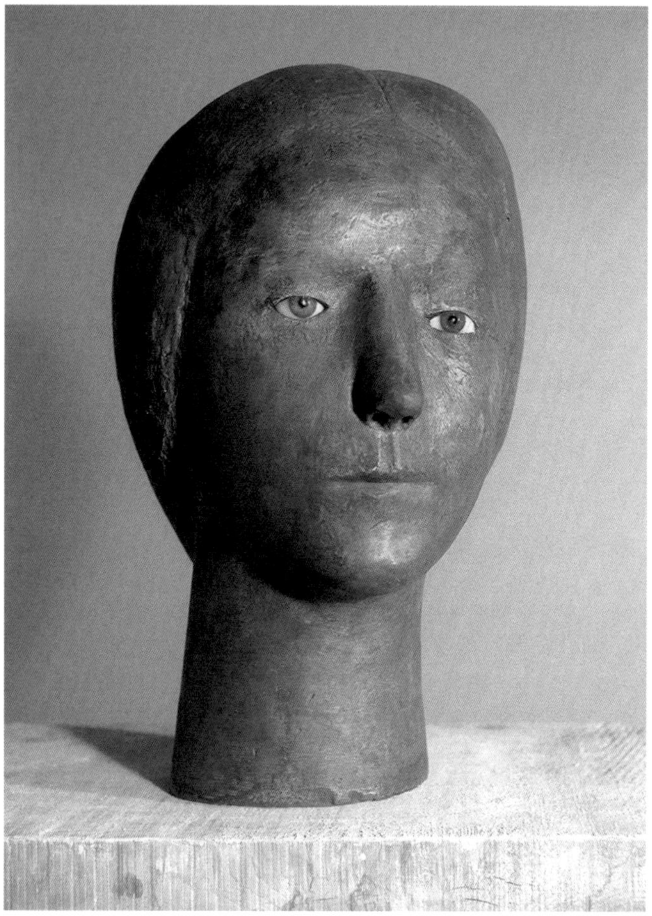

Kopf | Hlava | Head, 1957
Gips, patiniert, Glas, 33 x 24,4 x 20,3 cm,
Nationalgalerie Prag, Foto: Emila Medková

sádra, patinovaná, sklo, 33 x 24,4 x 20,3 cm,
Národní galerie v Praze, foto: Emila Medková

plaster-of-Paris, patinated, glass, 33 x 24.4 x 20.3 cm,
National Gallery in Prague, photo: Emila Medková

5 – **Mrtvá hlava**, 1957
bronz, patinovaný, 23 x 39 x 18 cm, soukromá sbírka, foto: Oto Palán
10/11 – **Christine a Zbyněk Sekalovi v jejich kuchyni na Liechtenstein-straße v 9. vídeňském obvodu**, konec 80. let 20. století
soukromé foto Christine Sekal
12 – **Večeře volně podle Dubuffeta**, 1949
olej na plátně, 36,5 x 47,5 cm, soukromá sbírka, foto: Oto Palán
13 – **Bez názvu (Zelená hlava)**, 1949
olej na plátně, 29,5 x 26,2 cm, Nadační fond 8smička, foto: Oto Palán
15 – **Bez názvu**, Vídeň, nedatováno (80.–90. léta 20. století)
dřevo, železo, mořidlo, barva, lepidlo, 45 x 34,2 x 48,2 cm, Umělcova pozůstalost, Christine Sekal, inv. č. IX 1 06
16 – **Bez názvu**, 1972/1973
bronz, patinovaný, 12,8 x 13,3 x 4 cm, Dar ze sbírky Roswithy a Konstantina Kleffelových z Hamburku dohodlo Sprengelovo Museum Hannover, foto: Fred Dott
16 – **Bez názvu**, nedatováno
bronz, patinovaný, 9,7 x 14,2 x 7,8 cm, Dar ze sbírky Roswithy a Konstantina Kleffelových z Hamburku dohodlo Sprengelovo Museum Hannover, foto: Fred Dott
17 – **Jeden nebo dva ptáci**, 1960
olej na plátně, 25,9 x 30,2 cm, soukromá sbírka, foto: Oto Palán
18/19 – **Mosazné rostliny**, 1976/1977
mosaz, dřevo, železo, 33,9 x 50,7 x 2 cm, Dar ze sbírky Roswithy a Konstantina Kleffelových z Hamburku dohodlo Sprengelovo Museum Hannover, foto: Fred Dott
20 – **Koláž**, nedatováno
papír na kartonu, 27,5 x 35 cm, Umělcova pozůstalost, Christine Sekal
21 – **Kdokoli**, 1964
dřevo, sololit, 64 x 50,5 cm, soukromá sbírka, foto: Oto Palán
22 – **Bez názvu**, 1993
plech, pozink, železo, dřevo, 30,3 x 36,4 x 5 cm, Sbírka Liaunig, inv. č. 1551
23 – **Koláž**, nedatováno, (Vídeňský čas)
karton na kartonu, 70 x 58,4 cm, Umělcova pozůstalost, Christine Sekal, inv. č. XI 7 2 02
24 – **Hlava**, 1961
bronz, patinovaný, 32 x 16,6 x 22,7 cm, Dar ze sbírky Roswithy a Konstantina Kleffelových z Hamburku dohodlo Sprengelovo Museum Hannover, foto: Fred Dott
25 – **Hlava**, 1962
sádra, patinovaná, 29,5 x 19,5 x 29,3 cm, soukromá sbírka, foto: Oto Palán
26 – **Dvě zvířata**, 195
olej na plátně, 45,5 x 40,2 cm, Umělcova pozůstalost, Christine Sekal, inv. č. I 3 12, foto: Oto Palán
27 – **Terč**, 1960
olej na plátně, 125 x 27,9 cm, soukromá sbírka, foto: Oto Palá
28/29 – **První pokus o simulaci magického objektu**, Stuttgart/Vídeň 1973
provázky, dřevo, koudel, mosaz, železo, 40 x 60 x 9 cm, Umělcova pozůstalost, Christine Sekal, inv. č. III 3 13
31 – **Neznámý generál**, 1959
olej na plátně, 93,5 x 73,5 cm, Umělcova pozůstalost, Christine Sekal, inv. č. IX/2 16, foto: Hana Hamplová
32/33 – **Ateliér Zbyňka Sekala**, pohled do místnosti, duben 1999
Architekturzentrum Wien, sbírka, foto: Margherita Spiluttini, inv. č. 8725-b
34 – **Tvor**, 1966
sádra, patinovaná, 40,4 x 12 x 11,5 cm, Národní galerie v Praze, foto: Národní galerie v Praze
36 – **Postava (Vratká stavba)**, 1967
sádra, patinovaná, 79,4 x 25 x 11 cm, Národní galerie v Praze, foto: Jan Svoboda
38 – **Snad autoportrét**, 1. října 1946
tuš na papíře, 26,2 x 20,1 cm, soukromá sbírka, foto: Oto Palán
38 – **Autoportét**, 1956
olej na plátně, 48 x 48 cm, Umělcova pozůstalost, Christine Sekal, inv. č. Z1 18, foto: Oto Palán
40 – **Zbyněk Sekal v břevnovském ateliéru**, 1964
foto: Jan Pařík (pro *Knihu o Praze*, Orbis 1964)
40 – **Schránka**, 80. léta 20. století
dřevo, barva, 63 x 38 x 38,51 cm, Museum Kampa, Nadace Jana a Medy Mládkových, foto: Oto Palán
41 – **Půlfigura**, 1966
bronz, patinovaný, výška 41,4 cm, COLLETT Prague | Munich, foto: Oto Palán
43 – **Mučené mučidlo**, 1963
dřevo, železo, 62 x 14,3 x 10,5 cm, Umělcova pozůstalost, Christine Sekal
44 – **Hlava**, 1959 a 1962
olej na plátně, 25,2 x 27,7 cm, soukromá sbírka, foto: Oto Palán
45 – **Hlava – Figura**, 1960
olej na plátně, 65,2 x 45,5 cm, soukromá sbírka, foto: Oto Palán
46 – **Škebule**, 1964
bronz, patinovaný, 20,5 x 23,6 x 13,9 cm, soukromá sbírka, foto: Oto Palán
47 – **Torzo**, 1959
bronz, patinovaný, 70,2 x 16,7 x 11,4 cm, soukromá sbírka, foto: Oto Palán
48 – **Bez názvu**, nedatováno
bronz, patinovaný, 55 x 9,5 x 6,5 cm, Dar ze sbírky Roswithy a Konstantina Kleffelových z Hamburku dohodlo Sprengelovo Museum Hannover, foto: Fred Dott
49 – **Pták**, 1969
stříbro, 19,3 x 5,9 x 4,9 cm, Dar ze sbírky Roswithy a Konstantina Kleffelových z Hamburku dohodlo Sprengelovo Museum Hannover, foto: Fred Dott

5 – **Dead Head**, 1957
bronze, patinated, 23 x 39 x 18 cm, private collection, photo: Oto Palán
10/11 – **Christine and Zbyněk Sekal in their kitchen on Liechtensteinstraße in Vienna's 9th District**, late 1980s
private photo Christine Sekal
12 – **Dinner Loosely after Dubuffet**, 1949
oil on canvas, 36.5 x 47.5 cm, private collection, photo: Oto Palán
13 – **Untitled (Green Head)**, 1949
oil on canvas, 29.5 x 26.2 cm, 8smička Endowment Fund, photo: Oto Palán
15 – **Untitled**, Vienna, undated (1980s–1990s)
wood, iron, stain, paint, glue, 45 x 34.2 x 48.2 cm, Estate of the artist, Christine Sekal, inv. no. IX 1 06
16 – **Untitled**, 1972/1973
bronze, patinated, 12.8 x 13.3 x 4 cm, Sprengel Museum Hannover, promised gift from the Roswitha and Konstantin Kleffel Collection Hamburg, photo: Fred Dott
16 – **Untitled**, undated
bronze, patinated, 9.7 x 14.2 x 7.8 cm, Sprengel Museum Hannover, promised gift from the Roswitha and Konstantin Kleffel Collection Hamburg, photo: Fred Dott
17 – **One or Two Birds**, 1960
oil on canvas, 25.9 x 30.2 cm, private collection, photo: Oto Palán
18/19 – **Plants made of brass**, 1976/1977
brass, wood, iron, 33.9 x 50.7 x 2 cm, Sprengel Museum Hannover, promised gift from the Roswitha and Konstantin Kleffel Collection Hamburg, photo: Fred Dott
20 – **Collage**, undated
paper on cardboard ,27.5 x 35 cm, Estate of the artist, Christine Sekal
21 – **Anyone**, 1964
wood, hardboard, 64 x 50.5 cm, private collection, photo: Oto Palán
22 – **Untitled**, 1993
sheet iron, galvanized, iron, wood, 30.3 x 36.4 x 5 cm, Collection Liaunig, inv. no. 1551
23 – **Collage**, undated, (Viennese period)
cardboard on cardboard, 70 x 58.4 cm, Estate of the artist, Christine Sekal, inv. no. XI 7 2 02
24 – **Head**, 1961
bronze, patinated, 32 x 16.6 x 22.7 cm, Sprengel Museum Hannover, promised gift from the Roswitha and Konstantin Kleffel Collection Hamburg, photo: Fred Dott
25 – **Head**, 1962
plaster-of-Paris, patinated, 29.5 x 19.5 x 29.3 cm, private collection, photo: Oto Palán
26 – **Two Animals**, 1959
oil on canvas, 45.5 x 40.2 cm, Estate of the artist, Christine Sekal, inv. no. I 3 12, photo: Oto Palán
27 – **Target**, 1960
oil on canvas, 125 x 27.9 cm, private collection, photo: Oto Palán
28/29 – **First experiment at simulating a magical object**, Stuttgart/Vienna 1973, twine, wood, tow, brass, iron, 40 x 60 x 9 cm, Estate of the artist, Christine Sekal, inv. no. III 3 13
31 – **Unknown General**, 1959
oil on canvas, 93.5 x 73.5 cm, Estate of the artist, Christine Sekal, inv. no. IX/2 16, photo: Hana Hamplová
32/33 – **Atelier Zbyněk Sekal**, interior view, April 1999
Architekturzentrum Wien, collection, photo: Margherita Spiluttini, inv. no. 8725-b
34 – **Creature**, 1966, plaster-of-Paris, patinated, 40.4 x 12 x 11.5 cm, National Gallery in Prague, photo: National Gallery in Prague
36 – **Figure (Shaky Structure)**, 1967
plaster-of-Paris, patinated, 79.4 x 25 x 11 cm, National Gallery in Prague, photo: Jan Svoboda
38 – **Perhaps a Self-Portrait**, 1 October 1946
Indian ink on paper, 26.2 x 20.1 cm, private collection, photo: Oto Palán
38 – **Self-portrait**, 1956
oil on canvas, 48 x 48 cm, Estate of the artist, Christine Sekal, inv. no. Z1 18, photo: Oto Palán
40 – **Zbyněk Sekal in his Břevnov studio**, 1964
photo: Jan Pařík (for the book *Kniha o Praze*, Orbis 1964)
40 – **Shrine**, 1980s
wood, paint, 63 x 38 x 38.51 cm, Museum Kampa, The Jan and Meda Mládek Foundation, photo: Oto Palán
41 – **Half-figure**, 1966
bronze, patinated, height 41.4 cm, COLLETT Prague | Munich, photo: Oto Palán
43 – **Tortured torture**, 1963
wood, iron, 62 x 14.3 x 10.5 cm, Estate of the artist, Christine Sekal
44 – **Head**, 1959 and 1962
oil on canvas, 25.2 x 27.7 cm, private collection, photo: Oto Palán
45 – **Head – Figure**, 1960
oil on canvas, 65.2 x 45.5 cm, private collection, photo: Oto Palán
46 – **Shell**, 1964
bronze, patinated, 20.5 x 23.6 x 13.9 cm, private collection, photo: Oto Palán
47 – **Torso**, 1959
bronze, patinated, 70.2 x 16.7 x 11.4 cm, private collection, photo: Oto Palán
48 – **Untitled**, undated
bronze, patinated, 55 x 9.5 x 6.5 cm, Sprengel Museum Hannover, promised gift from the Roswitha and Konstantin Kleffel Collection Hamburg, photo: Fred Dott
49 – **Bird**, 1969
silver, 19.3 x 5.9 x 4.9 cm, Sprengel Museum Hannover, promised gift from the Roswitha and Konstantin Kleffel Collection Hamburg, photo: Fred Dott

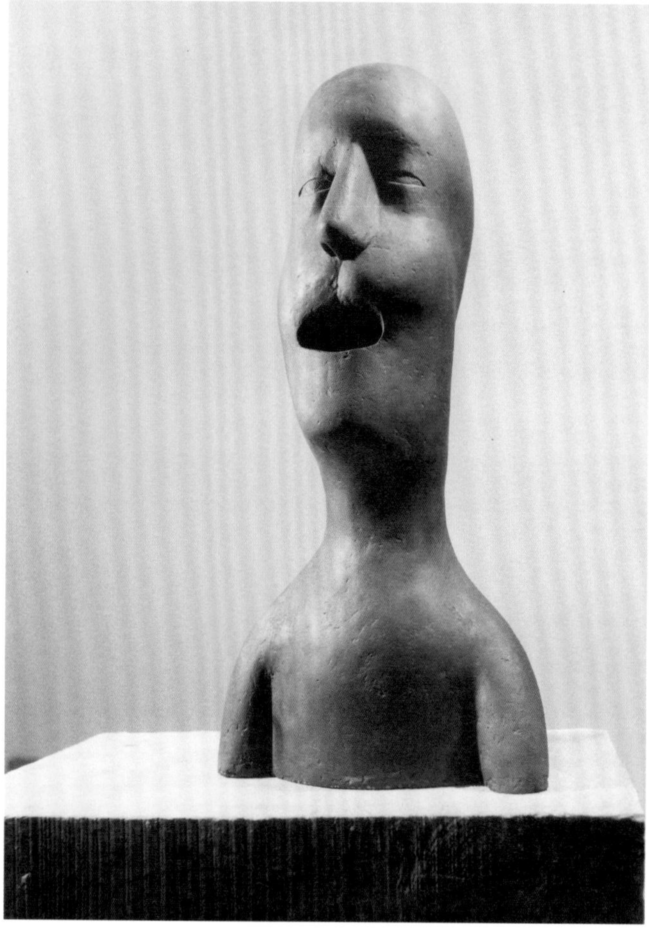

Schreiender Kopf | Křičící hlava | Screaming Head, 1957

Gips, patiniert, 47 x 23 x 17,5 cm,
GASK - Mittelböhmische Galerie, Kutná Hora, Foto: Emila Medková

sádra, patinovaná, 47 x 23 x 17,5 cm,
GASK - Galerie Středočeského kraje, Kutná Hora, foto: Emila Medková

plaster-of-Paris, patinated, 47 x 23 x 17.5 cm,
GASK - Gallery of the Central Bohemian Region, Kutná Hora,
photo: Emila Medková

49 – **Ohne Titel**, ohne Datum
Bronze, patiniert, 16,7 x 5 x 10 cm, Sprengel Museum Hannover, vereinbarte Schenkung aus der Sammlung Roswitha und Konstantin Kleffel Hamburg, Foto: Fred Dott
49 – **Ohne Titel**, ohne Datum
Bronze, patiniert, 30,5 x 17,3 x 4,4 cm, Sprengel Museum Hannover, vereinbarte Schenkung aus der Sammlung Roswitha und Konstantin Kleffel Hamburg, Foto: Fred Dott
49 – **Gestalt**, 1969
Bronze, 26,6 x 5,5 x 6 cm, Sprengel Museum Hannover, vereinbarte Schenkung aus der Sammlung Roswitha und Konstantin Kleffel Hamburg, Foto: Fred Dott
50 – **Ohne Titel**, 1990
Bronze, patiniert. 45 x 24,6 x 17 cm, Sammlung Liaunig, Inv.-Nr. 3213
51 – **Zum Andenken an Alfred Schmeller**, Wien 1992
Bronze, patiniert, 52,2 x 40,5 x 30,5 cm, Nachlass des Künstlers, Christine Sekal, Inv.-Nr. VI 3 05
52 – **Ohne Titel**, 1990
Bronze, patiniert, 37,2 x 16 x 13,9 cm, Sammlung Liaunig, Inv.-Nr. 1939
53 – **Fabeltier**, Wien 1989
Bronze, patiniert, 46,6 x 18 x 53,6 cm, Nachlass des Künstlers, Christine Sekal, Inv.-Nr. VI 3 01
54/55 – **Ohne Titel**, Wien 1991
Bronze, patiniert, 15 x 11,8 x 34,6 cm, Nachlass des Künstlers, Christine Sekal, Inv.-Nr. VII 4 06
56 – **Ohne Titel**, 1988
Bronze, patiniert, 35,8 x 28,7 x 10,5 cm, Sammlung Liaunig, Inv.-Nr. 1547
57 – **Ohne Titel**, 1990
Holz, lackiert, Eisen, Farbe, 67,4 x 50,3 x 4,2 cm, Sammlung Liaunig, Inv.-Nr. 1549
59 – **Schrein Croce povera**, Wien 1988
Holz, Beize, Klebstoff, 79,4 x 50,8 x 51,2 cm, Nachlass des Künstlers, Christine Sekal, Inv.-Nr. X 1 04
60/61 – **Atelier Zbyněk Sekal**, Raumansicht, April 1999
Architekturzentrum Wien, Sammlung, Foto: Margherita Spiluttini, Inv.-Nr. 8722-07
62 – **Stein – Labyrinth**, Sankt Margarethen 1966
Sandstein, 19,5 x 78,5 x 41 cm, Belvedere, Wien, Foto: Johannes Stoll / Belvedere, Wien
64 – **Kreuz**, ohne Datum (nach Mitte der 1970er Jahre)
Draht, 30 x 30 x 28 cm, Nachlass des Künstlers, Christine Sekal, Inv.-Nr. Z 1 15
66 – **Ohne Titel**, Wien, ohne Datum (1980er–1990er Jahre)
Holz, Beize, Klebstoff, 35,6 x 36 x 54 cm, Nachlass des Künstlers, Christine Sekal, Inv.-Nr. VI 2 03
68 – **Ohne Titel**, Wien, ohne Datum (1980er–1990er Jahre)
Holz, Beize, Klebstoff, 77 x 44,4 x 43,7 cm, Nachlass des Künstlers, Christine Sekal, Inv.-Nr. X 1 01
72 – **Umschlagbild**, 1941
Richard Horna: *Pranger. Über einige gut erhaltene Pranger in unseren und Nachbarländern*. Prag, 1941.
77 – **Zbyněk Sekal**, 1975, Foto: Eva Choung-Fux
79 – **Ohne Titel**, Wien, ohne Datum (1980er–1990er Jahre)
Holz, 40 x 40 x 53 cm, Nachlass des Künstlers, Christine Sekal, Inv.-Nr. XI 1 04
80 – **Der Fesche**, Prag 1968
Holz, Eisen, Rahmen aus späterer Zeit, 44,4 x 44,4 x 11,8 cm, Nachlass des Künstlers, Christine Sekal, Inv.-Nr. II 4 01
81 – **Ohne Titel**, Wien, ohne Datum (1980er–1990er Jahre)
Holz, Beize, Klebstoff, 49 x 45,1 x 49,3 cm, Nachlass des Künstlers, Christine Sekal, Inv.-Nr. IX 1 04
82 – **Ohne Titel**, 1995
Holz, Eisenblech, Farbe, 47,2 x 51,4 x 4 cm, Sammlung Liaunig, Inv.-Nr. 1550
83 – **Ohne Titel**, Wien, ohne Datum (1980er–1990er Jahre)
Holz, Beize, Klebstoff, 27,7 x 22,3 x 57 cm, Nachlass des Künstlers, Christine Sekal, Inv.-Nr. V 2 01
84 – **Pfeifen**, 1967
Eisen, Holz, 41 x 42,2 x 6,1 cm, Kampa-Museum, Die Jan und Meda Mládek Stiftung, Foto: Oto Palán
85 – **Schrein**, ohne Datum
Holz, Eisen, 50 x 27,8 x 23,3 cm, Sprengel Museum Hannover, vereinbarte Schenkung aus der Sammlung Roswitha und Konstantin Kleffel Hamburg, Foto: Fred Dott
86 – **Ohne Titel,** 1986
Holz, 21 x 24,5 x 4 cm, Sprengel Museum Hannover, vereinbarte Schenkung aus der Sammlung Roswitha und Konstantin Kleffel Hamburg, Foto: Fred Dott
87 – **Ohne Titel (Schrein)**, ohne Datum (1980er–1990er Jahre)
Holz, Eisen, Lack, Beize, 58,8 x 42,8 x 43,2 cm, Sammlung Liaunig, Inv.-Nr. 3214
88 – **Kreuz**, 1975–1977
Eisen, Zink, Messing, Holz, Nägel, 30,4 x 42,1 x 2 cm, Sprengel Museum Hannover, vereinbarte Schenkung aus der Sammlung Roswitha und Konstantin Kleffel Hamburg, Foto: Fred Dott
89 – **Ohne Titel**, ohne Datum (1980er–1990er Jahre)
Holz, Farbe, Beize, 65 x 65,6 x 42,5 cm, Sammlung Liaunig, Inv.-Nr. 1546
90 – **Ohne Titel (Schrein)**, ohne Datum
Holz, Keramik, 23,4 x 23,4 x 27 cm, Sammlung Liaunig, Inv.-Nr. 1548
91 – **Klang I**, Wien 1971
Messing, Holz, 40,5 x 49,7 x 2,1 cm, Sprengel Museum Hannover, vereinbarte Schenkung aus der Sammlung Roswitha und Konstantin Kleffel Hamburg, Foto: Fred Dott
92 – **Abseits der ausgetretenen Wege (Holzweg II/4)**, Berlin, 1970
Holz, Kitt, Eisen, 32,3 x 56,7 x 3,3 cm, Sprengel Museum Hannover, vereinbarte Schenkung aus der Sammlung Roswitha und Konstantin Kleffel Hamburg, Foto: Fred Dott
93 – **Ohne Titel**, 1988
Messingblech, Zinkblech, Holz, Beize, 57,7 x 60 x 4,7 cm, Sammlung Liaunig, Inv.-Nr. 1941
94 – **Rüstung**, 1971
Eisen, Holz, Schrauben, 24,8 x 49 x 2,6 cm, Sprengel Museum Hannover, vereinbarte Schenkung aus der Sammlung Roswitha und Konstantin Kleffel Hamburg, Foto: Fred Dott

49 – **Bez názvu**, nedatováno
bronz, patinovaný, 16,7 x 5 x 10 cm, Dar ze sbírky Roswithy a Konstantina Kleffelových z Hamburku dohodlo Sprengelovo Museum Hannover, foto: Fred Dott
49 – **Bez názvu**, nedatováno
bronz, patinovaný, 30,5 x 17,3 x 4,4 cm, Dar ze sbírky Roswithy a Konstantina Kleffelových z Hamburku dohodlo Sprengelovo Museum Hannover, foto: Fred Dott
49 – **Postava**, 1969
bronz, 26,6 x 5,5 x 6 cm, Dar ze sbírky Roswithy a Konstantina Kleffelových z Hamburku dohodlo Sprengelovo Museum Hannover, foto: Fred Dott
50 – **Bez názvu**, 1990
bronz, patinovaný, 45 x 24,6 x 17 cm, Sbírka Liaunig, inv. č. 3213
51 – **Na památku Alfreda Schmellera**, Vídeň 1992
bronz, patinovaný, 52,2 x 40,5 x 30,5 cm, Umělcova pozůstalost, Christine Sekal, inv. č. VI 3 05
52 – **Bez názvu**, 1990
bronz, patinovaný, 37,2 x 16 x 13,9 cm, Sbírka Liaunig, inv. č. 1939
53 – **Bájné zvíře**, Vídeň 1989,
bronz, patinovaný, 46,6 x 18 x 53,6 cm, Umělcova pozůstalost, Christine Sekal, inv. č. VI 3 01
54/55 – **Bez názvu**, Vídeň 1991,
bronz, patinovaný, 15 x 11,8 x 34,6 cm, Umělcova pozůstalost, Christine Sekal, inv. č. VII 4 06
56 – **Bez názvu**, 1988
bronz, patinovaný, 35,8 x 28,7 x 10,5 cm, Sbírka Liaunig, inv. č. 1547
57 – **Bez názvu**, 1990
dřevo, železo, barva, 67,4 x 50,3 x 4,2 cm, Sbírka Liaunig, inv. č. 1549
59 – **Schránka Croce povera**, Vídeň 1988,
dřevo, mořidlo, lepidlo, 79,4 x 50,8 x 51,2 cm, Umělcova pozůstalost, Christine Sekal, inv. č. X 1 04
60/61 – **Ateliér Zbyňka Sekala**, pohled do místnosti, duben 1999
Architekturzentrum Wien, sbírka, foto: Margherita Spiluttini, inv. č. 8722-07
62 – **Kámen – labyrint**, Sankt Margarethen 1966
pískovec, 19,5 x 78,5 x 41 cm, Belvedere, Vídeň, foto: Johannes Stoll / Belvedere, Vídeň
64 – **Kříž**, nedatovano (po polovině 70. let 20. století)
drát, 30 x 30 x 28 cm, Umělcova pozůstalost, Christine Sekal, inv. č. Z 1 15
66 – **Bez názvu**, Vídeň, nedatováno (80.–90. léta 20. století)
dřevo, mořidlo, lepidlo, 35,6 x 36 x 54 cm, Umělcova pozůstalost, Christine Sekal, inv. č. VI 2 03
68 – **Bez názvu**, Vídeň, nedatováno (80.–90. léta 20. století)
dřevo, mořidlo, lepidlo, 77 x 44,4 x 43,7 cm, Umělcova pozůstalost, Christine Sekal, inv. č. X 1 01
72 – **Obrázek na obálce**, 1941
Richard Horna: *Pranýř. O některých zachovalých pranýřích v našich a okolních zemích*. Praha, 1941.
77 – **Zbyněk Sekal**, 1975, foto: Eva Choung-Fux
79 – **Bez názvu**, Vídeň, nedatováno, (80.–90. léta 20. století)
dřevo, 40 x 40 x 53 cm, Umělcova pozůstalost, Christine Sekal, inv. č. XI 1 04
80 – **Fešák**, Praha 1968
dřevo, železo, později nový rám, 44,4 x 44,4 x 11,8 cm, Umělcova pozůstalost, Christine Sekal, inv. č. II 4 01
81 – **Bez názvu**, Vídeň, nedatováno (80.–90. léta 20. století)
dřevo, mořidlo, lepidlo, 49 x 45,1 x 49,3 cm, Umělcova pozůstalost, Christine Sekal, inv. č. IX 1 04
82 – **Bez názvu**, 1995
dřevo, železný plech, barva, 47,2 x 51,4 x 4 cm, Sbírka Liaunig, inv. č. 1550
83 – **Bez názvu**, Vídeň, nedatováno (80.–90. léta 20. století)
dřevo, mořidlo, lepidlo, 27,7 x 22,3 x 57 cm, Umělcova pozůstalost, Christine Sekal, inv. č. V 2 01
84 – **Píšťaly**, 1967
kov, dřevo, 41 x 42,2 x 6,1 cm, Museum Kampa, Nadace Jana a Medy Mládkových, foto: Oto Palán
85 – **Schránka**, nedatováno
dřevo, železo, 50 x 27,8 x 23,3 cm, Dar ze sbírky Roswithy a Konstantina Kleffelových z Hamburku dohodlo Sprengelovo Museum Hannover, foto: Fred Dott
86 – **Bez názvu**, 1986
dřevo, 21 x 24,5 x 4 cm, Dar ze sbírky Roswithy a Konstantina Kleffelových z Hamburku dohodlo Sprengelovo Museum Hannover, foto: Fred Dott
87 – **Bez názvu (Schránka)**, nedatováno (80.–90. léta 20. století)
dřevo, železo, lak, mořidlo, 58,8 x 42,8 x 43,2 cm, Sbírka Liaunig, inv. č. 3214
88 – **Kříž**, 1975–1977
železo, zinek, mosaz, dřevo, hřebíky, 30,4 x 42,1 x 2 cm, Dar ze sbírky Roswithy a Konstantina Kleffelových z Hamburku dohodlo Sprengelovo Museum Hannover, foto: Fred Dott
89 – **Bez názvu**, nedatováno (80.–90. léta 20. století)
dřevo, barva, mořidlo, 65 x 65,6 x 42,5 cm, Sbírka Liaunig, inv. č. 1546
90 – **Bez názvu (Schránka)**, nedatováno
dřevo, keramika, 23,4 x 23,4 x 27 cm, Sbírka Liaunig, inv. č. 1548
91 – **Zvuk I**, Vídeň 1971
mosaz, dřevo, 40,5 x 49,7 x 2,1 cm, Dar ze sbírky Roswithy a Konstantina Kleffelových z Hamburku dohodlo Sprengelovo Museum Hannover, foto: Fred Dott
92 – **Konce lesa II/4**, Berlín 1970
dřevo, tmel, železo, 32,3 x 56,7 x 3,3 cm, Dar ze sbírky Roswithy a Konstantina Kleffelových z Hamburku dohodlo Sprengelovo Museum Hannover, foto: Fred Dott
93 – **Bez názvu**, 1988
mosazný plech, zinkový plech, dřevo, mořidlo, 57,7 x 60 x 4,7 cm, Sbírka Liaunig, inv. č. 1941
94 – **Pancíř**, 1971
železo, dřevo, šrouby, 24,8 x 49 x 2,6 cm, Dar ze sbírky Roswithy a Konstantina Kleffelových z Hamburku dohodlo Sprengelovo Museum Hannover, foto: Fred Dott

49 – **Untitled**, undated
bronze, patinated, 16.7 x 5 x 10 cm, Sprengel Museum Hannover, promised gift from the Roswitha and Konstantin Kleffel Collection Hamburg, photo: Fred Dott
49 – **Untitled**, undated
bronze, patinated, 30.5 x 17.3 x 4.4 cm, Sprengel Museum Hannover, promised gift from the Roswitha and Konstantin Kleffel Collection Hamburg, photo: Fred Dott
49 – **Figure**, 1969
bronze, 26.6 x 5.5 x 6 cm, Sprengel Museum Hannover, promised gift from the Roswitha and Konstantin Kleffel Collection Hamburg, photo: Fred Dott
50 – **Untitled**, 1990
bronze, patinated, 45 x 24,6 x 17 cm, Collection Liaunig, inv. no. 3213
51 – **In memory of Alfred Schmeller**, Vienna 1992
bronze, patinated, 52.2 x 40.5 x 30.5 cm, Estate of the artist, Christine Sekal, inv. no. VI 3 05
52 – **Untitled**, 1990
bronze, patinated, 37.2 x 16 x 13.9 cm, Collection Liaunig, inv. no. 1939
53 – **Mythical animal**, Vienna 1989
bronze, patinated, 46.6 x 18 x 53.6 cm, Estate of the artist, Christine Sekal, inv. no. VI 3 01
54/55 – **Untitled**, Vienna 1991
bronze, patinated, 15 x 11.8 x 34.6 cm, Estate of the artist, Christine Sekal, inv. no. VII 4 06
56 – **Untitled**, 1988
bronze, patinated, 35.8 x 28.7 x 10.5 cm, Collection Liaunig, inv. no. 1547
57 – **Untitled**, 1990
wood, iron, paint, 67.4 x 50.3 x 4.2 cm, Collection Liaunig, inv. no. 1549
59 – **Shrine Croce povera**, Vienna 1988
wood, stain, glue, 79.4 x 50.8 x 51.2 cm, Estate of the artist, Christine Sekal, inv. no. X 1 04
60/61 – **Atelier Zbyněk Sekal**, interior view, April 1999
Architekturzentrum Wien, collection, photo: Margherita Spiluttini, inv. no. 8722-07
62 – **Stone – Labyrinth**, Sankt Margarethen 1966, sandstone, 19.5 x 78.5 x 41 cm, Belvedere, Vienna, photo: Johannes Stoll / Belvedere, Vienna
64 – **Cross**, undated (after the mid-1970s)
wire, 30 x 30 x 28 cm, Estate of the artist, Christine Sekal, inv. no. Z 1 15
66 – **Untitled**, Vienna, undated (1980s–1990s)
wood, stain, glue, 35.6 x 36 x 54 cm, Estate of the artist, Christine Sekal, inv. no. VI 2 03
68 – **Untitled**, Vienna, undated (1980s–1990s)
wood, stain, glue, 77 x 44.4 x 43.7 cm, Estate of the artist, Christine Sekal, inv. no. X 1 01
72 – **Cover image**, 1941
Richard Horna: *Pillory. About some well-preserved pillboxes in our and neighboring countries*. Prague, 1941.
77 – **Zbyněk Sekal**, 1975, photo: Eva Choung-Fux
79 – **Untitled**, Vienna, undated (1980s–1990s)
wood, 40 x 40 x 53 cm, Estate of the artist, Christine Sekal, inv. no. XI 1 04
80 – **Handsome**, Prague 1968
wood, iron, frame from later period, 44.4 x 44.4 x 11.8 cm, Estate of the artist, Christine Sekal, inv. no. II 4 01
81 – **Untitled**, Vienna, undated (1980s–1990s)
wood, stain, glue, 49 x 45.1 x 49.3 cm, Estate of the artist, Christine Sekal, inv. no. IX 1 04
82 – **Untitled**, 1995
wood, sheet iron, paint, 47.2 x 51.4 x 4 cm, Collection Liaunig, inv. no. 1550
83 – **Untitled**, Vienna, undated (1980s–1990s)
wood, stain, glue, 27,7 x 22,3 x 57 cm, Estate of the artist, Christine Sekal, inv. no. V 2 01
84 – **Whistles**, 1967
iron, wood, 41 x 42.2 x 6.1 cm, Museum Kampa, The Jan and Meda Mládek Foundation, photo: Oto Palán
85 – **Shrine**, undated
wood, iron, 50 x 27.8 x 23.3 cm, Sprengel Museum Hannover, promised gift from the Roswitha and Konstantin Kleffel Collection Hamburg, photo: Fred Dott
86 – **Untitled**, 1986
wood, 21 x 24.5 x 4 cm, Sprengel Museum Hannover, promised gift from the Roswitha and Konstantin Kleffel Collection Hamburg, photo: Fred Dott
87 – **Untitled (Shrine)**, undated (1980s–1990s)
wood, iron, lacquer, stain, 58.8 x 42.8 x 43.2 cm, Collection Liaunig, inv. no. 3214
88 – **Cross**, 1975–1977
iron, zinc, brass, wood, nails, 30.4 x 42.1 x 2 cm, Sprengel Museum Hannover, promised gift from the Roswitha and Konstantin Kleffel Collection Hamburg, photo: Fred Dott
89 – **Untitled**, undated (1980s–1990s)
wood, paint, stain, 65 x 65.6 x 42.5 cm, Collection Liaunig, inv. no. 1546
90 – **Untitled (Shrine)**, undated
wood, ceramic, 23,4 x 23,4 x 27 cm, Collection Liaunig, inv. no. 1548
91 – **Sound I**, Vienna 1971
brass, wood, 40.5 x 49.7 x 2.1 cm, Sprengel Museum Hannover, promised gift from the Roswitha and Konstantin Kleffel Collection Hamburg, photo: Fred Dott
92 – **Off the beaten track II/4**, Berlin, 1970
wood, putty, iron, 32.3 x 56.7 x 3.3 cm, Sprengel Museum Hannover, promised gift from the Roswitha and Konstantin Kleffel Collection Hamburg, photo: Fred Dott
93 – **Untitled**, 1988
sheet brass, sheet zinc, wood, stain, 57.7 x 60 x 4.7 cm, Collection Liaunig, inv. no. 1941
94 – **Armouring**, 1971
iron, wood, screws, 24.8 x 49 x 2.6 cm, Sprengel Museum Hannover, promised gift from the Roswitha and Konstantin Kleffel Collection Hamburg, photo: Fred Dott

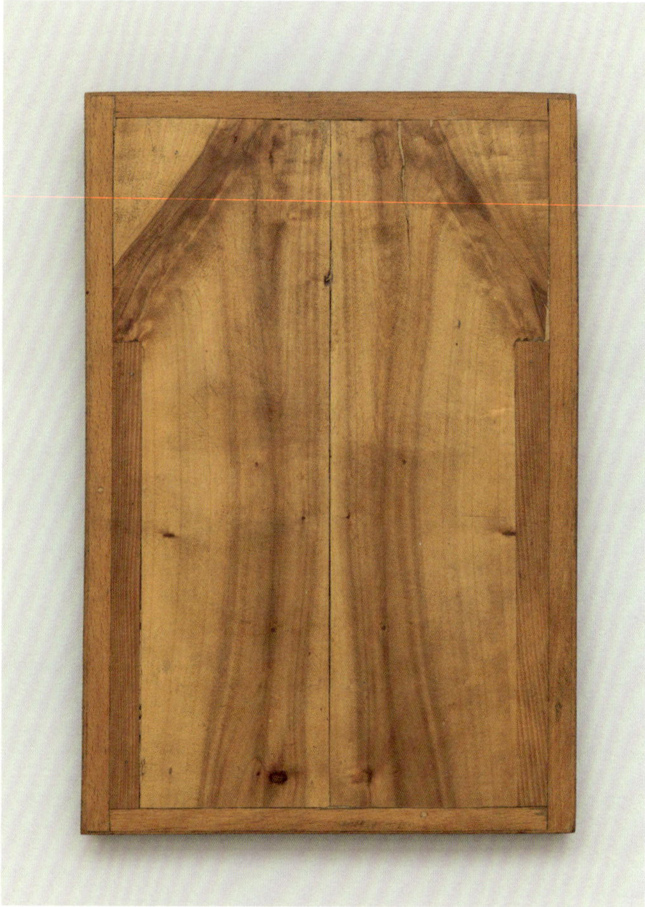

Ohne Titel | Bez názvu | Untitled – 29. März 1973 | 29. března 1973 | 29 March 1973

Holz, 32,2 x 22,2 x 2,3 cm, Sprengel Museum Hannover, vereinbarte Schenkung aus der Sammlung Roswitha und Konstantin Kleffel Hamburg

dřevo, 32,2 x 22,2 x 2,3 cm, Dar ze sbírky Roswithy a Konstantina Kleffelových z Hamburku dohodlo Sprengelovo Museum Hannover

wood, 32.2 x 22.2 x 2.3 cm, Sprengel Museum Hannover, promised gift from the Roswitha and Konstantin Kleffel Collection Hamburg

Foto | foto | photo: Fred Dott

95 – **Ohne Titel**, ohne Datum
Eisen, Holz, Schrauben, Messing, 31,3 x 32,8 x 2,3 cm, Sprengel Museum Hannover, vereinbarte Schenkung aus der Sammlung Roswitha und Konstantin Kleffel Hamburg, Foto: Fred Dott
95 – **Ohne Titel**, ohne Datum
Zink, 33 x 35,4 x 1 cm, Sprengel Museum Hannover, vereinbarte Schenkung aus der Sammlung Roswitha und Konstantin Kleffel Hamburg, Foto: Fred Dott
97 – **Ohne Titel**, Wien, ohne Datum (1980er–1990er Jahre)
Holz, Beize, Klebstoff, 55,2 x 28,3 x 34,6 cm, Nachlass des Künstlers, Christine Sekal, Inv.-Nr. VI 0 02
98/99 – **Atelier Zbyněk Sekal**, Raumansicht, April 1999
Architekturzentrum Wien, Sammlung, Foto: Margherita Spiluttini, Inv.-Nr. 8726-b
100 – **Ohne Titel (Schrein)**, ohne Datum (1980er–1990er Jahre)
Holz, Eisen, Lack, Beize, 58,8 x 42,8 x 43,2 cm, Sammlung Liaunig, Inv.-Nr. 3214
102 – **Ohne Titel**, ohne Datum (1980er–1990er Jahre)
Holz, Farbe, Beize, 65 x 65,6 x 42,5 cm, Sammlung Liaunig, Inv.-Nr. 1546
104 – **Ohne Titel**, Wien, ohne Datum (1980er–1990er Jahre)
Holz, Beize, Klebstoff, 49 x 45,1 x 49,3 cm, Nachlass des Künstlers, Christine Sekal, Inv.-Nr. IX 1 04
106 – **Ohne Titel**, Wien, ohne Datum (1980er–1990er Jahre)
Holz, Eisen, Beize, Farbe, Leim, 45 x 34,2 x 48,2 cm, Nachlass des Künstlers, Christine Sekal, Inv.-Nr. IX 1 06
108 – **Kupferschrein**, Wien 1991
Kupferdraht, 23,2 x 11,4 x 10,6 cm, Nachlass des Künstlers, Christine Sekal, Inv.-Nr. IV 2 01
109 – **Kupferschrein**, Wien 1991
Kupferdraht, 33,1 x 15,8 x 16,2 cm, Nachlass des Künstlers, Christine Sekal, Inv.-Nr. IV 2 09
110 – **Schema eines zweckgemäßen Betriebs**, 1964
Kupfer, Draht, Blech, Holz, Rahmen 1990, 22 x 34,5 x 2,2 cm, Nachlass des Künstlers, Christine Sekal, Inv.-Nr. II 2 04, Foto: Oto Palán
111 – **Ohne Titel**, ohne Datum
Wicklung in Kupferplatte, Holz, Glas, 33,5 x 39,3 x 5,4 cm, Sprengel Museum Hannover, vereinbarte Schenkung aus der Sammlung Roswitha und Konstantin Kleffel Hamburg, Foto: Fred Dott
112/113 – **Chinesisches Tor**, Prag 1968
Holz, Eisen, Beize, Klebstoff, 48,5 x 98 x 2,5 cm, Nachlass des Künstlers, Christine Sekal, Inv.-Nr. I 3 14
114 – **Ohne Titel**, 1988
Bronze, patiniert, 39,5 x 17,5 x 14 cm, Sammlung Liaunig, Inv.-Nr. 1940
115 – **Ohne Titel**, ohne Datum
Holz, farbig gefasst, Nägel, 30,5 x 45,6 x 2,6 cm, Sprengel Museum Hannover, vereinbarte Schenkung aus der Sammlung Roswitha und Konstantin Kleffel Hamburg, Foto: Fred Dott
117 – **Berlin**, 1970–1980
Holz, 122 x 128 x 5 cm, Kampa-Museum, Die Jan und Meda Mládek Stiftung, Foto: Oto Palán
118 – **Figur**, Prag 1964
Bronze, patiniert, 67,5 x 15 x 13 cm, Nachlass des Künstlers, Christine Sekal, Inv.-Nr. V 6 07
119 – **Das Ende des Waldes**, Oktober 1965–24. Februar 1967
Holz, 30 x 54 x 4 cm, Sprengel Museum Hannover, vereinbarte Schenkung aus der Sammlung Roswitha und Konstantin Kleffel Hamburg, Foto: Fred Dott
120 – **Ohne Titel**, ohne Datum
Holz, Nägel, 12,2 x 20,1 x 2 cm, Sprengel Museum Hannover, vereinbarte Schenkung aus der Sammlung Roswitha und Konstantin Kleffel Hamburg, Foto: Fred Dott
121 – **Ohne Titel**, ohne Datum
Holz, Eisen, Messing, 21,8 x 22,3 x 1,6 cm, Sprengel Museum Hannover, vereinbarte Schenkung aus der Sammlung Roswitha und Konstantin Kleffel Hamburg, Foto: Fred Dott
121 – **Ohne Titel**, ohne Datum
Holz, Stahlkugeln, 19,4 x 19,2 x 1,8 cm, Sprengel Museum Hannover, vereinbarte Schenkung aus der Sammlung Roswitha und Konstantin Kleffel Hamburg, Foto: Fred Dott
122 – **Waffenstillstand**, Prag 1966, finale Zusammenstellung Wien 1972
Eisen, Messing, Holz, 47,5 x 51,7 x 3,9 cm, Nachlass des Künstlers, Christine Sekal, Inv.-Nr. I 2 04
123 – **In Grätschstellung Arme seitwärts strecken**, 1966/1967, 1992 neu zusammengestellt,
Messing, Holz, Eisen, 58 x 59,5 x 7,4 cm, Sammlung Liaunig, Inv.-Nr. 3212
125 – **Neunzehn mal Neunzehn ist Dreihunderteinundsechzig**, Wien 1989
Papier, Holz, Eisen, Beize, 51,1 x 51,7 x 7,7 cm, Sammlung Maria und Thomas Mark
126 – **Embryo**, Prag 1967
Bronze, patiniert, 14,4 x 21,1 x 9,9 cm, Nachlass des Künstlers, Christine Sekal, Inv.-Nr. V 3 06
127 – **Maskierte Maske**, 1990
Bronze, 23,1 x 15 x 17 cm, Sprengel Museum Hannover, vereinbarte Schenkung aus der Sammlung Roswitha und Konstantin Kleffel Hamburg, Foto: Fred Dott
128 – **Büste**, 1973
Bronze, patiniert, 18,2 x 13,4 x 5,2 cm, Sprengel Museum Hannover, vereinbarte Schenkung aus der Sammlung Roswitha und Konstantin Kleffel Hamburg, Foto: Fred Dott
129 – **Der große Kopf**, 12. Februar 1979–28. August 1982
Federzeichnung auf Papier, laviert, 60,5 x 45,5 cm, Sprengel Museum Hannover, vereinbarte Schenkung aus der Sammlung Roswitha und Konstantin Kleffel Hamburg, Foto: Fred Dott
131 – **Kopf**, 1966
Sandstein, 34,8 x 17,5 x 17,5 cm mit Sockel, Sprengel Museum Hannover, vereinbarte Schenkung aus der Sammlung Roswitha und Konstantin Kleffel Hamburg, Foto: Fred Dott

95 – **Bez názvu**, nedatováno
železo, dřevo, šrouby, mosaz, 31,3 x 32,8 x 2,3 cm
Dar ze sbírky Roswithy a Konstantina Kleffelových z Hamburku dohodlo Sprengelovo Museum Hannover, foto: Fred Dott
95 – **Bez názvu**, nedatováno
zinek, 33 x 35,4 x 1 cm, Dar ze sbírky Roswithy a Konstantina Kleffelových z Hamburku dohodlo Sprengelovo Museum Hannover, foto: Fred Dott
97 – **Bez názvu**, Vídeň, nedatováno (80.–90. léta 20. století)
dřevo, mořidlo, lepidlo, 55,2 x 28,3 x 34,6 cm, Umělcova pozůstalost, Christine Sekal, inv. č. VI 0 02
98/99 – **Ateliér Zbyňka Sekala**, pohled do místnosti, duben 1999
Architekturzentrum Wien, sbírka, foto: Margherita Spiluttini, inv. č. 8726-b
100 – **Bez názvu (Schránka)**, nedatováno (80.–90. léta 20. století)
dřevo, železo, lak, mořidlo, 58,8 x 42,8 x 43,2 cm, Sbírka Liaunig, inv. č. 3214
102 – **Bez názvu**, nedatováno (80.–90. léta 20. století)
dřevo, barva, mořidlo, 65 x 65,6 x 42,5 cm, Sbírka Liaunig, inv. č. 1546
104 – **Bez názvu**, Vídeň, nedatováno (80.–90. léta 20. století)
dřevo, mořidlo, lepidlo, 49 x 45,1 x 49,3 cm, Umělcova pozůstalost, Christine Sekal, inv. č. IX 1 04
106 – **Bez názvu**, Vídeň, nedatováno (80.–90. léta 20. století)
dřevo, železo, mořidlo, barva, lepidlo, 45 x 34,2 x 48,2 cm Umělcova pozůstalost, Christine Sekal, inv. č. IX 1 06
108 – **Měděná schránka**, Vídeň 1991
měděný drát, 23,2 x 11,4 x 10,6 cm, Umělcova pozůstalost, Christine Sekal, inv. č. IV 2 01
109 – **Měděná schránka**, Vídeň 1991
měděný drát, 33,1 x 15,8 x 16,2 cm, Umělcova pozůstalost, Christine Sekal, inv. č. IV 2 09
110 – **Schéma účelného provozu**, 1964
měď, drát, plech, dřevo, 22 x 34,5 x 2,2 cm, Umělcova pozůstalost, Christine Sekal, inv. č. II 2 04, foto: Oto Palán
111 – **Bez názvu**, nedatováno
vinutí měděného plechu, dřeva, skla, 33,5 x 39,3 x 5,4 cm, Dar ze sbírky Roswithy a Konstantina Kleffelových z Hamburku dohodlo Sprengelovo Museum Hannover, foto: Fred Dott
112/113 – **Čínská brána**, Praha 1968
dřevo, železo, mořidlo, lepidlo, 48,5 x 98 x 2,5 cm, Umělcova pozůstalost, Christine Sekal, inv. č. I 3 14
114 – **Bez názvu**, 1988
bronz, patinovaný, 39,5 x 17,5 x 14 cm, Sbírka Liaunig, inv. č. 1940
115 – **Bez názvu**, nedatováno
dřevo, obarvené, hřebíky , 30,5 x 45,6 x 2,6 cm, Dar ze sbírky Roswithy a Konstantina Kleffelových z Hamburku dohodlo Sprengelovo Museum Hannover, foto: Fred Dott
117 – **Berlín**, 1970–1980
dřevo, 122 x 128 x 5 cm, Museum Kampa, Nadace Jana a Medy Mládkových, foto: Oto Palán
118 – **Postava**, Praha 1964
bronz, patinovaný, 67,5 x 15 x 13 cm, Umělcova pozůstalost, Christine Sekal, inv. č. V 6 07
119 – **Konce lesa**, říjen 1965–24. února 1967
dřevo, 30 x 54 x 4 cm, Dar ze sbírky Roswithy a Konstantina Kleffelových z Hamburku dohodlo Sprengelovo Museum Hannover, foto: Fred Dott
120 – **Bez názvu**, nedatováno
dřevo, hřebíky, 12,2 x 20,1 x 2 cm, Dar ze sbírky Roswithy a Konstantina Kleffelových z Hamburku dohodlo Sprengelovo Museum Hannover, foto: Fred Dott
121 – **Bez názvu**, nedatováno
dřevo, železo, mosaz, 21,8 x 22,3 x 1,6 cm, Dar ze sbírky Roswithy a Konstantina Kleffelových z Hamburku dohodlo Sprengelovo Museum Hannover, foto: Fred Dott
121 – **Bez názvu**, nedatováno
dřevo, ocelové kuličky, 19,4 x 19,2 x 1,8 cm, Dar ze sbírky Roswithy a Konstantina Kleffelových z Hamburku dohodlo Sprengelovo Museum Hannover, foto: Fred Dott
122 – **Příměří**, Praha 1966, závěrečná kompilace Vídeň 1972
železo, mosaz, dřevo, 47,5 x 51,7 x 3,9 cm, Umělcova pozůstalost, Christine Sekal, inv. č. I 2 04
123 – **Rozkročmo upažit**, 1966/1967, 1992 nové sestavení
mosaz, dřevo, železo, 58 x 59,5 x 7,4 cm, Sbírka Liaunig, inv. č. 3212
125 – **Devatenáct krát devatenáct je tři sta šedesát jedna**, Vídeň 1989
papír, dřevo, železo, mořidlo, 51,1 x 51,7 x 7,7 cm, Sbírka Marie a Thomase Markových
126 – **Embryo**, Praha 1967
bronz, patinovaný, 14,4 x 21,1 x 9,9 cm, Umělcova pozůstalost, Christine Sekal, inv. č. V 3 06
127 – **Maskovaná maska**, 1990
bronz, 23,1 x 15 x 17 cm, Dar ze sbírky Roswithy a Konstantina Kleffelových z Hamburku dohodlo Sprengelovo Museum Hannover, foto: Fred Dott
128 – **Busta**, 1973
bronz, patinovaný, 18,2 x 13,4 x 5,2 cm, Dar ze sbírky Roswithy a Konstantina Kleffelových z Hamburku dohodlo Sprengelovo Museum Hannover, foto: Fred Dott
129 – **Velká hlava**, 12. února 1979–28. srpna 1982
kresba perem na papíře, lavírování , 60,5 x 45,5 cm, Dar ze sbírky Roswithy a Konstantina Kleffelových z Hamburku dohodlo Sprengelovo Museum Hannover, foto: Fred Dott
131 – **Hlava**, 1966
pískovec, 34,8 x 17,5 x 17,5 cm s podstavcem, Dar ze sbírky Roswithy a Konstantina Kleffelových z Hamburku dohodlo Sprengelovo Museum Hannover, foto: Fred Dott

95 – **Untitled**, undated
iron, wood, screws, brass, 31.3 x 32.8 x 2.3 cm, Sprengel Museum Hannover, promised gift from the Roswitha and Konstantin Kleffel Collection Hamburg, photo: Fred Dott
95 – **Untitled**, undated
zinc, 33 x 35.4 x 1 cm, Sprengel Museum Hannover, promised gift from the Roswitha and Konstantin Kleffel Collection Hamburg, photo: Fred Dott
97 – **Untitled**, Vienna, undated (1980s–1990s)
wood, stain, glue, 55.2 x 28.3 x 34.6 cm, Estate of the artist, Christine Sekal, inv. no. VI 0 02
98/99 – **Atelier Zbyněk Sekal**, interior view, April 1999
Architekturzentrum Wien, collection, photo: Margherita Spiluttini, inv. no. 8726-b
100 – **Untitled (Shrine)**, undated (1980s–1990s)
wood, iron, lacquer, stain, 58.8 x 42.8 x 43.2 cm, Collection Liaunig, inv. no. 3214
102 – **Untitled**, undated (1980s–1990s)
wood, paint, stain, 65 x 65.6 x 42.5 cm, Collection Liaunig, inv. no. 1546
104 – **Untitled**, Vienna, undated (1980s–1990s)
wood, stain, glue, 49 x 45.1 x 49.3 cm, Estate of the artist, Christine Sekal, inv. no. IX 1 04
106 – **Untitled**, Vienna, undated (1980s–1990s)
wood, iron, stain, paint, glue, 45 x 34.2 x 48.2 cm, Estate of the artist, Christine Sekal, inv. no. IX 1 06
108 – **Copper shrine**, Vienna 1991
copper wire, 23.2 x 11.4 x 10.6 cm, Estate of the artist, Christine Sekal, inv. no. IV 2 01
109 – **Copper shrine**, Vienna 1991
copper wire, 33.1 x 15.8 x 16.2 cm, Estate of the artist, Christine Sekal, inv. no. IV 2 09
110 – **Scheme of a Purposeful Operation**, 1964
copper, wire, metal, wood, 22 x 34.5 x 2.2 cm, Estate of the artist, Christine Sekal, inv. no. II 2 04, photo: Oto Palán
111 – **Untitled**, undated
winding in copper plate, wood, glass, 33.5 x 39.3 x 5.4 cm
Sprengel Museum Hannover, promised gift from the Roswitha and Konstantin Kleffel Collection Hamburg, photo: Fred Dott
112/113 – **Chinese Gate**, Prague 1968
wood, iron, stain, glue, 48.5 x 98 x 2.5 cm, Estate of the artist, Christine Sekal, inv. no. I 3 14
114 – **Untitled**, 1988
bronze, patinated, 39.5 x 17.5 x 14 cm, Collection Liaunig, inv. no. 1940
115 – **Untitled**, undated
wood, coloured, nails, 30.5 x 45.6 x 2.6 cm, Sprengel Museum Hannover, promised gift from the Roswitha and Konstantin Kleffel Collection Hamburg, photo: Fred Dott
117 – **Berlin**, 1970–1980
wood, 122 x 128 x 5 cm, Museum Kampa, The Jan and Meda Mládek Foundation, photo: Oto Palán
118 – **Figure**, Prague 1964
bronze, patinated, 67.5 x 15 x 13 cm, Estate of the artist, Christine Sekal, inv. no. V 6 07
119 – **The end of the forest**, October 1965–24 February 1967
wood, 30 x 54 x 4 cm, Sprengel Museum Hannover, promised gift from the Roswitha and Konstantin Kleffel Collection Hamburg, photo: Fred Dott
120 – **Untitled**, undated
wood, nails, 12.2 x 20.1 x 2 cm, Sprengel Museum Hannover, promised gift from the Roswitha and Konstantin Kleffel Collection Hamburg, photo: Fred Dott
121 – **Untitled**, undated
wood, iron, brass, 21.8 x 22.3 x 1.6 cm, Sprengel Museum Hannover, promised gift from the Roswitha and Konstantin Kleffel Collection Hamburg, photo: Fred Dott
121 – **Untitled**, undated
wood, steel spheres, 19.4 x 19.2 x 1.8 cm, Sprengel Museum Hannover, promised gift from the Roswitha and Konstantin Kleffel Collection Hamburg, photo: Fred Dott
122 – **Ceasefire**, Prague 1966, final compilation Vienna 1972
iron, brass, wood, 47.5 x 51.7 x 3.9 cm, Estate of the artist, Christine Sekal, inv. no. I 2 04
123 – **Astride Hands Low**, 1966/1967, newly assembled in 1992
brass, wood, iron, 58 x 59.5 x 7.4 cm, Collection Liaunig, inv. no. 3212
125 – **Nineteen times nineteen is three hundred and sixty-one**, Vienna 1989
paper, wood, iron, stain, 51.1 x 51.7 x 7.7 cm, Collection Maria and Thomas Mark
126 – **Embryo**, Prague 1967
bronze, patinated, 14.4 x 21.1 x 9.9 cm, Estate of the artist, Christine Sekal, inv. no. V 3 06
127 – **Masked mask**, 1990
bronze, 23.1 x 15 x 17 cm, Sprengel Museum Hannover, promised gift from the Roswitha and Konstantin Kleffel Collection Hamburg, photo: Fred Dott
128 – **Bust**, 1973
bronze, patinated, 18.2 x 13.4 x 5.2 cm, Sprengel Museum Hannover, promised gift from the Roswitha and Konstantin Kleffel Collection Hamburg, photo: Fred Dott
129 – **The Big Head**, 12 February 1979–28 August 1982
pen drawing on paper, washed, 60.5 x 45.5 cm, Sprengel Museum Hannover, promised gift from the Roswitha and Konstantin Kleffel Collection Hamburg, photo: Fred Dott
131 – **Head**, 1966
sandstone, 34.8 x 17.5 x 17.5 cm with base, Sprengel Museum Hannover, promised gift from the Roswitha and Konstantin Kleffel Collection Hamburg, photo: Fred Dott

Autoren | Autoři | Authors

ILONA VÍCHOVÁ

Ilona Víchová ist eine tschechische Kunsthistorikerin. Nach dem erfolgreichen Abschluss eines Kunstgeschichts-Studiums an der Philosophischen Fakultät der Masaryk-Universität in Brünn promovierte sie an der Philosophischen Fakultät der Prager Karls-Universität. Heute ist sie Kuratorin der Kunstsammlung des 20. und 21. Jahrhunderts am Stadtmuseum Brünn und langzeitige Mitarbeiterin des Kampa-Museums. Sie ist Autorin zahlreicher Ausstellungen und Publikationen über die Künstlergeneration, die in den 1960er Jahren die Kunstszene betrat. Sie verfasste auch Texte für Monografien über Dalibor Chatrný, Jiří Bielický, Jan Hendrych, Jiří Hilmar, Svatoslav Böhm und Antonín Málek sowie für die zusammenfassenden Publikationen *Od moderny po současnost* (Von der Moderne zur Gegenwart) und *Mnohoznačnost struktur – dynamika sil* (Die Vieldeutigkeit der Strukturen – Die Dynamik der Kräfte). Ein weiteres Interessengebiet von Ilona Víchová ist die Kunst jüngerer, vor allem konzeptionell orientierter Künstler. Sie hat an einer Monografie über Pavel Korbička mitgewirkt und ist Autorin einer monografischen Publikation v on Jiří Staňek.

MIROSLAV HAĽÁK

Miroslav Haľák ist Kunsthistoriker und Kunsttheoretiker. Er promovierte mit einer Arbeit zur Theorie und Typologie der Anthropomorphismen in der Kunst der Moderne. Seit 2017 ist er in der Österreichischen Galerie Belvedere in Wien tätig. Neben der Kunst des 19. und 20. Jahrhunderts sind seine Forschungsschwerpunkte Bildsemiotik, psychologische Ästhetik, Bildanthropologie, byzantinische Bildtheologie und aktuelle Bildwissenschaft in der Sphäre der sogenannten *Digital humanities*. Kuratorisch war Miroslav Haľák an Ausstellungen zur klassischen Moderne wie zu diversen Positionen der zeitgenössischen Kunst beteiligt. In der Schau *Johanna Kandl. Material. Womit gemalt wird und warum* (Belvedere, Wien 2019–2020) beschäftigte er sich mit der Theorie des *material turn* als Paradigmenwechsel der Materialverwendung in den aktuellen Kunsttrends und in der visuellen Kommunikation. In der Ausstellung *GROW. Der Baum in der Kunst* (Belvedere, Wien 2022–2023) versuchte er, mithilfe der Bildsemiotik eine universelle Typologie der Baumdarstellungen in der Kunst zu entwerfen. In der von ihm kuratierten Ausstellung von Alois Mosbacher unter dem Titel *Palinops* (Belvedere, Wien 2023) ist er in seinem Text einer spezifischen Frage der Raumerzeugung und Raumwahrnehmung in der postmodernen Malerei nachgegangen.

ALEXANDER LEINEMANN

Alexander Leinemann studierte Kunstgeschichte und Geschichte an der Georg-August-Universität Göttingen und war von 2015–2020 studentische wissenschaftliche Hilfskraft für Prof. Dr. Michael Thimann. Seit 2013 arbeitete er parallel zum Studium an mehreren Digitalisierungsprojekten der Spezialsammlung der Staats- und Universitätsbibliothek Göttingen. 2018–2022 war er als freier wissenschaftlicher Mitarbeiter im Sprengel Museum Hannover tätig. In den Jahren 2017 und 2020 erhielt er das Wohn- und Promotionsstipendium der Stadt Göttingen. Das Studium schloss er 2019 mit dem Master of Arts ab und begann eine Promotion an der Georg-August-Universität Göttingen. Durch das von der Forschungsstelle für informelle Kunst (Rheinische Friedrich-Wilhelms-Universität Bonn) ihm verliehene MKM-Küppersmühle-Stipendium beendete er 2023 seine Promotion mit der Arbeit: *Allover – Eine begriffskritische Rezeptionsgeschichte im Kontext Jackson Pollocks*.

Seit 2022 ist Alexander Leinemann wissenschaftlicher Volontär im Sprengel Museum Hannover.

Ilona Víchová je česká historička umění. Absolvovala dějiny umění na Filozofické fakultě Masarykovy univerzity v Brně a doktorské studium na Filozofické fakultě Univerzity Karlovy v Praze. Působí jako kurátorka sbírky výtvarného umění 20. a 21. století v Muzeu města Brna a dlouhodobě spolupracuje s Museem Kampa. Je autorkou řady výstav a publikací věnovaných umělecké generaci, která na výtvarnou scénu nastupovala v šedesátých letech 20. století. Napsala texty pro monografie Dalibora Chatrného, Jiřího Bieleckého, Jana Hendrycha, Jiřího Hilmara, Svatoslava Böhma, Antonína Málka a pro syntetické publikace *Od moderny po současnost* a *Mnohoznačnost struktur – dynamika sil*. Paralelně se zaměřuje na tvorbu mladších zejména konceptuálně zaměřených autorů. Přispěla do monografie Pavla Korbičky a je autorkou monografické publikace Jiřího Staňka.

Ilona Víchová is a Czech art historian. After studying art history at Masaryk University's Faculty of Arts in Brno, she went on to earn a doctoral degree from the Faculty of Arts at Charles University in Prague. She is currently curator of Brno City Museum's collection of twentieth- and twenty-first-century art and is also a longtime collaborator of Museum Kampa. She is the author of numerous exhibitions and publications devoted to the generation of artists that emerged onto the scene in the 1960s, and has written texts for monographs on Dalibor Chatrný, Jiří Bielecký, Jan Hendrych, Jiří Hilmar, Svatoslav Böhm, and Antonín Málek and for the comprehensive publications *Od moderny po současnost* (From Modernism to the Present Day) and *Mnohoznačnost struktur – dynamika sil* (Ambiguity of Structures, Dynamics of Forces). Another area of interest is art by younger, especially conceptually oriented, artists. She contributed to a monograph on Pavel Korbička and authored a monographic publication about Jiří Staněk.

Miroslav Haľák je historikem a teoretikem umění. Doktorát získal prací o teorii a typologii antropomorfismů v moderním umění. Od roku 2017 působí v rakouské Galerii Belvedere ve Vídni. Krom umění 19. a 20. století se ve svém výzkumu zaměřuje na sémiotiku obrazu, psychologickou estetiku, antropologii obrazu, byzantskou teologii obrazu a aktuální obrazová studia v oblasti tzv. *digital humanities*. Jako kurátor se Miroslav Haľák podílel na výstavách o klasické moderně a o diverzních pozicích současného umění. V pořadu Johanna Kandla *Materiál. Čím je malováno a proč* (Belvedere, Vídeň 2019–2020) se zabýval teorií *material turn* jako změnou paradigmatu v použití materiálů v současných uměleckých trendech a ve vizuální komunikaci. Na výstavě *GROW. Der Baum in der Kunst* (Belvedere, Vídeň 2022–2023) se pokusil pomocí obrazové sémiotiky navrhnout univerzální typologii zobrazení stromů v umění. Ve svém textu pro výstavu Aloise Mosbachera s názvem *Palinops* (Belvedere, Vídeň 2023), kterou rovněž kurátorsky připravil, se zabýval specifickou otázkou tvorby a vnímání prostoru v postmoderní malbě.

Miroslav Haľák is an art historian and art theorist. He earned his doctorate degree with a dissertation on the theory and typology of anthropomorphisms in modern art. Since 2017, he has worked for the Belvedere Gallery in Vienna, Austria. In addition to art of the nineteenth and twentieth centuries, his research is focused on image semiotics, psychological aesthetics, the anthropology of the image, Byzantine image theology, and the contemporary study of the image within the so-called *digital humanities*. As a curator, Haľák has contributed to exhibitions of classical modernism and various forms of contemporary art. In *Johanna Kandl: Material. What We Paint with and Why* (Belvedere, Vienna, 2019–2020), he explored the theory of the *material turn* as a paradigm shift in the use of material in current artistic trends and visual communication. In *GROW. The Tree in Art* (Belvedere, Vienna, 2022–2023), he attempted to use image semiotics in order to develop a universal typology for representations of trees in art. And for Alois Mosbacher's exhibition *Palinops* (Belvedere, Vienna, 2023), he wrote a text exploring the creation and perception of space in postmodern painting.

Alexander Leinemann vystudoval dějiny umění a historii na Georg-August-Universität Göttingen a v letech 2015–2020 se stal studentským vědeckým asistentem Prof. Dr. Michaela Thimanna. Souběžně se studiem pracuje od roku 2013 na několika projektech digitalizace pro speciální fond Státní a univerzitní knihovny v Göttingenu. V letech 2018–2022 pracoval jako nezávislý vědecký pracovník v Sprengelově muzeu v Hannoveru. V letech 2017 a 2020 získal rezidenční a doktorandský grant od města Göttingen. Studium ukončil v roce 2019 magisterským titulem a zahájil doktorandské studium na Georg-August Universität v Göttingenu. S grantem MKM Küppersmühle, který mu udělilo Výzkumné centrum pro neformální umění (Rheinische Friedrich-Wilhelms-Universität Bonn), dokončil svůj doktorát v roce 2023 prací: *Allover – koncepčně kritické dějiny recepce v kontextu Jacksona Pollocka*.

Od roku 2022 je Alexander Leinemann vědeckým stážistou ve Sprengelově muzeu v Hannoveru.

Alexander Leinemann studied art history and history at the University of Göttingen, and was a student research assistant for Professor Michael Thimann in 2015–2020. In 2013, while still a student, he began working on multiple digitization projects for the Göttingen State and University Library's Special Collections Department. From 2018 to 2022, he was an external research assistant at the Sprengel Museum Hannover. In 2017 and 2020, he received a housing and doctoral stipend from the City of Göttingen. After graduating in 2019 with a Master of Arts, Leinemann promptly began studying for a doctoral degree at the same university. Thanks to an MKM-Küppersmühle Scholarship from the Research Center for Informal Art (University of Bonn), he completed his studies in 2023 with the dissertation *Allover – Eine begriffskritische Rezeptionsgeschichte im Kontext Jackson Pollocks* (Allover: A Concept-Critical History of Reception within the Context of Jackson Pollock).

He has been a research volunteer at the Sprengel Museum Hannover since 2022.